交通运输专业能力评价教材

公路收费及监控员

（专业实务）

交通运输部职业资格中心　组织编写

人民交通出版社

北京

内 容 提 要

交通运输专业能力评价教材《公路收费及监控员》由交通运输部职业资格中心组织编写,分为基础知识和专业实务两册。本书为专业实务分册,分为初级、中级、高级三个部分,主要内容包括:现金、通行介质管理,收费业务,清分结算,预约通行服务,优惠管理,公路监控,路况信息采集与处理,稽核管理,设备使用与维护,安全畅通保障,新技术应用等。

本书可作为公路收费及监控员专业能力评价教材,也可供相关从业人员学习参考。

图书在版编目(CIP)数据

公路收费及监控员. 专业实务 / 交通运输部职业资格中心组织编写. —— 北京:人民交通出版社股份有限公司,2024. 6. —— ISBN 978-7-114-19604-1

Ⅰ. F542.5

中国国家版本馆 CIP 数据核字第 2024125ZB2 号

交通运输专业能力评价教材

书　　　名:	公路收费及监控员(专业实务)
著　作　者:	交通运输部职业资格中心
责任编辑:	石　遥　刘永超　李　农
责任校对:	孙国靖　宋佳时
责任印制:	刘高彤
出版发行:	人民交通出版社
地　　　址:	(100011)北京市朝阳区安定门外外馆斜街3号
网　　　址:	http://www.ccpcl.com.cn
销售电话:	(010)59757973
总　经　销:	人民交通出版社发行部
经　　　销:	各地新华书店
印　　　刷:	北京市密东印刷有限公司
开　　　本:	787×1092　1/16
印　　　张:	21.25
字　　　数:	516 千
版　　　次:	2024 年 6 月　第 1 版
印　　　次:	2024 年 6 月　第 1 次印刷
书　　　号:	ISBN 978-7-114-19604-1
定　　　价:	90.00 元

(有印刷、装订质量问题的图书,由本社负责调换)

《公路收费及监控员(专业实务)》

编写人员

主　　编：高连生　胡留党
副 主 编：廖一明　谢晓光　董勇武
成　　员：李　耀　曹　健　刘志坚　陈忠莲　吴增涛

审定人员

主　　审：刘　韬
成　　员：董丹丹　汪小文　李　镇　武新超　蒋　彬
　　　　　司　俊　刘解放　胡　琰

前言

培养素质优良的交通技术技能人才队伍，既是加快建设交通强国的重要任务，也是加快建设交通强国的有力支撑。为适应公路运营领域新标准、新技术、新工艺和新材料对公路收费及监控员的新要求，不断提高公路收费及监控员专业能力评价工作的专业性、针对性和实效性，交通运输部职业资格中心依据《公路收费及监控员国家职业技能标准（2022年版）》，组织有关专家编写了《公路收费及监控员（基础知识）》和《公路收费及监控员（专业实务）》两本教材。

《公路收费及监控员（专业实务）》分为初级、中级和高级三个部分。其中，现金、通行介质管理由陈忠莲编写；收费业务由董勇武、刘志坚编写；清分结算由曹健编写；预约通行服务、优惠管理由李耀编写；公路监控由刘志坚编写；路况信息采集与处理、稽核管理由谢晓光编写；设备使用和维护由廖一明编写；安全保障由胡留党编写；新技术应用由吴增涛编写。本书由高连生、胡留党统稿。

本书在编写和审定过程中，得到了北京交通运输职业学院、广东公路科教中心有限公司、中交资产管理有限公司、中铁交通投资集团有限公司、中铁建公路运营有限公司、北京市首都公路发展集团有限公司、浙江省交通投资集团有限公司、安徽皖通高速公路股份有限公司、江西省交通投资集团有限责任公司、山东高速股份有限公司、河南交通投资集团有限公司、广东省交通集团有限公司、贵州省公路工程集团有限公司、江苏省交通技师学院、湖北交通职业技术学院、湖南交通职业技术学院、陕西交通职业技术学院等单位的大力支持，在此表示感谢！

本书在编写过程中，虽经反复推敲，仍难免存在纰漏，敬请广大读者批评指正。

交通运输部职业资格中心
2024 年 4 月

目录

第一部分　初级

第一章　现金、通行介质管理 ······ 3

　　第一节　复合通行卡管理 ······ 3
　　第二节　纸质通行券管理 ······ 10
　　第三节　现金管理 ······ 11

第二章　收费业务 ······ 16

　　第一节　车道业务处理 ······ 16
　　第二节　票据业务处理 ······ 25
　　第三节　出行服务 ······ 28
　　第四节　收费特情业务处理 ······ 34

第三章　预约通行服务 ······ 38

　　第一节　鲜活农产品运输车辆预约服务 ······ 38
　　第二节　联合收割机（插秧机）运输车辆预约服务 ······ 44

第四章 公路监控 ·· 47

第一节 收费监控 ·· 47
第二节 道路监控 ·· 50
第三节 隧道及特大桥梁监控 ·································· 53

第五章 路况信息采集与处理 ···································· 55

第一节 信息采集与发布 ·· 55
第二节 交通量统计与分析 ······································ 57
第三节 出行服务 ·· 59
第四节 调度指挥 ·· 61

第六章 稽核管理 ·· 65

第一节 业务稽核 ·· 65
第二节 名单追缴 ·· 69

第七章 设备使用与维护 ·· 72

第一节 设备使用 ·· 72
第二节 设备维护 ·· 76

第八章 安全畅通保障 ·· 87

第一节 超限车辆管控 ·· 87
第二节 工作场所安全防护 ······································ 89
第三节 消防器材检查与使用 ···································· 94
第四节 网络安全行为管控 ······································ 95

第二部分　中级

第一章　收费业务 ·· **101**

　　第一节　车道业务处理 ·· 101

　　第二节　票据管理 ·· 102

　　第三节　出行服务 ·· 107

　　第四节　收费特情业务处理 ··· 109

　　第五节　特种车辆处理 ·· 118

第二章　清分结算 ·· **123**

　　第一节　交易对账 ·· 123

　　第二节　资金结算 ·· 124

　　第三节　交易清分 ·· 127

　　第四节　清分结算业务 ·· 127

第三章　预约通行服务 ·· **130**

　　第一节　鲜活农产品运输车辆预约服务 ·· 130

　　第二节　联合收割机(插秧机)运输车辆预约服务 ···································· 132

第四章　公路监控 ·· **134**

　　第一节　收费监控 ·· 134

　　第二节　道路监控 ·· 136

　　第三节　隧道及特大桥梁监控 ·· 137

第五章　路况信息采集与处理 ··· **139**

　　第一节　信息采集与发布 ··· 139

　　第二节　统计与分析 ··· 144

　　第三节　出行服务 ·· 147

　　第四节　调度指挥 ·· 149

第六章　稽核管理 ······ **151**

- 第一节　业务稽核 ······ **151**
- 第二节　名单追缴 ······ **158**
- 第三节　通行费追缴 ······ **159**
- 第四节　费率管理 ······ **161**

第七章　设备使用与维护 ······ **163**

- 第一节　设备与软件使用 ······ **163**
- 第二节　设备维护 ······ **173**

第八章　安全畅通保障 ······ **193**

- 第一节　超限车辆管控 ······ **193**
- 第二节　畅通保障 ······ **194**
- 第三节　消防安全培训及演练 ······ **196**
- 第四节　工作场所安全防护 ······ **199**

第三部分　高级

第一章　收费业务 ······ **207**

- 第一节　收费基础参数信息管理 ······ **207**
- 第二节　出行服务 ······ **214**
- 第三节　ETC收费业务特情处理 ······ **216**
- 第四节　非ETC收费特情业务处理 ······ **221**
- 第五节　特种车辆处理 ······ **225**

第二章　清分结算 ······ **228**

- 第一节　退费补交清分 ······ **228**
- 第二节　交易对账 ······ **228**

第三章 预约通行服务 · 230

　第一节　鲜活农产品运输车辆预约服务 · 230
　第二节　联合收割机(插秧机)运输车辆预约服务 · 232

第四章 优惠管理 · 233

　第一节　车辆通行费优惠政策 · 233
　第二节　通行费优惠结算 · 233

第五章 公路监控 · 236

　第一节　收费监控 · 236
　第二节　道路监控 · 237
　第三节　隧道及特大桥梁监控 · 239

第六章 路况信息采集与处理 · 240

　第一节　信息采集与发布 · 240
　第二节　调度指挥 · 244

第七章 稽核管理 · 246

　第一节　业务稽核 · 246
　第二节　名单追缴 · 259
　第三节　通行费追缴 · 261
　第四节　费率管理 · 264

第八章 设备使用与维护 · 267

　第一节　设备使用 · 267
　第二节　设备维护 · 273

第九章　安全畅通保障 · 297

第一节　超限车辆管控 · 297
第二节　消防安全文案编写 · 299
第三节　畅通保障 · 300
第四节　风险辨识评估管控 · 302

第十章　新技术应用 · 307

第一节　大数据技术 · 307
第二节　物联网技术 · 311
第三节　人工智能技术 · 315
第四节　机器人技术 · 320
第五节　云计算技术 · 325

参考文献 · 328

第一部分
初级

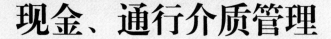

现金、通行介质管理

本章主要介绍复合通行卡管理(领取、发放、回收、盘点等)、纸质通行券管理,以及现金管理(清点、识别)等内容。

第一节 复合通行卡管理

一、复合通行卡领取

复合通行卡(CPC卡)领用按照当日领用、当日发放、当日核销的原则进行。一般情况下,领用量略多于日均流量。

复合通行卡领取操作流程:工作人员到收费站票据室领取通行卡卡箱。领取成功后,才能在车道使用此箱通行卡。

二、复合通行卡数量计算

(一)复合通行卡定义

1. 已写未发卡

入口收费员刷卡后发现车型及车牌判别有误或该车有OBU(车载单元)通行介质,应将已写入误判车型车牌的通行卡单独放置,重新判别车型车牌进行发卡操作,第一张CPC卡即为已写未发卡。

2. 不可读卡

刷卡时卡内显示已存在信息的CPC卡即为不可读卡。

3. 坏卡

无法读写、卡表面外观严重破损的CPC卡即为坏卡。

4. CPC 卡丢失

客户在出口收费站停车交费时未能交还 CPC 卡造成的 CPC 卡数量减少。

(二)复合通行卡计算

1. 现场通行卡周转量核算

收费员在上岗时,应掌握本班各出(入)口车道仓的通行卡情况,将出口的通行卡调配至入口。调配过程中,应认真复核通行卡数,发现多(少)卡时应立即查明原因。

若发现通行卡数量低于周转量(原则上按照本收费站入口日均通行卡发卡量的 1.0~1.2 倍配备),应及时报告站管人员。

2. 通行卡数量计算

(1)班长交接卡数量

入口车道领用通行卡数 = 实际发卡数 + 剩余通行卡 + 故障卡 + 不可读卡 + 已写未发卡。

出口车道回收通行卡数 = 故障卡 + 不可读卡 + 正常通行卡。

本班移交后班卡数 = 前班移交卡 + 本班实收卡数(出口) − 本班故障卡 − 本班不可读卡 − 已写未发卡 − 本班实际发卡数。

(2)收费员交接卡数量

领到通行卡数 = 实际发卡数 + 剩余通行卡 + 损坏卡 + 不可读卡 + 已写未发卡(10min 之内已经完成清卡操作)。

通行卡包括回收的正常卡、坏卡、不可读卡。

三、复合通行卡发放、回收、交接

(一)复合通行卡发放

对于非 ETC(电子不停车收费)车辆,写入车型信息后发放通行卡。入口发卡时,除车队车辆外一律发复合通行卡。入口发放复合通行卡操作流程如图 1-1-1 所示。

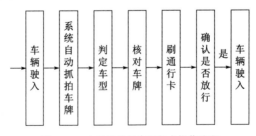

图 1-1-1 入口发放复合通行卡操作流程

1. 写卡、发卡

操作员将空白通行卡放置在读卡器上方,读卡器将日期、时间、车型、收费站代码等入口信息写入通行卡。

车牌系统自动识别车牌,操作员按规定核实车牌,车牌识别错误时应及时进行修正(临时牌照需手动输入)。确保车牌与车辆实际的车牌一致后,按确认键,进行刷卡。

在车型判错、通行卡已经写卡成功的情况下,不放行车辆,系统将不抬栏杆,然后重新进行发卡操作(前一张卡为已写未发卡)。

2. 放行车辆

系统提示是否确认放行车辆,若确认放行车辆,系统控制通行灯状态为绿灯,并打开车道栏杆。当车辆驶出流量线圈时,系统控制通行灯状态为红灯,并关闭车道栏杆,等待进行下一车辆的操作。

(二)复合通行卡回收

1. 正常通行卡回收

(1)判定车型

操作员等待车辆驶近,输入该车辆车型,系统立即显示当前输入的车型。

(2)核对车牌号码

车牌系统自动识别车牌,操作员按规定核实车牌,当车牌识别错误时应及时进行修正。

(3)刷通行卡

操作员将驾驶人递交的通行卡放置在读卡器上方,读卡器读取卡中的信息,并立即显示在屏幕的信息提示区。正常情况(即出入口车型一致、非U型车、卡正常可读)下,刷卡成功后系统出现付费方式选择界面,同时屏幕上显示车型、车牌号、应收金额及收费明细,通行卡数量自动累加。对于入口写入车牌的通行卡,操作员可以核对该车辆的车牌号码,确认是否一致;若与入口车牌信息不一致,需对车牌信息进行核对。

(4)信息核对

收费员应检查系统显示的车牌、车型、路径信息、入口站点。若车型误判,应重新更改车型,核对完成后即可打印发票收取通行费。

(5)放行车辆

操作员回收通行卡并将打印的发票交付驾驶人,确认放行车辆,系统控制通行灯状态为绿灯,并打开车道栏杆。当车辆驶出流量线圈时,系统控制通行灯状态为红灯,并关闭车道栏杆。等待进行下一车辆的操作。

2. 异常卡回收

(1)收费员在出口发现驾驶人有未赔付丢失状态的通行卡或驾驶人持有多卡时,应对丢失卡进行赔付或没收多余通行卡,并登记追回卡的卡号,经核实无误后进行通行费补缴,下班时上交班长处理。

(2)收费员在车道发现异常坏卡时,在确保车道畅通的情况下,应及时报告班长,班长应向驾驶人咨询入口站点、时间,确定相关信息后致电稽核,如与驾驶人自报站点一致,按照自报站点收取通行费。如遇驾驶人自报站点不符的,应做好解释工作,按照稽核查明的站点收取通行费。通行卡属于人为损害的,需赔偿通行卡工本费,并对收取的通行卡做好登记。

(3)一车多CPC卡检测：MTC(人工半自动收费)交易中,系统通过车牌查询车辆是否有多通行介质(CPC卡)记录,查询到有"一车多通行介质"提示时,按规定流程进行操作。

(4)CPC卡无入口信息：当读取到CPC卡无入口信息时,按规定流程进行操作。

(5)对于无法读写或电量低于8%的复合通行卡、收缴卡,下班时予以上交。

(三)复合通行卡交接

1.入口交接

入口收费员下班时记录车道信息,做好通行卡的整理工作,将车道剩余整数卡交接下班收费员,当面清点,确定无误后进行交接。

2.出口交接

出口收费员下班时记录车道信息,做好通行卡登记工作,将车道剩余通行卡交给本班班长。

3.班长交接

收费员上岗时,应及时掌握本班各出入口车道的通行卡使用情况,若发现周转困难,应立即上报本收费站票证员。下班前收缴、汇总破损、故障卡,填入"通行卡交接登记表",一并上交收费站票证员,与接班班长做好通行卡交接工作。

交接班班长完成通行卡清点工作,双方确认无误后,接班班长签字确认,完成通行卡交接工作。

四、自助发卡设备使用

(一)自助发卡系统

自助发卡系统是指由集成在卡机机箱内的收费系统、读卡器、打印机、多工位转换控制等自动完成写卡、发卡操作的一整套系统,一般包含卡机、牌照识别、语音功放、声光报警、车道控制、外场设备等。

(二)自助发卡机软件系统

(1)系统显示所有卡机数量。

(2)每台卡机都有卡数显示,代表该卡机的现有卡数。

(3)每台卡机都有运行状态显示,如有故障显示,代表该卡机无卡夹或卡机处于脱离通信状态(离线)。

(三)自助发卡机操作

1.自助发卡车道上下岗操作

(1)收费员在自助发卡车道上班操作时,在登录界面点击"确认"后,输入该车道对应的专用工号、密码、正确班次。

(2)登录工班后,确认卡机系统和牌照识别等外设工作状态是否均为正常,否则应及时排查问题。

(3)打开车道,开启车道按键,系统控制雨棚信号灯由红色转为绿色,系统进入上班状态,即可进行上班流程操作。

(4)下班时,结束业务流程后,关闭车道按键,系统控制雨棚灯为红灯,表示本车道处于关闭状态,此时仍可继续处理已在车道中排队等候的车辆。

(5)下班时,进入"身份确认"界面,输入该车道对应的专用工号、密码,点击"确认",系统判断无误后可正常下班。

2. 自助发卡加卡操作

(1)收费员移交清点卡机内通行卡后给卡机装卡。装入通行卡后,在收费系统中录入新增加卡数。实际总卡数应与收费软件上的卡数保持一致。

(2)各班次交接时,应对系统显示发卡机剩余卡数、已发卡数、故障损坏卡数进行统计。如有差错应及时查找原因,确定原因后由班长对系统中通行卡数量进行修正。

(3)收费员将不可读卡、已写未发卡等异常卡分类存放,下班时统一上交。对于无法区分不可读、已写未发的通行卡,工班清账前在流水中核对卡号区分类别后清账。

(4)增加卡数必须在车道打开且卡机处于工作状态(绿灯常亮)的情况下进行。

(四)系统异常情况处理及日常维护

1. 异常情况处理

(1)栏杆未起。发卡后栏杆没有抬起,已出卡,收费员打开机柜进入收费系统核对该卡写卡成功的,按"特情处理"予以放行。

(2)卡机故障。当某一工位发生故障时,发卡机会自动切换到另一个工位继续发卡,同时系统显示相应的工位状态为"故障"或"坏卡"。

(3)驾驶人按键无效。当驾驶人按键取卡无效时,按照以下步骤进行检查:

①检查对应工位的卡机是否有卡,无卡则需及时填充卡片。

②检查抓拍线圈是否处于有车状态,在抓拍线圈没有感应到车辆时,不允许发卡,需进行人工干预操作。

③核查卡机是否发生故障(未报警),若发生故障,需先执行"特情处理"中的"卡机初始化";若仍未排除故障,则退出发卡系统,重新上班。

④检查栏杆是否落下(栏杆落下才能再次发卡),若栏杆未落,需核查该车是否已经取卡;若未取卡,则需手动落杆。

(4)显示"无车牌"。检查车牌识别仪是否"已连接",若"未连接"需重新启动计算机;重启后仍无法解决的,及时与系统管理员联系。

(5)故障卡较多。如一个工位的故障卡较多,可能是读卡器或天线原因造成的,此时需通知系统管理员进行检查、修复。

2. 日常维护

(1) 清洁自助发卡机外壳及箱体,清洁车牌识别系统的表面,确保无任何黏附物,应避免水渍进入发卡区域和喇叭区域。

(2) 发卡机箱体内不得存放固有配置外的其他设备,及时关闭发卡机机柜门并上锁。

(3) 经常检查出卡是否正常。

五、复合通行卡异常信息辨别

1. 查看外观

CPC 卡外观存在明显物理损坏时,属人为故意损坏的则赔偿成本费,旧痕可酌情处理。

2. 查看计算机提示

刷卡操作时,计算机提示电量低于 8% 的 CPC 卡,视同坏卡处理。

3. 测试判断

(1) 刷 CPC 卡,车道系统进行 CPC 卡有效性判断和计费信息是否异常判断。

(2) 核对实际车牌、车种信息与卡内车牌、车型、车种信息是否一致。

(3) 信息核对一致的,按 CPC 卡内金额收费,打印收费凭证,抬杆放行。核对不一致的或卡内计费信息异常的,按特情车辆相关流程处理。

六、复合通行卡入库、出库和调拨

1. 入库

入库是指 CPC 卡发行、调入、盘盈、追回、出口回收等库存增加时的操作。

2. 出库

出库是指 CPC 卡调出、坏卡送修、核销、盘亏、入口发放等库存减少时的操作。

3. 调拨

下级机构库存不足时,可以向上级机构提交调入申请,由上级机构进行审核,审核通过后进入调拨流程。

七、复合通行卡库存管理

(一) 库存整理

1. 新建箱子

在库存整理界面,点击"新建"按钮,系统弹出新建箱子界面,在界面上选择仓库后,输入卡箱的规格,点击"提交"按钮,系统创建箱子并自动分配箱号。

2. 查询箱子

选择仓库或输入箱号后,点击"查询"按钮,系统展示库存箱子信息,可以查看箱子的箱号、规格、所属机构、箱子状态(空箱/满箱/未满)。

3. 装箱

选择状态为空箱或者未满的箱子进行装箱,点击界面操作列对应的"装箱"按钮,系统进入装箱界面。连接读卡器后,查看计算机识别的读卡器串口号,在界面上填入对应的串口,点击"打开读卡器"按钮。读卡器打开成功后,将CPC卡逐张放置在读卡器上方进行读卡操作,系统界面自动统计"当前卡数"。读卡完成后,可以点击"封箱"按钮进行封箱操作。

4. 打印标签

在库存整理列表页选择任意箱号,进行打印操作,打印之前注意设置纸张尺寸。

5. 卡清单

选择满箱或者未满状态的箱子,点击"卡清单"按钮,系统显示该箱子内所有卡片的清单列表。

6. 拆箱

选择状态为未满或者满箱的箱子进行拆箱,点击界面操作列对应的"拆箱"按钮,系统自动对该箱子进行拆箱,查询界面该箱子状态变为空箱状态。

7. 倒箱

可以将箱子导入另外一个规格一致的空箱。

8. 合箱

选择一个空箱,在合箱页面分别选择其他规格的箱子进行合箱操作。

9. 分箱

将上一步合成的箱子进行分箱操作,此时的箱子变为空箱,且恢复之前合并的箱子。

(二)库存盘点

1. 日盘点

点击库存管理的"日盘点"进入日盘点界面,展示仓库机构的上期结余、新发卡数、调入数、调出数、坏卡数、盘盈/亏箱数、盘盈/亏箱卡数/散卡数等信息。点击"编辑"获取盘点数据,确认后可填报数量。

2. 月盘点

(1)月盘点:对收费站仓库内所有CPC卡进行逐张读卡清点,并对散卡进行装箱。
(2)注意事项:
①在盘点前,务必检查各收费站盘点相关系统和网络环境是否正常。
②实体卡清点、装箱应与系统操作保持一致,避免同一张CPC卡重复清点。

③校准全网收费系统时间,避免收费系统时钟不同步而导致封箱装箱的卡出现丢失现象。

④盘点中如发现坏卡,应及时完成坏卡登记相关工作。如箱内出现丢卡情况,应通过检查箱内丢卡日志查询出相应的丢卡卡号,根据卡号查询卡轨迹,判断是否为重复卡,或装箱时拿错卡。如卡轨迹显示为不同站点操作,可能为卡号重复,可做坏卡登记。

(三)库存测算

(1)静态库存:每个自然日结束时各收费站的CPC卡结存数量。

(2)动态库存:当前时间各收费站的CPC卡数量。动态库存以前一日静态库存为基数,根据发放、回收和调拨等数据进行增减。

第二节　纸质通行券管理

纸质通行券用于重大节假日小型客车免费通行过渡期间,以及停电、软件瘫痪、硬件故障等导致收费站所有入口车道出现瘫痪的紧急情况。

一、纸质通行券应用

(一)纸质通行券申领

(1)收费站领到纸质通行券后,工作人员应在"票据入库"中输入本月领用的号码入库信息。

(2)相关人员应填写领用单据、票据数量、日期等信息。

(二)纸质通行券使用

1. 发券

使用纸质通行券前,应在CPC卡管理平台上进行申请,经省中心同意后方可使用。纸质通行券由各省中心按规范格式统一印制,按"一车一券"原则发放。

2. 停发

经省中心审核通过后,停止发放。

二、纸质通行券发放、回收、交接

(一)入口发放

(1)车辆驶入混合车道,操作员判定车型,输入车牌,进入刷通行卡界面。

(2)在刷通行卡页面,按"纸券车"键,进入纸券车判定界面。

(3)按"确认"键判定车辆为纸券车,栏杆抬起,界面纸券号+1。

发放纸券时,应注意如下内容:①当前纸券号是否有效;②纸券号是否在领用范围内;③界面显示纸券号与实际发放纸券号是否一致;④纸券号段使用完后应及时更新。

(二) 出口回收

1. 未进入节假日免费期间

车辆持纸券通行,在出口交易时,按正常情况收取车辆通行费。
(1)操作员判定车型,输入车牌,进入刷通行卡页面。
(2)按"纸券车"键,并输入纸券号。
(3)确认纸券号输入无误后,按"确认"键,继续输入入口站代码。
(4)系统根据输入的入口站进行计费,收取费用后放行车辆。

2. 进入节假日免费期间

车辆持纸券通行,在出口交易时,根据实际情况免费或收费通行。

(三) 交接流程

系统恢复正常或者节假日免费通行时间结束,收费员清点纸质通行券存有量,核对车道实际使用数量与系统显示数量,确定数据正确以后,将剩余纸质通行券上交负责人员,填写交接登记表并确认签字。

第三节 现金管理

一、现金清点

常见现金清点方法有手持式单指单张点钞法、扇面式点钞法、手按式多指推动点钞法三种。

(一) 手持式单指单张点钞法

用一个手指、一次点一张的方法叫单指单张点钞法(图1-1-2)。该法使用范围较广、频率较高,适用于收款、付款和整点各种新旧大小钞票,易于发现假钞及残破钞票。具体操作方法如下。

图1-1-2 手持式单指单张点钞法

1. 持票

左手横执钞票,下面朝向身体,左手拇指在钞票正面左端约四分之一处,食指与中指在钞票背面与拇指同时捏住钞票,无名指与小指自然弯曲并伸向票前左下方,与中指夹紧钞票,食指伸直,拇指向上移动,按住钞票侧面,将钞票压成瓦形。左手将钞票从桌面上擦过,拇指顺势将钞票向上翻成微开的扇形,同时,右手拇指、食指做点钞准备。

2. 清点

左手持钞并形成瓦形后,右手食指托住钞票背面右上角,用拇指尖逐张向下轻捻钞票右上角,捻动幅度要小,不要抬得过高。食指在钞票背面的右端配合拇指捻动,左手拇指按捏钞票不要过紧,要配合右手起自然助推的作用。右手的无名指将捻起的钞票向怀里弹,做到轻点快弹。

3. 记数

记数与清点同时进行。在点数速度快的情况下,往往由于记数迟缓而影响点钞的效率,因此记数应该采用分组记数法。把10作1记,即1、2、3、4、5、6、7、8、9、1(即10),1、2、3、4、5、6、7、8、9、2(即20),以此类推。应做到脑、眼、手密切配合,既准又快。

(二)扇面式点钞法

把钞票捻成扇面状进行清点的方法叫扇面式点钞法(图1-1-3)。这种点钞方法速度快,是手工点钞方法中效率最高的一种。但它只适合清点新票币,不适于清点新、旧、破混合钞票。具体操作方法如下。

图1-1-3　扇面式点钞法

1. 持钞

钞票竖拿,左手拇指在票前下部中间票面约四分之一处。食指、中指在票后同拇指一起捏住钞票,无名指和小指拳向手心。右手拇指在左手拇指的上端,用虎口从右侧卡住钞票成瓦形,食指、中指、无名指、小指均横在钞票背面,做开扇准备。

2. 开扇

开扇是扇面点钞的一个重要环节,扇面要开得均匀,为点数打好基础,做好准备。其方法是:以左手为轴,右手食指将钞票向胸前左下方压弯,然后再猛向右方闪动,同时右手拇指在票前向左上方推动钞票,食指、中指在票后面用力向右捻动,左手指在钞票原位置向逆时针方向画弧捻动,食指、中指在票后面用力向左上方捻动,右手手指逐步向下移动,至右下角时即可将钞票推成扇面形。如有不均匀地方,可双手持钞抖动,使其均匀。打开扇面时,左右两手一定要配合协调,不要将钞票捏得过紧。如果点钞时采取一按十张的方法,扇面要开小些,便于点清。

3. 点数

左手持扇面,右手中指、无名指、小指托住钞票背面,拇指在钞票右上角 1cm 处,一次按下 5 张或 10 张;按下后用食指压住,拇指继续向前按第二次,以此类推,同时左手应随右手点数速度向内转动扇面,以迎合右手按动,直到点完 100 张为止。

4. 记数

宜采用分组记数法。一次按 5 张为一组,记满 20 组为 100 张;一次按 10 张为一组,记满 10 组为 100 张。

5. 合扇

清点钞票完毕合扇时,将左手向右倒,右手托住钞票右侧向左合拢,左右手指向中间一起用力,使钞票竖立在桌面上,两手松拢轻墩,把钞票墩齐,准备扎把。

(三) 手按式多指推动点钞法

手按式多指推动点钞适用于各种面额钞券的清点,更宜于整点成把纸币,如图 1-1-4 所示。具体操作方法如下。

图 1-1-4　手按式多指推动点钞法

1. 放票

将钞券斜放在桌面上,右下角对正胸前,左手无名指、小指自然弯曲压在钞券左端约占票面的四分之一处。同时用右手的食指、中指、无名指、小指沾水做点钞准备。

2. 清点

清点前,用右手在钞券右下角侧面将钞券向左上方推动一下,使钞券松散。推捻时可用三指推动,也可用四指推动。用四指推动时,先用小指从右下角向上推捻起第一张,然后用无名指、中指、食指顺序分别各推起一张钞券;用三指推动时,先用无名指推捻起第一张,然后用中指、食指各推起一张。推起的钞券由左手拇指推送到左手食指和中指之间夹住。这样便完成一组动作,以后按此连续操作。

3. 记数

记数采用分组记数法。每次推动 3 张的以 3 张为一组;每次推 4 张的,以 4 张为一组记数。记满 33 组余一张或记满 25 组即为 100 张。

二、备用金管理

备用金是指为了满足各收费站 MTC 车道收费找零需要而配置的现金,包括收费存放金库的备用金和车道备用金。备用金管理是指备用金的领用、交接和保管。备用金的管理纳入通行费日常管理范围。备用金应专款专用,不得挪作他用。

1. 备用金领用

收费员根据收费工作所需要,按照核定的备用金总额领取相应的小额面值的零钞。备用金领用必须当面点清,因未清点造成的备用金错误,由领用人负责。

(1)备用金保管员根据核定的额度填写借款单并签名(可通过指定平台操作),按审批流程审批后,单位出纳人员根据签批好的借款单支付现金。

(2)因春运等原因需临时增加备用金的,应提前 5 个工作日向业务部门提出申请,经分管负责人批准后,由财务部门拨付。临时情况解除后,应在 5 个工作日内归还临时增加的备用金。

(3)车道找零备用金核定金额范围内的零钞兑换由各站所负责。送交兑换的整钞应由双人在监控下封包,填写封包交接登记簿,交由专门的押运机构传递兑换。收到银行兑换的现金封包时,必须在传递人见证下当面清点,保证送交的整钞金额与收到的零钞金额一致。

2. 备用金交接

备用金的交接是收费员交接班的一项重要内容,是指各班次收费员按照核定的金额交接备用金的过程。备用金的交接双方应当面点清,因未清点核实造成交接错误,由接班人负责。

(1)收费站票证员应将备用金认真清点整理,及时存放,因保管不善遗失需自赔。值班人员交接当面清点,在值班日志上做好备用金及金库钥匙的移交记录。

(2)收费员要求兑换零钞时,值班人员要验证真伪,可使用点钞机验证,并做好兑换面额的记录,收进的假钞由当事人自赔。备用金交接时,交班人员与接班人员应双方同时在场清点,并在值班日志上签字确认。

(3)收费员领用备用金时,收费员与班长应双方同时在场清点,并在收费的备用金交接记录本上签字确认,下班后收费员将备用金归还班长,并互相签字确认。

(4)收费员进行备用金交接时,交接班双方班长应同时在场,并在监控镜头下共同清点,清点无误后在班长日志上签字确认,并注明本班备用金金额。

3. 备用金保管

备用金的保管是指备用金使用人按照本单位现金管理的要求,做好备用金的使用工作。

(1) 出现备用金短款或长款的,应及时查明原因,并如实向分管领导和相关业务部门汇报,经批准后按照有关规定做出相应的处理,不得擅自处理。

(2) 不得从所取得的现金收入中提取补充备用金,坐支现金。

(3) 备用金由备用金保管员(或出纳票证员)负责保管,并办理借支手续,不得转借或挪作他用。

(4) 因人员调动或离职等原因造成备用金保管员(或出纳票证员)更换的,须办理变更手续,变更方式采用借还两条线,即原保管人办理还款,新保管人重新办理借款,财务账目做相应调整。

(5) 备用金须及时清算归还,可按流程再次申请。

三、票据管理和使用

收费过程中,发现票证有缺号、乱号、多票、少票等异常情况时,应停止使用,查明原因后逐级上报。

1. 空票

空票是指在收费过程中因打印机卡纸、色带老化或其他原因造成打印票据无法流通的票据,需重新打印发票给驾驶人。出现空票应立即加盖"作废"章,下岗后上交收费站,并在"收费日报"中填写发票号码、原因等相关信息。

2. 遗弃票

遗弃票是指在收费过程中驾驶人丢弃在收费亭或车道内的通行费票据。发现遗弃票应立即加盖"作废"章,下岗后上交收费站,遗弃票统一销毁。

3. 销票

销票是指在收费过程中因车型误判、入口站点错选、路径异常等原因导致该发票影响正常流通,需重新正确操作一笔流水,打印发票给驾驶人。出现销票时,必须由班长当场签字作证,在通行费发票背面写明销票原因、车牌号码、班长签字等。下岗后上交收费站,并在"收费日报"中填写发票号码、金额、原因等相关信息。

第二章 收费业务

本章主要介绍车道业务处理、票据业务处理、出行服务和收费特情业务处理等内容。

第一节 车道业务处理

一、收费作业

(一) 收费管理规范

1. 上岗前

(1) 规范着装,清理私人现金,不得携带与工作无关的物品上岗。

(2) 备足当班所需的各类票证、报表等物品。入口收费员上班前领用通行卡,并在车道进行发放。

(3) 列队点评后,由班长带领至收费现场与上一班次进行交接。

2. 接班

(1) ETC/MTC 混合车道交接时不关闭车道,并在 2min 内完成。

(2) 在收费亭窗口指定位置展示"上岗服务证"。

(3) 按规定位置摆放各类物品。

(4) 向交班人员了解系统及各种辅助设备的工作状况。

(5) 登录收费系统,在系统上打开车道。

3. 入口上岗时

(1) 做好 ETC/MTC 混合入口车道发卡和管理工作,及时处理各类异常情况,确保车道运行正常。

(2) 对非 ETC 车辆按规定核实车牌、车型信息后发放通行卡,做到车牌、车型准确率100%。

(3)发现异常通行卡时,将其上交收费站。
(4)拒绝列入黑名单的车辆、未进行入口称重检测及违法超限超载货车进入高速公路。
(5)2:00~5:00拒绝营运大型客车(有接驳证或空载除外)、0:00~6:00拒绝危化品运输车辆进入高速公路。
(6)拒绝非机动车、行人、农用车、全挂车及显见违法车辆进入高速公路。
(7)拒绝漏、滴、散、抛或有散落隐患等装载不符合规定的车辆进入高速公路。
(8)拒绝列入追缴名单的车辆进入高速公路,发现时应及时报告班长。
(9)对禁止进入高速公路的车辆或行人劝阻无效时,及时报告班长,并协助处置。

4. 出口上岗时

(1)做好 ETC/MTC 混合出口车道收费和管理工作,及时处理各类异常情况,确保车道运行正常。
(2)遇 ETC 入口信息不通过、ETC 有效性不通过、信用黑名单、双片式 OBU 未插卡、ETC 卡坏卡/OBU 损坏、非 ETC 车辆收费调整、通行卡通行异常等情况时,处理流程按《收费公路联网收费运营和服务规程(2020)》执行。
(3)认真仔细核对免费车辆相关信息,确保应收不漏、应免不收。
(4)遇销票时,通知旁站班长,当场签字作证,发票的背面记录车辆牌号等车辆信息和销票原因。对遗弃的通行费发票和回收的纸质通行券及时加盖"作废"章。
(5)发现不可读或故障通行卡时,将其上交收费站。
(6)劝阻驾乘人员下车付费和问询。
(7)关注车辆状况及通行情况,发现超限、有明显新的碰撞痕迹或漏、滴、散、抛等的车辆及遇持伪钞并与驾驶人有争议的车辆,报告班长处理。
(8)对追缴名单车辆,及时报告班长。

5. 交班

(1)记录计算机屏幕信息。
(2)清理票款、通行卡等物品。
(3)向接班收费员交代收费系统工作情况及未了事宜。
(4)完成下岗交接后,列队离开收费广场。

6. 解缴款

(1)列队离开收费广场,由班长带领进入解款室。
(2)填写"收费日报",一式二份,一份留存,一份交收费;出口收费员清点票款,填写"银行现金缴款单",做到字迹清晰可见、内容完整、数据准确,不得有涂改现象,核对无误后,将票款与"银行现金缴款单"捆绑装入交款袋后封口。
(3)填写"旁站记录表"中的相关栏目,在班长监督下送入缴款机。
(4)不得隔日、隔班缴款,不得代他人缴款。
(5)严禁在解款室内做与工作无关的事情。
(6)解款结束后,在班长统一带领下离开解款室。

二、收费操作

（一）入口操作

1. 上班

（1）身份确认。收费员可按"上班"键，输入工号及密码。ETC车道统一使用ETC专用工号。

（2）从系统的提示菜单中选择上班日期和工班。

（3）ETC专用车道的工班登录与MTC车道交班同步；按每天三班次，在交班时由刚上班班长输入专用工号切换工班。

（4）自助发卡机工班登录与MTC车道交班同步；按每天三班次，收费员在自助发卡车道上班操作时，输入该车道对应的专用工号，选择正确班次。

2. 打开车道

登录收费系统，完成打开车道操作，同时打开收费车道栏杆。

3. 入口发卡

（1）普通车辆流程

收费员根据车型分类标准，判定来车车型，并按相应车型键输入车型。核对当前车辆的车牌颜色、车牌号码是否与实际车辆相符。将空白通行卡放置在读卡器上方，读卡器将日期、时间、车型、收费站代码等入口信息写入通行卡，然后将写好的通行卡发给驾驶人。按"确认"键，放行车辆。

（2）ETC车辆流程

①车辆进入车道触发线圈。

②RSU（路侧单元）扫描OBU，读取OBU和CPU（中央处理器）卡的数据，并进行校验。

③系统通过RSU、OBU将入口信息写入CPU卡，成功后，抬杆放行车辆。

④车辆继续前行，驶离车道，栏杆落下。

（3）自助发卡机流程

①车辆进入车道触发线圈。

②发卡机抓拍车辆牌照后语音提示（按"绿色"键取卡，按"红色"键取票）。

③驾驶人取卡和取票成功后，抬杆放行车辆。

④车辆继续前行，驶离车道，栏杆落下。

（4）入口节假日通行凭证

节假日通行凭证是指针对节假日享受免费通行车辆所发放的通行凭证。先判定车型（一类小型客车），输入车牌号码，按"纸券车"键确认。通行凭证上加盖入口站名、站码、时间等信息。

（5）入口车队流程

对于符合规定的车队，收费员按"车队"键放行车辆，等车队全部通过车道后，再次按"车队"键放下栏杆。

4. 关闭车道

收费员即将下班或因其他原因需临时关闭车道时,应在结束当前发卡流程后进行。但收费员仍可继续处理已在车道中排队等候的车辆。

5. 下班

在车道关闭状态下,收费员可手工输入收费员工号和密码,结束车道操作。下班前应填写"收费日报"。

(二)出口操作

1. 上班操作

(1)身份确认。收费员可按"上班"键,输入工号及密码。登录工班时,若已经有车辆驶入本车道,收费员应确认当前进入车道等待收费的车辆数。

(2)日期工班选择。从系统的提示菜单中选择上班日期和工班。

(3)发票号码输入。收费员输入待打印发票的起始号码,所输入的发票号应与实际领用的发票号区间相符。

2. 打开车道

登录收费系统,系统上打开车道,同时打开收费车道栏杆。打开车道之前,必须确认打印机是否已经打开。

3. 收费操作

(1)普通车辆流程

收费员等待车辆驶近,输入该车辆车型,核对当前车辆的车牌颜色、车牌号码是否与实际车辆相符。将驾驶人递交的通行卡放置在读卡器上方,读卡器读取卡中的信息。选择对应的付费方式,收取通行费后按"确认"键,放行车辆。

(2)ETC车辆流程

①车辆进入车道触发线圈。

②RSU扫描OBU,读取OBU和CPU卡的数据,并进行校验。

③系统根据入口信息计算通行费,并将过车信息和扣款写入CPU卡,成功后,抬杆放行车辆。

④车辆继续前行,驶离车道,栏杆落下。

(3)缴费凭证车流程

判定车型后,按"纸券车"键,依次输入缴费凭证号码、入口收费站站码。按"确认"键,放行车辆。回收的缴费凭证加盖"作废"章。下班后,填写"缴费凭证回收情况登记表"并上交管理人员。

(4)节假日通行凭证

节假日通行凭证操作流程同缴费凭证流程。

(5)公务车流程

收费员收取通行卡,读取通行卡的信息后,系统自动提示公务卡信息,核对车牌号码与实际车辆是否一致,若一致,按"确认"键放行;若不相符,按普通车辆流程操作。

(6)政策减免车辆车操作

收费员收取通行卡,读取信息后,检查车辆是否符合减免要求,若符合,选择"减免车辆"付费,选择具体细项后,由班长确认免费放行车辆;若不符合,按普通车辆收取通行费。

(7)车队流程

车队操作流程与入口车队操作流程一致。

4. 关闭车道

收费员即将下班或因其他原因需临时关闭车道时,应在结束当前收费流程后进行。但收费员仍可继续处理已在车道中排队等候的车辆。

5. 下班

在车道关闭状态下,收费员可手工输入收费员工号和密码,结束车道操作。下班前应填写"收费日报"。

三、超限运输车辆查验

1. 超限车辆认定标准

(1)车货总高度从地面算起超过4m。

(2)车货总宽度超过2.55m。

(3)车货总长度超过18.1m。

(4)二轴货车,其车货总质量超过18000kg。

(5)三轴货车,其车货总质量超过25000kg;三轴汽车列车,其车货总质量超过27000kg。

(6)四轴货车,其车货总质量超过31000kg;四轴汽车列车,其车货总质量超过36000kg。

(7)五轴汽车列车,其车货总质量超过43000kg。

(8)六轴及六轴以上汽车列车,其车货总质量超过49000kg,其中牵引车驱动轴为单轴的,其车货总质量超过46000kg。

2. 限定标准的认定,还应当遵守下列要求

(1)二轴组按照二个轴计算,三轴组按照三个轴计算。

(2)除驱动轴外,二轴组、三轴组以及半挂车和全挂车的车轴每侧轮胎按照双轮胎计算,若每轴每侧轮胎为单轮胎,限定标准减少3000kg,但安装符合国家有关标准的加宽轮胎的除外。

(3)车辆最大允许总质量不应超过各车轴最大允许轴荷之和。

(4)拖拉机、农用车、低速货车,以行驶证核定的总质量为限定标准。

(5)符合现行《汽车、挂车及汽车列车外廓尺寸、轴荷及质量限值》(GB 1589)规定的冷藏车、汽车列车、安装空气悬架的车辆,以及专用作业车,不认定为超限运输车辆。

3. 超限运输车辆通行证核查

超限运输车辆通行高速公路时,高速公路收费站入口核验人员须通过官方微信公众号扫码核验超限运输证,如实填报实际车货总重、长宽高数据,并同步上传称重照片和车货装载正视、侧视、后视三个角度照片。如因车辆超宽等客观原因而无法称重,则上传正规的出厂货物清单照片(包含货物重量)。

四、便携收费设备使用

便携设备与原收费系统对接,用户账户和交易流程与原收费系统保持一致。

五、漏逃费车辆处置

漏逃费车辆是指人为原因造成的少交、未交、拒交通行费车辆,包括人员恶意逃费行为的车辆等。

(一)改变车型(车种)逃费车辆处置

主要类型包括大车小标、货车客标、专项作业车改客车、出入口车型不符和货车甩挂等。

1. 大车小标、货车客标、专项作业车改客车、出入口车型不符

利用不正当手段,购置或办理小于实际车型,或与车种不符的电子标签OBU,从而达到偷逃通行费的目的。此种逃费手段隐蔽,逃费金额较大。

(1)主要表现

收费站进出口ETC系统读写车辆信息交易时,显示卡内车型小于该车实际车辆类型,或车种类别与实际不一致。

(2)应对策略

应强化ETC办理的源头治理工作,杜绝违规办理现象的发生。车道工作人员对ETC车辆经常进行查验,发现大车小标、货车客标车辆时应进行登记,并提交上级部门。

2. 货车甩挂

车辆到达目的地前将挂车停放在服务区,车头就近驶出收费站后返回取挂车,使用就近收费站领取的通行卡出口,达到挂车缩短运距、少交费的目的。

(1)主要表现

系统自动提示出入口车型不一致;出入口车辆外形不一致。

(2)应对策略

对系统提示出入口车型不一致的牵引车,一定要比对入口车辆图像;对无法查阅到入口图像的嫌疑车辆,可联系附近服务区协助调查有无挂车停留;对无法确认的嫌疑车辆,可有针对性地安排跟踪等措施,力争抓现行。

(二)改变缴费路径逃费车辆处置

主要类型包括倒换卡、有入口无出口、私开道口、闯关、屏蔽计费设备等。

1. 倒换卡

A 与 B 换卡(倒牌):A、B 两车的卡在中途互换,达到缩短交费里程而少交费的目的。

(1)主要表现

由于在入口时车辆信息已输入复合卡内,致使换卡后车牌不一致,同时部分车辆也会出现超时。

(2)应对策略

根据复合卡查验入口车辆抓拍图像,核对出入口是否为同一辆车,重点稽查出口超时提醒车辆。

2. 有入口无出口、私开道口

入口正常领卡上高速公路,出口不走收费站,而从施工便道、服务区后门等非正常出口下高速公路,从而逃缴车辆通行费。

(1)主要表现

只有入口信息,没有出口信息。

(2)应对策略

将超过规定时间的丢失卡车辆录入名单,下次进入高速公路时,按规定收取逃缴通行费;加强对施工便道、服务区后门等重点部位的监管。

3. 闯关

车辆到达收费站出口时,采取跟车或加速强行闯出。

(1)主要表现

车辆跟车距离近,车辆过收费车道时车速快,部分闯关车辆无牌、套牌。

(2)应对策略

重点关注闯关车辆,将闯关车辆录入名单,必要时与执法部门联动,查找车辆所属单位或个人进行追缴,也可进行法律诉讼。

4. 屏蔽计费设备

正常通行的车辆,通过屏蔽通行介质,导致路径缺失,最后只能按最短路径计费,从而达到偷逃通行费的目的。

(1)主要表现

系统提示路标缺失,出现路径选择等选项。

(2)应对策略

对系统提示路标缺失车辆,一方面与驾驶人做好车辆行驶路径核对工作;另一方面,上报稽核,通过牌照信息查询实际行驶路径,从而有效避免通行费损失。

(三)利用优免政策逃费行为车辆处置

主要类型包括假冒绿通车、假冒抢险救灾车、假冒军警车、假冒联合收割机(插秧机)运输车辆等。

1. 假冒绿通车

在车厢尾部、顶部等车体边缘摆放少量鲜活农产品,假冒运输鲜活农产品的车辆,享受"绿色通道"免费政策,逃缴通行费。

(1)主要表现

车辆重量可能出现异常;车辆包裹严实,不易验货且驾驶人不配合查验工作,急于离开。

(2)应对策略

尽量避开驾驶人指定的位置,重点查验车厢内部;加强对鲜活农产品运输车辆的现场查验管理,实行两人多点查验制度,对查验过程全程记录;加强对绿通车辆的事后稽核管理,防范人为舞弊行为的发生;对于假冒绿通车辆,建议录入高速公路征信系统和稽查管理系统,一段时间内该车运输绿通货物将不能减免通行费。

2. 假冒抢险救灾车

假借抢险救灾车之名,达到逃缴通行费的目的。

(1)主要表现

驾驶人无法出示有效证件或其他纸质证明。

(2)应对策略

按要求规范核查相关证件或纸质证明,对可疑车辆,加强事后稽核。

3. 假冒军警车

使用假冒的军警免费车辆号牌,达到逃缴车辆通行费的目的。

(1)主要表现

假冒军警车号牌大多印制粗糙,字迹喷墨不均匀;多数只把车牌放置在前挡风玻璃前;驾驶人一般无法出示士兵证、军官证等证件。

(2)应对策略

熟练掌握查验军车行驶证、车牌办法;与部队建立联检机制,对查验为假军车的,实行联合查处。

4. 假冒联合收割机(插秧机)运输车辆

假借运输跨区作业联合收割机(插秧机)之名,达到逃缴车辆通行费的目的。

(1)主要表现

非农忙时节运输;运输的联合收割机、插秧机均为崭新的。

(2)应对策略

出现以上异常反应的车辆,无法合理解释的,或无法出示跨区作业证件的,不享受相关免费政策;对有重大嫌疑的,可与属地政府单位联系确认。

(四)其他逃费行为车辆处置

主要类型包括恶意 U/J 形行驶、车牌不符、一车多签(卡)、不可达(不合理)路径、遮挡车牌、套用车牌等。

1. 恶意 U/J 形行驶

车辆到达目的地后不出收费站,掉头返回入口收费站形成 U 形或在入口的邻近站出口形成 J 形,达到缩短运距、少交费的目的。

(1) 主要表现

U 形车系统会自动提示;J 形车系统不会自动提示,但一般会显示超时。

(2) 应对策略

对于 U/J 形车的处理,可借助路径识别系统,确定车辆实际行驶路径,正确收取车辆通行费。

2. 套牌换卡逃费

套用同一车牌的多辆车相互调换通行卡,以缩短缴费里程。

(1) 主要表现

系统会提示车辆超时。

(2) 应对策略

现场可查阅出入口图像,对比车型、外观及颜色是否一致;在保障正常通行的前提下,对严重超时的可疑车辆,现场查阅图像无法查实的,可提交稽核中心查询,如发现同一时间段内"同一辆车"在其他收费站或不同方向路段出入,可确定车辆逃费。

(五) 案例分享

案例一:绿通违规。

2021 年 4 月至 2022 年 6 月期间,涉案驾驶人康某在明知其驾驶的豫 P 牌照货车行驶证上印有"仅可运送不可拆解物品"不能享受"绿色通道"政策情况下,为了享受高速公路"绿色通道"政策,通过伪造车辆行驶证副本,多次在收费站出口申报绿通要求免费,铤而走险偷逃高速公路通行费。收费站工作人员在复核中发现行驶证异常,立即将情况报告属地派出所。经查,康某通过上述方式,共计逃缴高速公路通行费 28 万余元,被人民法院以诈骗罪判处有期徒刑三年,缓刑三年六个月,并处罚金 6 万元。

案例二:假冒集装箱。

2022 年 6 月至 2022 年底期间,涉案驾驶人利用虚假证件信息违规办理"J1 集装箱专用车载装置",利用 J1 集装箱 65 折优惠进行偷逃通行费。稽核班组工作人员通过后台数据筛查,共筛查出 1600 余辆疑似假冒集装箱车,形成"疑似逃缴车辆库",进行重点跟踪关注,并立即将情况报告属地派出所。经查,陆续抓获 ETC 代办"黄牛"嫌疑人 4 名,锁定假冒集装箱车辆 195 辆,预计逃缴高速公路通行费 400 余万元。2022 年底共成功追缴通行费 372.2 万元,涉及 146 辆车。其中,现场共抓获 100 辆次,追缴通行费 236.36 万元;主动补费达 46 辆次,补缴通行费 135.84 万元。

六、优免车辆指令的下达

1. 免费车辆判别和操作

（1）免费车辆按照《收费公路管理条例》第七条"收费公路的经营管理者，经依法批准有权向通行收费公路的车辆收取车辆通行费。军队车辆、武警部队车辆，公安机关在辖区内收费公路上处理交通事故、执行正常巡逻任务和处置突发事件的统一标志的制式警车，以及经国务院交通主管部门或者省、自治区、直辖市人民政府批准执行抢险救灾任务的车辆，免交车辆通行费。进行跨区作业的联合收割机、运输联合收割机（包括插秧机）的车辆，免交车辆通行费。联合收割机不得在高速公路上通行"等相关规定进行判别和操作。

（2）重大节假日小型客车免费工作严格按照国家有关规定实施，不能随意扩大或缩小免费范围和免费时段。

（3）鲜活农产品运输车辆严格按照国家关于"绿色通道"相关政策予以免费放行。

（4）其他免费车辆按照对应当地省（区、市）人民政府、省（区、市）交通运输厅政策性文件执行。

2. 免费车辆管理要求

（1）运营单位要规范免费车辆管理，严禁违规免费放行车辆。

（2）运营单位应完整保存免费放行过程录像资料1个月以上、抓拍图片3个月以上，以便于日常稽查工作的开展。

（3）除了节假日免费放行以外，发生因其他原因造成大面积车流拥堵必须实施免费分流的情况时，必须按流程获得上级部门授权后才能实施。实施过程必须按有关规定向省中心报备，事后按要求提交专题报告，并保存现场录像以备查核。

第二节　票据业务处理

一、票据领取及交接

（一）票据领取

1. 打印票据领取

（1）收费员根据票证实际使用情况及本人票箱中的存量，提前向收费站票证员领取票据。为确保票据安全和正常流转，收费员单次领取通行费票据量应严格控制。

（2）收费员根据实际领取定额通行费发票，按出口车道数量分成若干包，记录定额通行费发票的封包情况，上岗时携带或保存于收费员专用保险箱。

2. 打印票据计算

发票消耗数 = 通行卡 – 免费车辆 + 通行凭证 + 无卡无票 + 空票 + 销票 + 损坏发票。

【例】 小王本班次为出口收费,具体操作为:回收复合收通行卡200张(含1张不可读卡),7辆持有效公务施工卡车辆,2张空票。小王这天总计消耗多少张发票?

解析: 回收200张复合通行卡,正常情况下是打印200张发票,"不可读卡"照样打票,所以不影响打印的发票数;7辆持有效公务施工卡车辆不需要打票,减去7张发票;产生2张空票,比正常打印要多出2张发票。因此,实际打印发票数为200 – 7 + 2 = 195(张)。

(二)票据交接

收费员在离职、转岗情况下,应与收费站票证员做好票据交接工作。所交还的票据应与计算机票据数据相符,通过双方核验,确保票据齐全、无缺失的情况下进行签字确认。

二、票款结款

(一)缴款

缴款是指收费站需向银行缴存的现金以封包(或款箱)形式,在收费站指定场所交付给上门缴款人员,由上门缴款人员安全押运至银行指定场所。

(二)收费站解款

1. 收费员解款

(1)列队离开收费广场,由收费班长带领进入解款室。收费班长负责保管解款室的钥匙,缴款期间禁止无关人员进入解款室,做到随手锁门,确保票款安全。

(2)填写"收费日报",一式二份,一份留存,一份交收费站;出口收费员清点票款,填写"银行现金缴款单",做到字迹清晰可见、内容完整、数据准确,不得有涂改现象。核对无误后,将票款与"银行现金缴款单"捆绑装入交款袋后封口。

(3)收费班长对填写的内容进行核对,确保填写正确,加强现金缴款单的检查。缴款检查内容包括:单填写内容是否完整,日期、班次及封包金额等内容填写是否正确,"收费日报"填写金额、现金缴款单填写金额及包内实际封包金额这三者是否一致;监督收费员缴款(票款放入缴款机)的全过程。

(4)填写"旁站记录表"相关栏目,在收费班长的监督下,送入缴款机。

(5)不得隔日、隔班缴款,不得代他人缴款。

(6)严禁在解款室内做与工作无关的事情。

(7)解款结束后,关好门窗,收费员统一离开解款室。

2. 收费站解款人员

(1)负责保管金库、保险箱钥匙,无关人员不得进入金库、解款室。

（2）与收款银行的解款操作按"解款协议"执行，应核对银行解款人员的证件、所驾驶车辆等信息，核对一致后方可允许进入。

（3）进入金库前，按照保密原则对金库解除报警设防，和银行解款人员共同进入金库，在监控镜头下核对现金封包数量，将前一日通行封包放入银行解款箱内，并按规定填写"现金封包交接单"并上锁。

（4）出金库后，按规定对金库进行报警设防，并上好锁。

三、票款卡管理

1. 票据使用管理

（1）收费员在使用通行费发票过程中，应保证发票与实际车辆相符。出现销票时，必须由班长当场签字作证，在通行费发票背面记录车牌号码等车辆信息和销票原因。出现空票、遗弃票时，应立即加盖"作废"章，下岗后上交收费站，遗弃票统一销毁。使用通行费发票后填写"收费日报"，一式二份，一份交收费站，一份留存。

（2）在收费过程中，发现票证有缺号、乱号、多票、少票等不正常情况时，应停止使用，查明原因后，逐级上报。

（3）遇收费系统全面瘫痪时，使用前应先经省中心同意，由班长将定额通行费发票按包发放给出口收费员使用。使用后填写"××省（区、市）高速公路定额通行费发票销售日报"，一式二份，一份留存，一份上交收费站。

（4）纸质通行券用于重大节假日过渡期及收费站所有入口车道出现系统故障无法使用的紧急情况。紧急情况使用前应先经省中心同意，并通过通行介质管理平台上报启用和停用情况，省中心同步向部联网中心报备。

（5）发放纸质通行券时，应按票面要求加盖日戳章，填写车型、车牌号码等内容，规范、完整填写各项信息，并做好特情记录。

（6）出口收到纸质通行券时，立即加盖"作废"章。

2. 票证的保管及检查

（1）收费站应加强票证的保管，设置专门的票证房，落实防盗、防潮、防火、防霉、防鼠等措施，并加强对收费员领用数量、次数及保管过程的监管和安全防范。

（2）收费站应加强对票证使用过程的监管，严格禁止人为跳号、抽芯、截留、私藏票证等违纪行为。对驾驶人遗弃的票证应立即加盖"作废"章，并附报表上交收费站统一销毁，不得用作他途。

3. 通行卡使用管理

（1）根据收费站的复合通行卡流量和流向进行统计分析，根据全线车流量变化，调整复合通行卡总量及复合通行卡保有量上下限。

（2）票证员根据每日的复合通行卡增加、减少数，及时掌握复合通行卡现场周转使用情况，确保其正常周转，遇收费站范围内复合通行卡短缺时，应及时在CPC管理平台发起调拨申请。

(3)进出口收费员上岗时,应认真复核收、发复合通行卡数量,发现多(少)卡,立即报告班长并查明原因。收费班长上岗时,应及时掌握本班各出入车道的复合通行卡使用情况,若发现周转困难,立即上报本收费站票证员。下班前收缴、汇总破损、故障卡,记入"通行卡交接登记表",一并上交收费站票证员,做好通行卡交接手续。

(4)票证员对每日上交的入口故障卡,在"入口清账"的菜单项中先进行初始化处理。对确定为物理损坏或表面严重损坏的卡,则按故障分类及时在 CPC 管理平台进行记录。对处理后仍可继续使用的故障卡或未出站的通行卡,应及时投放车道继续使用。

(5)票证员发现余卡时应进行收缴,发现缺卡时及时补充,及时掌握收费站复合通行卡使用情况,发现收费站总存量大于保有量上限时,将多余部分及时进行回收装箱,便于统一调拨。发现收费站总存量小于保有量下限时,应及时在 CPC 管理平台发起申请调拨。

(6)收费站每月最后一周的第一个工作日完成复合通行卡的月盘点,对仓库内所有复合通行卡进行逐张读卡清点。当月已封箱的复合通行卡可不进行拆箱清点。在库房存放的复合通行卡应定期流通,存放时间不得超过 2 个月。

(7)票证员应定期对所辖范围内的复合通行卡拥有数进行核查,做到账卡相符,以便及时发现管理工作中存在的问题,防范和杜绝复合通行卡的流失。

第三节　出行服务

一、交通指挥手势

(一)常用交通指挥手势

高速公路收费站常用交通指挥手势 4 个动作分别是停止手势、直行手势、变道手势、示意车辆靠边停车手势。

(二)交通指挥手势要求

(1)训练交通指挥手势信号时,现场人员要求必须做到仪表端庄、精神饱满、严肃认真、注意力集中、反应迅速。

(2)手势指挥动作应准确、果断、有力,这反映出指挥严肃、权威、清楚;动作无力、无精打采,则反映出指挥含糊不清、迟滞拖沓。

(三)交通指挥手势基本动作

1. 停止手势

左臂由前向上直伸与身体 135°,掌心向前与身体平行,五指并拢,面部及目光平视前方;后左臂垂直放下,恢复立正姿势。如图 1-2-1、图 1-2-2 所示。

图 1-2-1　停止手势(一)　　　　　　　图 1-2-2　停止手势(二)

2. 直行手势

左臂向左平伸与身体成90°,掌心向前,五指并拢,面部及目光同时转向左方45°;右臂向右平伸与身体成90°,掌心向前,五指并拢;右小臂水平向左摆动,小臂与前胸平行;先收右臂,后收左臂,面部及目光转向前方,恢复立正姿势。如图1-2-3、图1-2-4所示。

图 1-2-3　直行手势(一)　　　　　　　图 1-2-4　直行手势(二)

3. 变道手势

面向来车方向,右臂向前平伸与身体成90°,掌心向左,五指并拢,面部及目光平视前方;右臂向左水平摆动与身体成45°,完成第一次摆动;然后恢复动作;重复动作,完成第二次摆动。如图1-2-5、图1-2-6所示。

图1-2-5 变道手势(一)　　　图1-2-6 变道手势(二)

4. 示意车辆靠边停车手势

面向来车方向,右臂前伸与身体成45°,掌心向前左,五指并拢,面部及目光平视前方;左臂由前向上直伸与身体成135°,掌心向前与身体平行,五指并拢;右臂向左水平摆动与身体成45°,完成第一次摆动;然后恢复动作、重复动作,完成第二次摆动。如图1-2-7、图1-2-8所示。

图1-2-7 示意车辆靠边停车手势(一)　　　图1-2-8 示意车辆靠边停车手势(二)

二、区域辐射路网

国家高速公路网由 7 条首都放射线、11 条北南纵线、18 条东西横线,以及 6 条地区环线、12 条都市圈环线、30 条城市绕城环线、31 条并行线、163 条联络线组成。

1. 首都放射线

北京—哈尔滨、北京—上海、北京—台北、北京—港澳、北京—昆明、北京—拉萨、北京—乌鲁木齐。

2. 北南纵线

鹤岗—大连、沈阳—海口、长春—深圳、济南—广州、大庆—广州、二连浩特—广州、呼和浩特—北海、包头—茂名、银川—百色、兰州—海口、银川—昆明。

3. 东西横线

绥芬河—满洲里、珲春—乌兰浩特、丹东—锡林浩特、荣成—乌海、青岛—银川、青岛—兰州、连云港—霍尔果斯、南京—洛阳、上海—西安、上海—成都、上海—重庆、杭州—瑞丽、上海—昆明、福州—银川、泉州—南宁、厦门—成都、汕头—昆明、广州—昆明。

4. 地区环线

辽中地区环线、杭州湾地区环线、成渝地区环线、珠江三角洲地区环线、首都地区环线、海南地区环线。

5. 都市圈环线

哈尔滨、长春、杭州、南京、郑州、武汉、长株潭、西安、重庆、成都、济南、合肥。

三、收费现场服务

(一)外场服务规范

1. 情景用语

收费现场情景用语见表 1-2-1。

收费现场情景用语 表 1-2-1

序号	服务场景	规范用语
1	车辆人员滞留收费区域	您好,请问有什么可以帮您的吗? 为了您的安全,请您将车停至安全区域/请您在安全区域内等候。
2	因特殊情况封道	对不起,因××原因已封道,目前××收费站入口可以正常通行,距离本站××公里,为了不耽误您的宝贵时间,您可以选择从××收费站上高速。
3	因前方车辆故障更换收费车道	抱歉,前方车辆故障,临时占用车道,请驶入××车道通行。
4	车道内排队车辆不均匀	您好,当前车道排队等候车辆较多,可以驶入××车道,减少您的排队等候时间,谢谢。

续上表

序号	服务场景	规范用语
5	普通车辆误入 ETC 车道	您好,这是 ETC 专用车道,请问您的车辆有安装 ETC 设备吗? 抱歉,未安装 ETC 设备的车辆需驶入人工车道通行。
6	ETC 车辆因标签松动需重新激活设备	您好,系统显示您的 ETC 标签松动,无法正常交易。 请您稍等,我们马上为您重新激活设备。
7	货车驶入无称重车道	您好,货车需进行称重检测,请您驶入称重车道通行。
8	遇驾乘人员寻求帮助	请问您需要什么帮助吗?我们这有医药箱,有什么能帮助您的吗? 请您靠边停车,打开双跳警示灯,注意安全,我们马上为您提供修车工具(开水等)。
9	智能化收费站用语	您好,请稍等,马上为您解决问题。

2. 便民服务

(1)收费站应提供免费饮用水、封道(分流)指示图、简易维修工具以及常用急救药品,并提供交通引导咨询等其他力所能及的相关服务。

(2)收费站应配备药箱,箱内提供外伤药品。班组在交接班后应该及时检查药品是否过期,严禁向驾乘人员提供过期药品。

(3)熟悉收费站附近加油站、景点等驾乘人员经常问询的区域方位;熟悉收费站附近的医疗机构位置及联络方式,如果伤员伤势过重,及时联系 120、交警或者交通执法队送往医院。

(4)有条件的收费站可为驾驶人提供 ETC 设备激活、安装等相关服务。

(5)提供灭火器、医药箱、饮用水、工具箱、行车指南等免费便民服务项目。

①简易工具包括:扳手、老虎钳、尖嘴钳、十字螺丝刀、一字螺丝刀、牵引绳、榔头等。

②医药箱配备:创可贴、晕车贴、风油精、清凉油、红花油、酒精棉、棉签、双氧水、纱布、绷带等。

(二)亭内服务规范

微笑服务是一种无声的语言和无形的服务,它可以缩短人与人之间的心理距离,为深入沟通与交往创造温馨和谐的氛围。微笑在服务行业的工作时间内属于职业表情,其实质是职业道德的具体体现。如图 1-2-9、图 1-2-10 所示。

图 1-2-9 微笑服务(一)

图 1-2-10 微笑服务(二)

(三)唱收唱付用语规范

1.用语标准

真诚友善,语音轻柔;语调亲切,语量适中。

2.标准服务用语

常用标准服务用语见表1-2-2。

常用标准服务用语　　　　　　表1-2-2

序号	服务场景	规范用语
1	入口用语	您好! 您好!请系好安全带! 再见!祝您一路平安!
2	出口用语	您好! 请付××元!收您××元,找您××元!正好! 再见!祝您一路平安!
3	安全提醒	夜间行车,请注意安全! 雨(雪)天路滑,请谨慎驾驶! 大雾天气,请保持车距! 前方施工,请减速慢行! 前方交通事故,注意安全!
4	节日问候	春节、元旦:新年好!节日快乐! 劳动节、国庆节、传统节日:节日快乐!一路顺风!

3.服务忌语

服务和沟通交流过程中,严禁使用服务忌语,做到"五个不说":

(1)有损害客户自尊心和人格的话不说。

(2)推诿、厌烦、埋怨客户的话不说。

(3)态度傲慢、顶撞、反驳、教训客户的话不说。

(4)庸俗骂人的话及口头禅不说。

(5)刺激客户、激化矛盾的话不说。

(四)唱收唱付流程规范

出口收费员刷卡成功后,计算机提示通行费金额,收费员应正视驾驶人,使用文明用语"请付××元"。

1.现金支付

(1)收到钱款点清后,正视驾驶人,"收您××元"。

(2)找零款用左手正向递给驾驶人,正视驾驶人,"找您××元","再见"。

2. 聚合支付

(1)驾驶人使用第三方支付方式,应时应景使用左手掌心朝上指向车道支付终端设备,正视驾驶人,"请扫码"。

(2)收费系统提示支付成功后,正视驾驶人,"再见"。

3. ETC 卡支付

(1)驾驶人使用 ETC 卡支付方式,将 ETC 卡放置在读卡器上方扣款。

(2)扣款成功后,正视驾驶人,"收您××元","再见"。

第四节 收费特情业务处理

一、部稽核业务平台的使用

首页:信息发布、留言交互。
特情复核:特情查询及复核模块。
内部稽核:内部稽核业务处理模块。
外部稽核:外部稽核业务处理模块。
稽核名单查询:追缴名单、重点关注名单管理模块、补费查询。
异议处理:异议业务处理模块。
基础参数查询:收费公路、收费路段、收费单元等信息查询
部省-通行交易查询:跨(单)省门架、跨(单)省出口 ETC 等信息查询。
部站-通行交易查询:入出口通行、门架通行、绿通等信息查询。

二、特情业务处理

(一)特情复核

1. 入口特情复核

特情类型:OBU 特情、卡片特情、卡签一致性特情、天线设备特情、PASM 卡特情、车道特情、其他特情。

2. 门架特情复核

特情类型:OBU 特情、卡片特情、卡签绑定特情类型、入口信息特情、计费相关特情、天线交易失败特情、门架软件处理特情、标签交易特情、其他异常。

3. 出口特情复核

特情类型:除入口特情类型外,还有出口特情类型、计费特情类型。

(二)内部稽核

1. 内部稽核发起

发起类型:数据型、事件型。
发起流程:自上而下。
操作用户:部联网中心、省级稽核管理单位、收费公路经营管理单位、发行服务机构。

2. 内部稽核处理

处理内容:接收问题并开展排查,定期汇报处理进度,按时反馈发现问题,整改结果及措施,部级、省级审核反馈结果。
操作用户:部联网中心、省级稽核管理单位、收费公路经营管理单位、发行服务机构。

3. 内部稽核关联

内部稽核外部稽核业务互通,将有问题数据推送外部稽核进行通行费损失定责、追缴。

(三)外部稽核

对存在通行费损失行为,开展全网联动稽核,对车辆通行轨迹进行确认,明确车辆逃费行为,核算通行费损失金额,完成责任判定,提供逃费证据文件等工作。

1. 稽核数据查询

数据来源:稽核模型筛选异常数据、已发起工单的通行数据。
功能:查看数据,查看工单信息,查看稽核数据结论,发起外部稽核工单。

2. 工单发起

操作用户:系统内所有具备操作权限的用户。
业务操作:针对单条车辆单次或多次通行发起稽核,实现通行数据汇聚,预填稽核基础信息,明确协查路段单位,提供疑似逃费证据文件,清晰描述逃费行为。

3. 工单派发

操作用户:省级稽核管理单位。
派发范围:收费公路经营管理单位和发行服务机构发起的外部稽核工单。
派发要求:核查发起工单是否存在通行费损失,且提供证据及描述是否准确。

4. 发行稽核

操作用户:发行服务机构。
发行稽核要求:将发行信息与通行信息内车辆信息数据比对,核验发行准确性,填报发行稽核结果,提交证据文件(行驶证),完成责任判定。

5. 路段处理

操作用户:收费公路经营管理单位。
稽核要求:核对车辆信息,确认车辆通行路径,核算通行费,判断通行是否存在逃费行为,提供相应证据,完成责任判定。

6. 省中心审核

操作用户：省级稽核管理单位。
稽核要求：核对发行稽核结果，核对路段稽核结果。

7. 工单撤销申请

操作用户：所有具备操作权限的用户。
工单撤销要求：工单未完成、待处理阶段需省中心审核，待派发、待发起可直接撤销。
撤销申请提交：该工单将从待处理工单列表暂时移除。
撤销申请通过：工单撤销，数据可重新发起工单。

8. 工单撤销审核

操作用户：省级稽核管理单位。
审核内容：结合撤销申请原因，判断是否符合撤销工单的要求。

9. 外部稽核工单查看

(1) 工单完毕，显示该工单内总欠费/垫付情况。
(2) 该字段用于区分该工单是否为历史线下追缴补录工单。
(3) 处理进度和协查进度为处理情况，不是结论完成情况。

10. 发起路段工单

(1) 在外部稽核目录栏中选择"稽核数据查询"，右方点击"手工创建工单"进入工单发起流程。
(2) 进入"手工创建工单"界面操作。

11. 处理外部稽核工单

(1) 在外部稽核目录栏中选择"工作台"，即可显示需要处理的外部稽核工单。
(2) 点击车牌，进入"工单处理"界面。
(3) 点击"处理"，进入"稽核处理"界面。
(4) 核对"车辆信息"内的信息是否正确，重点核对"实际车型""实际车种""实际车轴"三项。
(5) 核对右下方的"收费单元名称"和"收费金额"与实际通行车辆的计费金额是否一致。如存在多算、漏算收费单元的，可点击"重选"进行添加删减。
(6) 根据稽核结果填写"稽核结论"。
(7) 完成"稽核结论"填写后，在"稽核处理"界面最下方点击"提交"完成稽核处理。如核查发现该车辆实际并未通行本路段，"稽核结论"的相关内容可不做填写，直接在界面最下方点击"未通行本路段"。

(四)异议处理

1. 本单位创建

操作用户：具备操作权限的所有用户。

具备功能:发起异议,结束异议,删除异议,查询本单位发起异议。

2.异议发起

操作用户:驾驶人、行业内部具备操作权限用户。
发起途径:补费App、微信补费小程序、部级稽核业务平台。

3.发行方处理

操作用户:发行服务机构用户。
处理要求:复核客户反馈异议内容,重新比对发行信息准确性。

4.路方处理

操作用户:收费公路经营管理单位。
处理要求:复核客户反馈异议内容,判断车辆是否存在欠费行为。

5.省中心审核

操作用户:省级稽核管理单位。
审核要求:查看发行方/收费公路经营管理单位处理的异议结果。

6.待反馈

操作用户:异议发起方。
反馈要求:联系客户,告知客户处理结果,收到客户意见并反馈结果,代发起二次异议,结束异议(一次、二次)。

(五)通行交易查询规则

1.门架车牌识别查询

通过单个门架车牌识别数据,可查询该车辆3天的收费站、门架车牌识别数据。

2.省(区、市)内通行信息查询

该界面展示数据为出口交易内省(区、市)汇总数据,不一定为通行拆分结果,具体路方拆分结果,现需借用省(区、市)内相关系统查询。

3.查询规则

已知车牌号,可查询该车辆一个月内的通行数据。
已知收费站、门架,可查询该收费站、门架一天内的通行数据。
已知车牌号,可查询该车辆2天内的绿通核验数据。
已知收费站可查询该收费站100天内的绿通核验数据。
已知车牌号,可查询该车辆30天内的车辆通行交易数据。
单个用户每天可查询300次。

第三章 预约通行服务

本章主要介绍鲜活农产品运输车辆预约服务、联合收割机(插秧机)以及绿通车辆的查验等内容。

第一节 鲜活农产品运输车辆预约服务

一、鲜活农产品运输车辆免费政策

1.政策要求

按照交通运输部办公厅、国家发展改革委办公厅、财政部办公厅、农业农村部办公厅联合印发《关于进一步提升鲜活农产品运输"绿色通道"政策服务水平的通知》(交办公路〔2022〕78号)要求,对符合《鲜活农产品品种目录》的运输车辆,免收车辆通行费。

对于去皮、去叶、清洗、分割等粗(初)加工的鲜活农产品,正常享受"绿色通道"政策。

2.鲜活农产品目录

(1)鲜活农产品品种目录见表1-3-1。
(2)蔬菜别名及常用商品名称对照表见表1-3-2。
(3)水果别名及常用商品名称对照表见表1-3-3。

鲜活农产品品种目录　　　　　　　　　表1-3-1

类别		品种名称
新鲜蔬菜	白菜类	大白菜、普通白菜、菜薹
	甘蓝类	菜花、芥蓝、青花菜、结球甘蓝
	根菜类	萝卜、胡萝卜、芜菁
	绿叶菜类	芹菜、菠菜、莴笋、生菜、空心菜、香菜、茼蒿、茴香、苋菜、木耳菜
	葱蒜类	洋葱、大葱、香葱、蒜苗、蒜苔、韭菜、大蒜、生姜
	茄果类	茄子、青椒、辣椒、番茄、樱桃番茄

续上表

类别		品种名称
新鲜蔬菜	豆类	扁豆、荚豆、豇豆、豌豆、四季豆、毛豆、蚕豆、豆芽、豌豆苗、四棱豆
	瓜类	黄瓜、丝瓜、冬瓜、西葫芦、苦瓜、南瓜、佛手瓜、蛇瓜、节瓜、瓠瓜
	水生蔬菜类	莲藕、荸荠、水芹、茭白
	新鲜食用菌类	香菇(不含干香菇)、平菇、金针菇、滑菇、双孢蘑菇、木耳(不含干木耳)
	多年生和杂类蔬菜	竹笋、芦笋、金针菜、香椿
	其他类	马铃薯、甘薯、山药、芋头、鲜玉米、鲜花生
新鲜水果	仁果类	苹果、梨、海棠、山楂
	核果类	桃、李、杏、杨梅、樱桃
	浆果类	葡萄、草莓、猕猴桃、石榴、桑葚
	柑橘类	橙、桔(橘)、柑、柚、柠檬
	热带及亚热带水果	香蕉、大蕉、金香蕉、粉蕉、菠萝、龙眼、荔枝、橄榄、枇杷、椰子、芒果、杨桃、木瓜、火龙果、番石榴、莲雾
	什果类	枣、柿子、无花果
	瓜果类	西瓜、甜瓜
鲜活水产品(仅指活的或者新鲜的)	—	鱼类、虾类、贝类、蟹类
	其他水产品	海带、紫菜、海蜇、海参
活的畜禽	家畜	仔猪
	其他	蜜蜂(转地放蜂)
新鲜的肉、蛋、奶	—	新鲜的鸡蛋、鸭蛋、鹅蛋、鹌鹑蛋、鸽蛋、火鸡蛋、珍珠鸡蛋、雉鸡蛋、鹧鸪蛋、番鸭蛋、绿头鸭蛋、鸵鸟蛋、鸸鹋蛋、新鲜家禽肉和家畜肉、生鲜乳

蔬菜别名及常用商品名称对照表　　　　　　　　　　　　　表1-3-2

类别	品种名称	别名及常用商品名称
白菜类	大白菜	结球白菜、黄芽菜、包心白菜、娃娃菜、快菜、黄矮菜、水白菜、黄泥白、麻叶菜、翻心黄、黄芽白、齐心白
	普通白菜	不结球白菜、小白菜、油菜、青菜、青梗菜、鸡毛菜、瓢菜、瓢儿白、瓢儿菜、上海青
	菜薹	菜心、菜蕻儿、大股子、红菜薹、绿菜薹
甘蓝类	菜花	花菜、花椰菜、白花菜、松花菜、椰花菜、花甘蓝、洋花菜
	芥蓝	白花芥蓝、芥兰、芥兰薹
	青花菜	西兰花、菜花、绿花菜、绿花椰菜、茎椰菜
	结球甘蓝	包菜、洋白菜、卷心菜、圆白菜、高丽菜、莲花白、牛心菜、包头菜、钵钵菜、嘎达白、茴子白、疙瘩菜、大头菜、刚白菜、椰菜
根菜类	萝卜	莱菔、荬、大萝卜、白萝卜、青萝卜、心里美、辣萝卜、水果萝卜、菜头、红丁
	胡萝卜	红萝卜、黄萝卜
	芜菁	芥菜疙瘩、疙瘩菜、恰玛古、盘菜、蔓菁

续上表

类别	品种名称	别名及常用商品名称
绿叶菜类	芹菜	西芹、本芹、白芹、黄芹、玻璃脆、胡芹、香芹、富菜
	菠菜	波斯菜、赤根菜、鹦鹉菜、尖角菜、波斯草、圆籽菠菜、刺籽菠菜、扯根菜
	莴笋	茎用莴苣、莴苣、莴苣笋、青笋
	生菜	叶用莴苣、鹅仔菜、唛仔菜、莴仔菜、鸡窝菜、盘子菜、油麦菜
	空心菜	蕹菜、藤藤菜、藤儿菜、通菜蓊、蓊菜、通菜
	香菜	芫荽、胡荽、香荽、延荽、芫茜、臭菜
	茼蒿	蒿子秆、蓬蒿、蒿菜、菊花菜、塘蒿、蒿子、蓬花菜、桐花菜、鹅菜、义菜
	茴香	大茴香、小茴香、八月珠、舶茴香、八角香
	苋菜	马齿苋、大叶苋菜、绿苋菜、白苋菜、红苋菜、玉谷菜、雁来红、老少年、老来少、马马菜
	木耳菜	潺菜、落葵、豆腐菜、紫角叶
葱蒜类	洋葱	葱头、圆葱、玉葱、元葱、洋蒜、皮牙子
	大葱	葱、青葱、钢杆葱、鸡腿葱、发芽葱
	香葱	小葱、分葱、细香葱、四季葱
	蒜苗	蒜黄、青蒜、大蒜苗
	蒜苔	蒜薹、蒜毫、蒜苓
	韭菜	起阳草、韭黄
	大蒜	蒜瓣、蒜头、蒜球、独头蒜、胡蒜、大蒜子
	生姜	姜、大姜、黄姜、老姜、辣姜
茄果类	茄子	圆茄、长茄、长茄子、圆茄子、矮瓜、吊菜子、落苏、六蔬、茄瓜
	青椒	柿子椒、甜椒、菜椒、灯笼椒、方椒、油椒、彩椒、大椒
	辣椒	辣子、尖椒、胡椒、尖辣子、牛角椒、羊角椒、线椒、小米椒、长辣椒、番椒、番姜、海椒、辣角、秦椒、朝天椒
	番茄	西红柿、洋柿子、火柿子、柿子、番柿、狼茄、海茄
	樱桃番茄	圣女果、小西红柿、小柿子、洋枣、小番茄
豆类	扁豆	藤豆、沿篱豆、鹊豆、蛾眉豆
	荚豆	眉豆
	豇豆	长豆角、豆角、长豇豆、豆橛子、带豆、豆角子
	豌豆	荷兰豆、青斑豆、何豆、小寒豆、淮豆、麻豆、金豆、回回豆
	四季豆	芸豆、菜豆、刀豆、二季豆、无筋豆、架豆、芸扁豆、白不老、油豆角
	毛豆	菜用大豆、青豆、枝豆、黄豆、鲜食大豆、菜青豆、青皮豆、豆青、豆子
	蚕豆	南豆、胡豆、佛豆、罗汉豆、大豌豆
	豆芽	豆芽菜、芽苗菜、黄豆芽、绿豆芽、巧芽、如意菜、掐菜、银芽、银针、银苗、芽心、大豆芽、清水豆芽
	豌豆苗	龙须菜、豌豆尖、安豆苗、豌豆头
	四棱豆	皇帝豆、香龙豆、四角豆、热带大豆、翼豆、四稔豆、翅豆、杨桃豆

续上表

类别	品种名称	别名及常用商品名称
瓜类	黄瓜	青瓜、胡瓜、王瓜、刺瓜、勤瓜、唐瓜、水黄瓜
	丝瓜	水瓜、棱丝瓜、天丝瓜、天罗、布瓜、蛮瓜
	冬瓜	毛冬瓜、石瓜
	西葫芦	美洲南瓜、搅瓜、三月瓜、小瓜、菜瓜、角瓜、茭瓜、熊(雄)瓜、窝瓜、荀瓜、葫芦瓜
	苦瓜	凉瓜、癞葡萄、锦荔枝、癞瓜、君子菜
	南瓜	倭瓜、倭葫芦、番瓜、玉瓜、吊瓜、方瓜、金瓜、饭瓜、番南瓜、北瓜、谢花面
	佛手瓜	合手瓜、合掌瓜、丰收瓜、洋瓜、棒瓜、土耳瓜
	蛇瓜	蛇豆、蛇丝瓜、大豆角、蛇豆角
	节瓜	小冬瓜、毛瓜、毛节瓜
	瓠瓜	瓠、瓠子、葫芦、小葫芦、大葫芦、瓠子瓜、扁蒲、夜开花、瓢瓜、长瓜
水生蔬菜类	莲藕	藕、藕节、湖藕、果藕、菜藕、莲菜、莲生菜、莲根
	荸荠	马蹄、地栗、乌芋、菩芥、芥米
	水芹	水芹菜、野富菜、水英、细本山芹菜、牛草、楚葵、刀芹、蜀芹、野芹菜
	茭白	茭笋、菰笋、菰米、茭儿菜、菰实、菰菜、高笋
新鲜食用菌类	香菇	花菇、天白花菇、茶花菇、水菇、冬菇、冬菰、香蕈、香信、椎茸、白面菇、黑面菇
	平菇	侧耳、糙皮侧耳、北风菌、冻菌
	金针菇	冬菇、构菌、毛柄金钱菌、金菇、增智菇
	滑菇	珍珠菇、滑子菇、滑子蘑、光帽鳞伞
	双孢蘑菇	白蘑菇、双孢菇、洋蘑菇
	木耳	红木耳、光木耳、云耳、木耳菇
多年生和杂类蔬菜	竹笋	笋、玉兰
	芦笋	石刁柏、狄笋、南荻笋
	金针菜	黄花菜、萱草
	香椿	椿、香椿芽、春芽、香椿头
其他类	马铃薯	土豆、山药蛋、洋芋、地蛋、地豆、洋山芋
	甘薯	红薯、地瓜、白薯、甜薯、红苕、番薯、红芋
	山药	怀山药、怀山、淮山药、淮山、薯蓣、薯药、山薯、脚板苕
	芋头	芋、毛芋、芋芴、芋子、芋奶、家芋、香芋、槟榔芋、芋魁、蹲鸱
	鲜玉米	苞米、嫩棒子、包谷、麻英、麻拂拂、粟米、番麦、珍珠粒、水果玉米、玉米棒
	鲜花生	落花生、长果、长生果、泥豆、番豆、鲜落生

水果别名及常用商品名称对照表　　　　　　　　表1-3-3

类别	品种名称	别名及常用商品名称
仁果类	苹果	红富士、蛇果、花牛、寒富、青香蕉、七月鲜、沙果、嘎啦、红将军苹果、金帅苹果、乔纳金果、红星苹果、国光苹果、红玉苹果、澳洲青苹、冰糖心苹果、元帅苹果、金冠苹果、维纳斯黄金、华冠苹果、王林
	梨	酥梨、砀山酥梨、鸭梨、香梨、库尔勒香梨、贡梨、蜜梨、南果梨、黄冠梨、翠冠梨、雪花梨、苍溪雪梨、白梨、砂梨、秋月梨、褐梨、苹果梨
	海棠	鸡心果
	山楂	山里红、红果、山里果
核果类	桃	蟠桃、油桃、寿星桃、山桃、毛桃、黄桃、水蜜桃、碧桃
	李	布朗、黑布林、中国李、杏李、欧洲李、美洲李、西梅、新梅、樱、恐龙蛋
	杏	山杏、藏杏、紫杏、东北杏、梅、凯特杏、金太阳杏、岱玉杏
	杨梅	杨梅豆、毛杨梅、青杨梅、矮杨梅、大杨梅、乌杨梅
	樱桃	莺桃、含桃、荆桃、毛樱桃、车厘子
浆果类	葡萄	提子、红提、黑提、青提、巨峰、先锋、玫瑰香、阳光玫瑰、茉莉香、红地球、夏黑、无核白鸡心、木纳格、户太八号、金手指、牛奶、藤稔、美人指、蓝宝石、维多利亚、京亚
	草莓	白草莓
	猕猴桃	奇异果、毛梨、软枣猕猴桃
	石榴	软籽石榴、玛瑙石榴、楼子石榴、墨石榴、天红蛋、粉红石榴、铜壳石榴、红壳石榴、青壳石榴、并蒂石榴
	桑葚	桑果、桑枣、桑实、桑子
柑橘类	橙	甜橙、脐橙、酸橙、血橙、宜昌橙、冰糖橙、红橙、柳橙、锦橙、夏橙、改良橙、梨橙、晚棱脐橙、卡拉卡拉脐橙、特罗维塔甜橙、青秋脐橙、长叶香橙、红韵香柑、哈姆林甜橙、华盛顿脐橙
	桔(橘)	砂糖橘、马水桔、红橘、贡桔、温州蜜桔、温州蜜柑、南丰蜜柑、椪柑、蕉柑
	柑	潮州柑、贡柑、皇帝柑、沃柑、芦柑、茂谷柑、默科特、阳光一号、大雅柑、春见、清见、爱媛、果冻橙、耙耙柑、丑柑、红美人、不知火、金柑、金弹、金桔、罗浮、长寿金柑、脆蜜金柑
	柚	金柚、沙田柚、青柚、蜜柚、梁平柚、垫江晚柚、垫江白柚、红心柚、虎蜜柚、五布柚、三红柚、葡萄柚、西柚、橘柚、橙柚、长寿柚、琯溪蜜柚、龙安柚、鸡尾葡萄柚、矮晚柚
	柠檬	尤力克柠檬、香水柠檬、莱檬、椟檬、枸橼、檬檬、来檬、绿檬、佛手
热带及亚热带水果	香蕉	甘蕉、甜蕉
	大蕉	龙牙蕉、酸蕉、酸芭蕉、牛角蕉、美食蕉
	金香蕉	贡蕉、皇帝蕉、玫瑰蕉、佳丽蕉
	粉蕉	糯米蕉、苹果蕉
	菠萝	凤梨、黄梨、番梨、露兜子
	龙眼	桂圆、益智果

续上表

类别	品种名称	别名及常用商品名称
热带及亚热带水果	荔枝	离枝、丹荔、荔支、荔果
	橄榄	黄榄、青果、山榄、白榄、红榄、青子
	枇杷	卢桔、金丸、芦枝
	椰子	胥余、椰青
	芒果	杧果、檬果、莽果、庵罗果
	杨桃	羊桃、五敛子、星星果、五棱子、洋桃、阳桃
	木瓜	番木瓜、万寿果、乳瓜
	火龙果	红龙果、龙珠果、仙蜜果、玉龙果
	番石榴	芭乐、鸡矢果、拔仔、花稔
	莲雾	洋蒲桃、琏雾、爪哇蒲桃
什果类	枣	鲜枣、冬枣、脆枣、青枣、蟠枣、南疆红、七月鲜
	柿子	鸡心黄柿子、镜面柿、四周柿、罗田甜柿、尖柿、牛心柿
	无花果	蓬莱柿、青皮、布兰瑞克、新疆早黄、金傲芬、日紫、波姬红
瓜果类	西瓜	红心西瓜、黄心西瓜、麒麟瓜
	甜瓜	哈密瓜、香瓜、伊丽莎白瓜、华莱士瓜、网纹瓜、白兰瓜、蜜瓜、河套瓜、银瓜、芝麻香、九里香、羊角蜜、玫瑰、雪玉、玉奶瓜、绿宝石、黄宝石、甜宝

二、鲜活农产品运输车辆预约

2021年10月,交通运输部路网监测与应急处置中心印发《收费公路联网收费预约通行服务规程(试行)》。

1. 运输车辆查验、取证

(1)收费公路经营管理单位应为收费站查验点统一配备符合要求的查验终端设备,查验点仅对当次通行本出口收费站的车辆进行查验,对已驶离本出口收费站查验点的车辆不应进行查验。

(2)绿通车辆查验时,应对车辆进行拍照,拍照内容应包括但不限于行驶证(正副本)、车头、车尾、车侧、货物照片。

①行驶证(正副本):应确保行驶证照片(含国家政务服务平台或地方政府政务平台提供的电子证件)完整、清晰。

②车头照:保证车头完整、车牌号清晰。

③车尾照:保证车尾完整、车牌号清晰。

④车侧照:需从车辆尾部侧面约45°拍摄。

⑤货物照:准确反映所载货物品类,并能证明货物与车辆车牌号的对应关系。采用绿色通道智能检测设备进行辅助查验的,可使用透视图像替代货物照片。

(3)收费站查验人员应通过事件记录仪或摄像机、照相机等设备,做好查验整体过程的影像记录,供投诉取证及事后稽核工作使用。影像记录资料保存期限不应少于6个月。

(4)对于查验结果为不合格或假冒绿通车运输车辆,应对不合格或假冒具体情况进行拍照取证。查验整体过程的影像记录资料在本地保存期限宜不少于3年。

2.预约名单查验结果与预约信息进行关联

(1)车辆主动申请查验,查验人员应严格按照要求对申请查验车辆进行查验,未申请查验驶离收费站的按普通货车处理。

(2)查验人员按规定进行查验,采用预约平台查验系统(App)的,扫描收费屏幕通行交易二维码关联车辆通行信息。采用自建平台或系统的,可通过扫描通行交易二维码或其他形式获取车辆通行交易相关信息。已预约车辆应扫描客户预约二维码,将查验结果与预约信息进行关联。

(3)查验人员提交查验信息后,系统实时生成查验记录,客户可通过预约小程序查看查验记录。收费公路经营管理单位可通过预约平台管理端查看查验记录。

3.运输车辆查验

鲜活农产品运输车辆查验流程如图1-3-1所示。

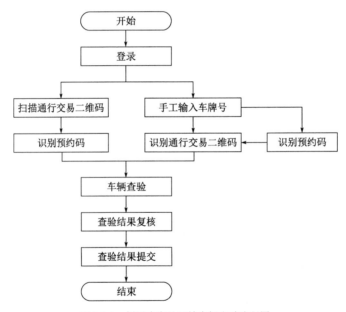

图1-3-1 鲜活农产品运输车辆查验流程图

第二节 联合收割机(插秧机)运输车辆预约服务

2021年10月,交通运输部路网监测与应急处置中心印发《收费公路联网收费预约通行服务规程(试行)》。

一、联合收割机(插秧机)运输车辆免费政策

联合收割机(插秧机)运输车辆在转移过程中,经过公路、桥梁等收费站时,应遵守收费站

区管理规定,主动停车出示《联合收割机(插秧机)跨区作业证》,自觉配合收费站工作人员的检查和审证。

收割机运输车辆在空车返回途经收费站时,必须按章缴纳车辆通行费。

二、联合收割机(插秧机)作业证查验

(1)农业农村部为每年度参加机收会战的联合收割机(插秧机)统一印制"××年联合收割机插秧机跨区作业证",加盖有××省(区、市)农业农村厅、××省(区、市)交通运输厅、××县级农机公章,证件起始日期。

(2)根据《联合收割机跨区作业管理办法》规定:一机一证,盖章生效,全国范围内使用,每证背面应填写机主姓名、联系电话、联合收割机号牌或插秧机发动机号,严禁涂改、转借、伪造、倒卖。车辆上所运载的一台或多台联合收割机(插秧机)必须每台均持有作业证。对生产厂家运往外地销售联合收割机(插秧机)的车辆不允许持有作业证,按规定收取车辆通行费。通过手机扫码软件扫描作业证右上方二维码,可查验真伪及相关信息。跨区作业证正面样式如图1-3-2 所示,跨区作业证背面样式如图 1-3-3 所示。

图 1-3-2 跨区作业证正面样式

图 1-3-3 跨区作业证背面样式

三、预约名单查验结果与预约信息进行关联

(1)车辆主动申请查验,查验人员应严格按照要求对申请查验车辆进行查验,未申请查验驶离收费站的按普通货车处理。

(2)查验人员按规定进行查验,采用预约平台查验系统(App)的,扫描收费屏幕通行交易二维码关联车辆通行信息。采用自建平台或系统的,可通过扫描通行交易二维码或其他形式获取车辆通行交易相关信息。已预约车辆应扫描客户预约二维码,将查验结果与预约信息进行关联。

(3)查验人员提交查验信息后,系统实时生成查验记录,客户可通过预约小程序查看查验记录。收费公路经营管理单位可通过预约平台管理端查看查验记录。

四、运输车辆查验

跨区作业联合收割机(插秧机)运输车辆查验流程图参见图1-3-1。

第四章 公路监控

本章主要介绍收费监控、道路监控、隧道及特大桥梁监控等内容。

第一节 收费监控

一、收费监控系统及操作

(一) 监控系统的统一性

根据交通运输部《高速公路监控技术要求》规定：各省(区、市)级监控系统，在符合整体规划的基础上，根据自身建设情况选择各类监控设备，同时可根据技术发展选择新技术、新产品，但应兼顾统一性、系统性和稳定性，并应保证监控数据和视频图像等的数据接口、数据格式与编码格式方面的一致性和系统的互联互通。

(二) 监控系统控制权限管理

省级监控中心具有以下管理权限：
(1) 能将下级监控分中心上传的视频、省(区、市)内相关地理信息图像等进行直接显示和拼接显示。
(2) 能调看全省(区、市)各级管理部门的录像信息。
(3) 各省级高速公路管理和业务部门，只要具备访问条件和访问权限，均可通过网络访问视频信息。
(4) 能通过事件联动功能对特殊情况进行监视。

(三) 监控视频命名

交通运输部路网监测与应急处置中心对视频云联网接入视频命名规则作了规范。收费广场、主线、车道和收费亭视频图像字符叠加内容和格式统一编写，路段内收费站名称应以属地政府批复文件为准。

(1)收费站命名。视频左上角规则为第一行:省(区、市)简称-高速编号-高速名称简称-收费站名;第二行:广场类型,右上角为实时时间(年月日时分秒)。

(2)主线命名。视频左上角规则为省(区、市)简称-高速编号-高速名称简称-场景名称;第二行:摄像机位置-公路路线方向-公路行车方向-往地名方,右上角为实时时间(年月日时分秒)。

(3)车道、收费亭命名。参考现有收费软件字符叠加方案,排版原则以不影响监控为宜。

(四)收费监控设备

收费广场监控设备包括广场摄像机、车道摄像机、收费亭内摄像机、数字硬盘录像机、收费稽核系统等,主要用于24h记录收费现场情况及收费全过程。

1. 广场及收费亭摄像机

摄像机是一种能够将现实的图像转换为电信号并记录或传输的设备,目前绝大部分采用高清数字摄像机,其画面清晰度、稳定性、抗干扰能力等性能远超传统模拟监控设备。其工作原理主要包括光学成像、图像传感和信号处理三个方面。

2. 硬盘录像机

数字硬盘录像机简称NVR,该设备在图像处理、图像储存、检索、备份以及网络传递、远程控制等方面远优于模拟监控设备。

NVR的主要功能包括:

(1)视频预览、视频录像、录像回放、报警功能、云台控制、密码授权。

(2)具有1路VGA及2路HDMI/DVI高清输出,可以与电视、监视器、计算机显示器等显示设备配合使用。

(3)管理软件可以管理多个NVR的视频图像的存储、控制、配置等。

(4)通过网络可以实现远程访问。

3. 矩阵切换器

矩阵切换器专门用于视频信号的切换和分配,可将多路信号从输入通道切换输送到输出通道中的任一通道上,并且输出通道间彼此独立。矩阵切换器具有断电现场保护功能,能够自动保存设备上次关机时的状态。

4. 云联网视频监控系统

监控云联网视频在路段通过视频上云网关汇聚后接入省级云平台,省级云平台再向部级云平台提供视频调用服务,可实现视频的录制、回放、抓拍等功能。

平台能实现重点现场监视、重点现场录像、视频智能分析、视频服务接口提供、视频后台管理和视频数据库管理等功能。

5. 收费监控设备用途

收费图像监控系统主要是对收费员收费过程、通过车辆及广场交通情况进行实时监控,防止收费舞弊现象发生,对违规行为进行录像。

(1)与收费亭摄像机相对应的监视器可以显示收费亭内的情况。

(2)车道监视器除显示车道车辆通过情况外,还可通过视频叠加卡叠加相应的收费信息,包括车型、车种、车道号、时间、金额等。监控管理人员可对照通过车辆的类型与实际收费类型是否一致,以防止作弊(或错收)情况的发生。

(3)监控中心可通过云台控制安装于收费广场上的云台摄像机,通过改变摄像机角度和镜头焦距来控制图像信息采集的目标和范围。

(4)监控系统通过硬盘录像机对收费作业情况、车辆通过收费车道情况、收费广场情况进行 24h 不间断录像,图像信息经解码器解码送到视频切换矩阵,监控中心可通过图像切换监视全线不同收费站的工作情况。

(五)收费监控软件操作

监控中心视频管理系统可将收费现场所有视频(包括路面视频)汇集在一起,并通过编码实现实时多路监测、随时调用、随时回放、远程查看等功能。下面以常用的视频系统管理软件为例,简单介绍其常见功能及操作方法。

(1)用户管理。与计算机用户管理一样,硬盘录像机提供了对操作权限进行管理的工具。根据用户权限,通常有 3 种不同的用户:超级管理员用户、管理员用户及操作员用户。

超级管理员可以使用硬盘录像机提供的所有功能;管理员用户只能操作硬盘录像机的部分功能;操作员通常只能进行手动录像、录像回放、录像备份等操作。

(2)用户登录。通过登录界面登录即可。

(3)云台调整。点击云台控制台内的方向,调整视频角度及焦距,直到图像合适。

(4)预置点设置、录像查询、下载,详见相关厂商说明书。

(5)监控点名称修改、排序整理(超级用户登录),详见相关厂商说明书。

二、收费监控工作内容

监控人员应熟练掌握监控系统的功能及使用方法、监控数据系统填报方法、收费现场操作流程及管理办法,准确详细记录异常事件并根据实际情况通知相关部门处置。

(一)入口发卡操作要求

(1)入口发卡员应严格遵守 CPC 卡/纸质通行券现场管理规范,发放 CPC 卡时应遵循"一车、一卡、一杆"的要求,确保识别车牌(颜色)、车型、车种与实际车辆相符,拖挂车车轴核验规范,不得发放预刷卡。使用纸质通行券应遵守"一车、一手工、一纸券"的操作流程,加盖日期章,并记录车类、车型、车牌。

(2)纸质通行券用于重大节假日小型客车免费通行过渡期间、车道系统出现故障等紧急情况。严禁擅自使用纸质通行券。

(3)做好行人、摩托车、非机动车以及 2:00~5:00 禁行营运客车(非接驳)、超限超载车辆、危化品运输车辆的入口管控工作。

(二)出口收费操作要求

(1)熟悉收费政策和标准,做到"应收不漏、应免不收"。

(2)严格执行收费操作规程,按照"钱、票、卡、操作流水记录"四点一线和"一车、一卡、一票、一杆"的原则完成收费操作。

(3)收费过程中产生的弃钞应及时上报,并做好相关记录。

(4)严格按照票证票据管理办法做好发票的领用、使用和保管工作,按顺序使用,出现跳号、重号、废票等异常情况时应及时上报,并做好相关记录和核销工作。

(5)因驾乘人员造成CPC卡丢失或人为损坏需收取工本费,开具"收费异常处理证明"及定额发票。

(6)对车型分类和收费标准有异议时,依据属地批复的有关文件进行解释,有需要时可开具"收费现场相关信息处理表"并按规定收取通行费。

(7)做好收费特情事件的相关解释工作,及时上报监控中心,收费现场妥善处理突发事件,并做好事件的相关记录。

(8)当收费系统出现异常不能正常收费时,应立即上报监控中心、值班领导及收费管理部门,征得同意后启动收费应急预案。监控中心做好登记,并向相关部门报备。

(三)收费监控记录内容

收费监控记录一般包括以下几种:

(1)接到收费站现场上报以下特殊车辆:入口未领卡车辆、免费车发卡车辆、无入口信息车辆(非入口发出卡)、黑灰名单车辆、标识异常车辆、特种车队(勤务车队)、入口发放纸券车辆(非免费期间)、车队、无称重数据车辆、轴型不符车辆等,要记录时间、车牌、车型、车道、卡号、入口站及处理结果,按车辆性质将信息登记在相应业务记录表格中。

(2)当收费广场发生交通拥堵、交通事故、火灾事故、收费纠纷、盗抢事件、寻衅滋事、斗殴等异常事件,要记录时间、地点、车牌、事件发生经过、是否有人员受伤、交通状况、相关人员到场处置情况、处理结果,按照事件处理时间顺序记录每个关键环节,事件处理完毕后要及时下载相关视频做好资料保存。

(3)记录文明服务检查、劳动纪律检查、投诉事件、外来人员进出广场情况。

(4)监控设备运行情况检查,包括收费视频系统、电话系统、亭内报警系统、设备监控系统等,发现异常及时通知相关机电部门进行处置,并做好报修记录。

第二节 道路监控

一、道路监控设备

1. 道路监控

道路视频监控主要采用球型摄像机或一体化云台枪式摄像机,其主要作用是通过自动聚焦、可手动变焦,镜头拉远拉近及360°转动来监控所需监控的区域。道路监控采用不低于300万像素的摄像机对道路运行情况进行实时监控,通过录像控制,对保存期内的视频按条件、按需求进行回放。

2. 门架图片抓取

在高速公路横跨全幅车道的龙门架上,通常按需求布设监控探头、LED 显示屏、ETC 智能监测系统、标志牌等高速公路运营所需设施设备。可通过布设的视频监控自动抓取通行车辆的图片并实时上传至路段数据库,通过门架天线可实现多路径识别、自动计费、门架金额累计等功能。

3. 无人机监控

无人机巡检可以通过系统设定巡检线路实现自动化巡检,对路面状况、标志标线、道路设施、桥梁、隧道、桥下空间等进行实时监测。在危险现场可以实现相关资料的快速收集、回报等工作,降低处置人员的风险,为突发事件的处置提供重要技术支持。

4. 车载视频监控

车载视频监控可以通过无线监控系统对施救全过程进行跟踪,对整个施救、巡逻过程进行录像并保存。发生危化品车辆泄漏事故后,巡逻人员可以在保证自身安全的情况下,利用车载视频调整角度,了解现场情况,保障执勤人员的人身安全。

5. 移动 5G 视频监控

移动 5G 视频采用无线移动网络进行视频信号传输,主要用于发生突发事件后造成视频中断、无法及时了解现场处置的情况,利用无线传输技术,掌握现场处置情况,为突发事件处置提供决策依据。

6. 其他监控

可借助救援作业现场信息回传、辖区交警或地方民警反馈、交警闭路电视、相邻高速公路闭路电视、电子地图等,进行实时道路监控。

二、道路监控视频控制

高速公路监控设备主要分布在高速公路主线路面、出入口匝道、互通立交、收费站出入口广场及车道、桥下空间、桥梁及通航孔道、隧道等位置。

道路交通状况通过图像传输通道实时上传至监控中心,监控中心值班人员可以及时了解各区域的路况。

(一)操作人员基本要求

(1)熟悉计算机基本操作。
(2)熟悉道路基本信息。

(二)监控视频操作系统的组成

1. 闭路电视监控系统

道路监控能实时监控并及时发现并通知各单位处理道路交通事故等突发事件,监控涉路施工、异常停车、道路拥堵、重点关注车辆的实时情况,以便监控中心迅速做出反应,及时协调相关部门做出处置,保障道路畅通。

2. 大屏拼接显示系统

大屏拼接显示系统是由显示单元组合拼接而成的电视墙,通过解码器对显示器进行开窗处理,以便更多的图像内容能够清晰地显示在电视墙上,使监控区域一目了然,通过图像控制软件对显示画面实施切换与控制。

3. 事件检测分析平台

事件检测分析平台是高速公路实现科技保畅的有效手段。该系统通过建立实时的预警体系和高效的应急保障体系,当系统发现行人、摩托车、非机动车、车辆停靠、道路拥堵等异常事件时,平台弹框预警,监控人员对该预警做出相关处置。

三、道路异常情况监测

日常运营管理中,监控中心的工作内容是收集、存储、汇总各类交通数据与信息,既要通过外场设备及时了解事故现场情况,又要协调公安、路政、清障等部门到现场处理事故、实施救援。

(一)完善视频巡查制度

监控中心应按照规定的频率开展管理辖区内的视频巡查工作,关注全线路面、桥梁、隧道、桥梁通航孔的通行情况。

(1)巡查全线路面、立交、匝道、隧道、通航孔、收费站广场的车流是否正常。
(2)巡查全线是否存在行人、非机动车、摩托车、异常停车等情况。
(3)巡查占道、涉路施工是否按照计划进行。

(二)异常事件检测分析

1. 安装检测分析平台

通过检测分析平台实现路面拥堵、缓行、行人、非机动车、异常停车等异常情况自动检测。当系统发现以上异常情况时,平台弹框预警,监控人员对该预警进行视频复核,及时做出相应处置,并在系统内填入核实情况,从而提高异常事件的处置效率。

2. 填写要求

系统信息核实填报内容包括正报、误报、非关注。其中,正报是指事件发生在计划监控范围内,事件报警与实际情况相符;误报是指事件检测结果与实际情况不符;非关注是指事件发生在高速公路主线护栏以外。

第三节　隧道及特大桥梁监控

一、隧道及特大桥梁监控系统

根据《高速公路隧道监控系统模式》(GB/T 18567—2010)的规定,隧道监控系统是指隧道交通和隧道内环境监测、检测和控制系统。监控设备包括摄像机、交通事件检测器、车辆检测器、能见度检测器、一氧化碳检测器、风向风速检测器、亮度检测器、超高车辆检测器和火灾探测器等。

隧道视频监控摄像机,通常采用固定枪式摄像机,大约按照150m间距设置,不具备左右及调头功能,要求监控范围基本覆盖全隧道。

特大桥梁监控与隧道监控要求类似,可通过监控设备对其进行实时监控。

二、隧道监控

(一)隧道监控主要内容

(1)检查工作:负责监控隧道应急设备状态、隧道监控系统运行状态。

(2)监控工作:负责隧道范围通行环境监测、隧道出入口结构的监控。

(3)巡查工作:按照视频巡查制度落实工作,发现异常情况及时通知相关单位进行处置,并做好巡查记录。

(4)报修工作:发现异常及时报告,并做好记录。

(二)隧道异常情况

1. 隧道交通事故

(1)隧道内一旦发生车辆故障或交通事故,极易引发二次事故,造成重大人员伤亡。

(2)救援工作难度大,需要应急、消防、交管、机电、养护、监控等部门协调作业。

2. 隧道火灾特点

(1)蔓延快、难控制。车辆运载可燃品、化学品、危险品时,火势蔓延难以控制。

(2)易堵塞、难疏散。纵深距离窄长,车辆难以疏散。

(3)浓烟、高温扑救困难。烟雾扩散迅速,通风设备难以发挥作用。隧道内容易产生灭火救援路线与疏散路线、烟气流动路线的交叉,救援面和救援途径受限,扑救难度极大。

(4)易引起供电中断,增加疏散难度。隧道内通道狭长、照明条件差,着火后能见度低,易引起人员惊慌,可能增大人员伤亡程度。

(5)起火点附近的隧道承重混凝土容易崩落。有关隧道衬层火灾试验研究表明,混凝土表面温度达到200℃时,10~15min内混凝衬层就会发生爆裂、崩落。

三、特大桥梁监控

(一)特大桥梁监控主要内容

(1)检查工作:负责监控日常状态检查、运行记录数据转录、应急故障处理。

(2)监控工作:负责桥梁车辆通行情况、通航桥孔范围的通航情况以及桥梁结构物的监控。

(3)巡查工作:按照视频巡查制度落实工作,发现异常情况及时通知相关单位进行处置,并做好巡查记录。

(4)报修工作:发现异常及时报告,并做好记录。

(二)特大桥梁异常情况

1.特大桥梁安全运营隐患

特大桥梁易受到复杂的自然环境和交通流的影响,灾害天气、交通事故、危化品泄漏和船舶撞击致灾等突发事件,成为特大型桥梁安全运营的威胁。

2.特大桥梁突发事件特征

(1)突发性。事件的发生时间和地点不确定,事件的诱因、发展程度和危害性难以预估。

(2)紧急性。突发事件如得不到及时、有效的解决和控制,就会随着时间推移及态势发展,进一步发展成灾害及灾难。

(3)危害性。突发事件会造成人员伤亡、财产损失、交通拥堵、环境破坏等社会不良影响。

(4)季节性。由恶劣气象因素引起的突发事件(如台风、强降雨、大雾等)表现出很强季节性。

第五章 路况信息采集与处理

本章主要介绍路况信息的采集与发布、交通量统计与分析、出行服务及调度指挥等内容。

第一节 信息采集与发布

一、路况信息概述

(一) 路况信息的定义

路况信息是指关于公路的质量、线路和路面状况等方面的数据和信息。收费公路经营管理单位一般设置有专门的监控中心，负责在日常运营管理中收集路况信息。路况信息可以帮助交通管理部门更好地了解公路的状况，从而进行合理的交通规划和管理，提高公路的通行效率和安全性。

(二) 路况信息的类型

路况信息包括以下几类信息：

1. 公路基础数据

公路基础数据包括公路的起点和终点、路段的长度、公路的宽度、车道数、路肩宽度、纵坡度、路面材料、路面等级等。收集公路基础数据可以为提升公路管理养护水平、优化公路建设规划、促进区域经济发展、保障交通安全、辅助决策、提升道路交通效率以及评估交通需求与问题等方面提供重要的支持和参考。

2. 交通流量数据

交通流量数据包括平均车速、流量、车流密度等。收集交通流量数据可以为交通规划、道路设计、交通管理、交通安全、应急管理、经济分析和公共卫生等方面提供重要的支持和参考。

3. 实时路况信息

实时路况信息包括交通事故、车辆故障、道路障碍物、拥堵情况、道路施工、交通管制等。

通过及时准确地发布实时路况信息,可以帮助驾驶人更好地规划出行路线、提高出行效率,同时也可以有效地缓解交通拥堵和事故等问题。

4. 气象信息

气象信息是指与交通有关的气象要素和现象的信息,包括天气状况(如温度、气压、环境湿度、风向、风速、降雨量)、道路状况(如路面是否结冰、积雪、积水等)等。气象信息可以为交通管理部门做好道路保障服务提供第一手资料。

二、路况信息采集

1. 视频巡查

指收费公路经营管理单位通过监控系统查看道路视频监控、事件检测设备等图像和数据获取路况信息,例如查看是否有车辆违停、交通事故等行为。

2. 现场巡查

指收费公路经营管理单位通过乘车、步行、无人机等方式对所管辖路段进行巡逻检查,目的在于发现并纠正可能存在的公路设施损坏、交通异常等情况,及时处置突发险情。

3. 交通流量数据系统实时采集

通过交通流量数据系统实时采集公路的车流信息,可及时掌握路网运行状况。采集的内容包括监测区域的出入口流量数据、断面流量数据、车型数据等。

4. 行业管理部门通报

指交警、路政等部门通过巡查或接警、报料等方式获得路况信息,以及管理部门采取的交通管制信息。

5. 公众来电咨询报告

指由公众提供的关于公路交通运行和其他相关异常信息的咨询和反馈报告。公众通过电话、短信、社交媒体和其他在线平台等渠道,将信息传递给收费公路经营管理单位,这些信息可能包括交通事件、交通事故、道路维修、天气状况等方面的信息。

6. 导航地图

指通过导航地图采集公路的拥堵数据和道路运行状态信息,例如绿、黄、红等颜色所对应的畅通、缓慢和拥堵等状态。

三、应用服务设施数据查询

应用服务设施数据是指为公路使用者提供各种服务的设施数据,包括收费公路信息、收费路段信息、ETC门架系统信息、收费站信息、收费广场信息、收费车道信息、收费公路经营管理单位信息等。

可通过交通运输部统一平台(部级稽核业务平台)查询全国路网的基础数据信息,具体查询方法可参照稽核管理章节的基础数据查询说明。

第二节 交通量统计与分析

一、交通量统计

(一)交通量调查的概念

交通量调查是描述交通流特性的最重要的参数之一,指的是一定时间、一定期间或连续期间内,对通过道路某一断面各种类型交通单位数量的观测记录工作。交通量调查的目的在于通过长期连续观测或短期间隙临时观测,搜集交通量资料,了解交通量在时间、空间上的变化和分布规律,为交通规划、道路建设、交通控制与管理、工程经济分析等提供必要的数据。

(二)交通量调查方法

交通量调查是指对选定公路的某路段的交通流量及其特性的调查。通过交通量调查,可掌握公路网、各条路线、各路段交通流量的大小、构成、时间分布、空间分布、道路拥挤状况等特性。目前,高速公路交通量常用的调查方法有交通流量计数法、交通卡口数据提取法。

1. 交通流量计数法

交通流量计数法即采用交通流量计数器进行交通量调查。交通流量计数器是一种用于统计和记录经过特定地点的车辆数量的设备或工具。这种计数器通常安装在道路上,以自动或半自动的方式记录经过的车辆数量。

交通流量计数器有多种类型,包括感应线圈、雷达、视频识别等。其中,感应线圈是通过在道路下埋设一组感应线圈,当车辆经过时,线圈会产生感应电信号,从而记录车辆的数量。雷达和视频识别可以通过非接触的方式对车辆进行识别和计数。

2. 交通卡口数据提取法

交通卡口数据是指通过安装在道路上的卡口设备所收集的车辆行驶数据。卡口设备通常包括摄像头、雷达、感应线圈等,可以通过图像识别、雷达测速、感应线圈等技术手段来获取车辆信息。

车辆经过交通卡口时,卡口设备会记录车辆的通过时间和车牌号码等信息,并将这些信息传输到数据中心进行存储和处理。通过后台系统生成表格、图表等多种形式报表,为进一步的数据分析和挖掘提供支持。

二、公路交通量调查数据软件的使用

目前,公路交通量调查数据软件主要是交通运输部的公路交通情况调查系统。该系统可对公路交通运行情况进行全面调查和分析,包括调查方案制定、调查数据采集、数据处理分析、数据存储与共享等。

1. 访问配置要求

公路交通情况调查系统可通过浏览器访问固定网址进行操作使用,推荐使用的浏览器包括火狐 Firefox、谷歌 Chrome、微软 IE11 +、苹果 Safari 等。系统使用的屏幕最小分辨率为 1024×768 以上,推荐分辨率为 1600×900 以上。

2. 申请初始账号

系统面向专业用户,由系统管理员统一管理系统账号。申请新账号时,应提交以下信息:账号代码、真实姓名、所属单位全称、性别、邮件地址、手机号码。

3. 用户信息修改

登录进入系统后,点击右上角的"当前账号用户名",可进行用户信息及密码的编辑修改。

4. 系统功能导航

点击系统左上角"功能导航",可根据需要选择对应的系统功能(当前账号所属角色限制功能导航中可选择的功能范围)。

5. 数据年份切换

调查数据要求每年保持独立,因此在使用本系统时,需要注意要操作的数据属于哪个年份环境。系统默认为当前年份,可点击左上角的"当前数据年份"进行切换。

6. 设置消息订阅

点击右上角的"设置"图标,可设定当前用户是否需要订阅系统消息通知邮件,包括上报审批提醒、变更审批提醒、设备异常提醒等几方面。

7. 退出当前账号

点击右上角的"退出"图标,可退出当前登录的用户账号,返回到用户账号的登录界面,以进行不同账号之间的切换。

8. 初始用户首页

用户首页包括周期数据上报状态、国家级信息变更申请数量、管辖设备的当前运行状态以及调查业务信息(通知通告、规章制度、软件资料)。首页各类功能中点击"更多"可直接跳转至对应的系统主要功能。

三、交通量数据的填写和保存

公路交通情况调查系统数据填报是指通过公路交通情况调查系统,对公路交通运行情况进行调查和数据分析,并将结果填报到系统中。相关模块的具体填报内容见表 1-5-1。

公路交通情况调查系统模块说明 表 1-5-1

序号	模块	说明
1	连续流量管理	针对调查采集数据进行维护的功能模块,包括实际观测站名称、观测日期、中小客车流量、小货车流量等相关信息
2	地点车速管理	针对调查采集数据进行维护的功能模块,包括实际观测站名称、观测日期、中小客车速度、小货车速度等相关信息
3	行程车速管理	对不同路段的车速以及相关信息进行采集和操作
4	经费投入管理	对不同管理机构每年的经费使用情况进行统计上报
5	数据上报审批	每月后 10 日内完成上一月度的报送审核工作;每季度后 15 日内完成上一季度的报送审核工作;每年 1 月内完成上一年度的报送审核工作
6	数据完整性审查	查询满足条件站点的不同周期的有数据(断面、上行、下行)天数、小时数和完整率,将不同评级的数据用不同的颜色标示出来
7	同环比指标审查	查询不同周期、站点的机动车自然数、客车自然数、货车自然数及各种细分车型的自然数及同环比,并根据不同的同环比例,用不同颜色表示
8	信息变更审核	包括国道路线信息、国家级调查站点信息、国家级调查站点设备信息

第三节 出行服务

一、接听电话基本要求

高速公路运营管理单位均设置了专门的监控(客服)中心,负责承担与客户进行直接沟通的工作任务,包括业务咨询、投诉受理、电话转接等。

接听电话的基本要求如下:

(1)普通话发音标准,吐字清晰。

(2)有一定的计算机操作能力,能熟练使用常用办公软件,中文输入速度不低于 60 字/min。

(3)服务过程中要主动、热情、耐心,做到服务态度好、业务技能精、回答询问细。

(4)不随意打断客户的说话,要让客户将问题说完后再提问或答复,若没有听清客户所说内容应再次询问。

(5)在回答客户问题时,要将客户咨询的问题向客户讲解清楚。

(6)对有需要帮助的客户,要及时准确提供帮助,对无法帮助的请客户谅解,并说明原因。

(7)语速适中,语音甜美,语调柔和,亲切自然,忌说话没有激情,语调平淡,过于拖拉或速度太快。

(8)对客户使用请求、建议、劝告式语言,不用呵斥、反问、质问、歧视、推卸责任语言。例如常用礼貌用语包括"您好、请稍等、谢谢、再见、对不起、没关系、不客气";常见礼貌忌语包括"喂、不知道、不是告诉你了吗、怎么还不明白"。

二、接听电话处理流程

监控员应该具备良好的心理素质与职业素养,热情、认真、耐心地接听、处理、记录咨询电话,具体处理流程如下。

1. 通话前的准备

(1)有电话呼入时应在5s内接听,如有打错电话,应礼貌对待。

(2)当电话接通时,要端正坐姿,调整心态。

2. 通话中的礼仪

(1)接听电话时,用规范的语言问候客户:"您好,××高速监控中心,请问有什么可以帮到您?"

(2)在客户陈述期间,适时使用"我明白了""我清楚了""是的""好"等语言回应。

(3)记录客户反映的情况。

(4)称呼客户要使用尊称:

①通话开始时使用尊称,代表对客户的尊重。

②对话过程中使用尊称,可在一定程度上增加亲切感。

③通话结束时使用尊称,有助于正面地结束对话。

④当客户连续不断发话或较为愤怒时,在适当的时候使用尊称,将有助于舒缓对话时的敌意。

(5)配合客户使用的语言:

①不同的客户说话时有不同的风格和特色,在对话过程中应注意自我调节,以配合客户使用的语言。

②当要表达一些专有名词时,应尽量使用简单的词句进行替代,避免使用深奥难懂的专业术语。

③应在适当的时候询问客户是否理解明白。

3. 结束通话

(1)结束通话前,应主动询问客户是否还有其他问题需要帮助,并感谢客户来电,欢迎客户随时致电。

(2)根据客户特点结束通话,结束时让客户先挂断电话,再轻放话筒。

三、咨询电话服务特情处理技巧

1. 电话的等待

(1)向客户解释要其等候的原因。

(2)说明需要等候的时间。

(3)等待客户回应(允许)。

(4)对客户表示感谢。

(5)回来后再次表示感谢,并致歉。
(6)当客户在等候时,如有条件应每隔30s回查一次客户是否还在等候回话。
(7)如果让客户持机等候的时间超过预期的,应及时告知客户并询问是否愿意继续等候。

2.电话的转接

(1)向客户解释要转接的原因并告知将要转往哪里。
(2)在没有完全明白客户要求转接的原因之前,不要转接客户的来电。
(3)征求客户意见并取得其同意。
(4)如果客户不愿意转接的话,应询问并记录该客户的联系方式(电话号码)和方便接电话的时间。
(5)在正式转接前,必须先与将要接手处理客户电话的同事进行沟通,告知其客户的姓名及致电原因。
(6)结束通话前,必须确保客户已在与转接的同事对话,以免错断通话线路。

3.静音的使用

(1)在打喷嚏、咳嗽、清嗓子等情况下,可使用静音功能。
(2)切勿在通话中途利用静音键来实现与其他同事的谈话,因为设备有可能发生故障,从而使客户有可能听到你与其他人的谈话。
(3)需要客户持机等待时,须向客户说明后方可使用静音功能。

4.沉默的处理

沉默通常发生在:延迟向客户作出回应时;专注于输入资料,或等待计算机输出资料时;当接话人故意沉默时。如果停顿是短暂而且可预测的,应尽量将要客户等待的原因告知。处理技巧如下:
(1)熟练键盘操作。
(2)尽量在使用计算机的过程中继续与客户对话。
(3)要求客户详细解释所提供资料的内容。
(4)摘要或意译客户的情况和要求。
(5)确认资料,例如地址、用户号码、姓名等。
(6)讨论与来电目的无关,但与行业有关的事情。

第四节 调度指挥

一、高速公路突发事件概述

(一)突发事件的定义

本书将高速公路突发事件的界定为:突然发生的,由自然灾害、事故灾难、公共卫生事件和社会安全事件等造成或者可能造成高速公路运行中断、阻塞、生命财产损失等社会危害,并需要采取应急处置措施予以应对的各类事件。

(二) 突发事件的分类分级

依据《中华人民共和国突发事件应对法》《国家突发公共事件总体应急预案》《公路交通突发事件应急预案》的有关规定,高速公路突发事件可划分为自然灾害、事故灾难、公共卫生事件和社会安全事件四个基本类别。

1. 自然灾害

自然灾害主要分为因暴雪、冰雹、暴雨、结冰、洪水、大雾等恶劣天气引起的天气灾害事件和因山体滑坡、泥石流、塌方、地震等地质危害引起的地质灾害事件。

2. 事故灾难

事故灾难包括交通安全事故、火灾事故、爆炸事故、环境污染事故等。

3. 公共卫生事件

公共卫生事件是指因重大传染病疫情、群体性不明原因疾病、中毒等影响公众健康的重大事件而引起的突发高速公路交通限流、关闭等交通管制事件。

4. 社会安全事件

社会安全事件包括突发交通大流量拥堵、群体性事件、国家救灾通道紧急事件、交通肇事逃逸及刑事、治安案件查缉等。

按照突发事件的性质、严重程度、可控性、影响范围、造成的后果等相关影响因素,可将突发事件分为Ⅰ级、Ⅱ级、Ⅲ级和Ⅳ级,安全危害程度等级依次分别为特别重大、重大、较大、一般四个级别。

(三) 突发事件的特征

高速公路具有行车速度快、流量大、中断损失大、有限开放性、大空间性、环境脆弱性等功能特性。高速公路突发事件一般具有以下重要特征。

1. 发生突然性

从时间、空间、状态角度来看,高速公路网络分布广泛,空间上是无法对其做到无缝管理和监控。事件发生的瞬间,其时间、地点难以准确预测,且事件的发生之前没有或基本没有可以预先做好应对准备的时间和瞬时管控能力。

2. 随机不确定性

受突发事件的内在和外在因素影响,无法预测和明确事件的发生时间、演变过程、危害结果、影响范围等相关要素,且事件的发展态势也在随时发生变化,从而使其具有明显的信息不确定性特征。

3. 时间紧迫性

因事件具有突发性,且危害巨大,尤其是衍生事件的影响,进行有效管理决策并采取相关措施予以预防或管控的时间很短,也非常困难。

4. 社会危害性

突发事件会导致交通通行受阻或瘫痪,带来的直接或间接损失巨大,且覆盖社会范围广泛,给人们的生命财产安全带来巨大的危害。

5. 事件多样性

受突发事件成因多样性影响,再加上各类突发事件之间存在一定的关联性,突发事件常常会引起连锁反应或衍生其他类事件发生。

6. 动态演变性

受自身内在特质和外在环境因素影响,如内在致灾因子、事件环境变化、应急决策方案干预等,突发事件的发展过程处于一个持续变化的动态演进状态。

二、高速公路突发事件的应急处置

(一)应急处置目的

对高速公路突发事件的应急处置是保障人民群众生命财产安全、维护交通秩序和社会稳定的重要工作。

1. 保障人民群众生命财产安全

高速公路应急处置的主要目的是在事故发生时迅速采取有效措施,最大限度地减少人员伤亡和财产损失。通过及时的应急处置,可以避免因事故引发的次生灾害,保障人民群众的生命财产安全。

2. 维护交通秩序和社会稳定

高速公路一旦发生事故或自然灾害等突发事件,会对交通秩序和社会稳定产生严重影响。通过应急处置,可以迅速恢复交通秩序,稳定社会情绪,为社会的和谐稳定做出贡献。

(二)应急处置方法

1. 判断突发事件的种类

应根据事件的起因和性质、危害程度、可控性和可预测性,并参考历史经验和专家的意见,判断突发事件的种类,从而采取不同的应急处置措施。

2. 拨打对应救援电话

常见救援电话如下,不同地区可能还有其他救援电话。

(1)火灾报警电话:119。

(2)公安警情电话:110。

(3)医疗救护电话:120。

3. 准确记录、表述突发事件要素

准确记录和表述突发事件要素,有助于更好地了解事件的实际情况,为应急处置提供准确的依据和支持。突发事件的要素包括但不限于事件发生的时间、地点、涉及的人员,事件的性质、起因、经过、影响范围等。

4. 做好突发事件信息的报送

通过做好突发事件信息的报送,可以提高应急处置的效率和效果。

（1）建立简便有效的应急报送流程,明确报送的内容、时间、方式和责任人等。

（2）及时启动应急报送程序,确保信息及时、准确地报送。

（3）遵循"客观、真实、准确、及时"的原则,避免夸大或缩小事件真相。

（4）报送信息内容应该包括突发事件的时间、地点、原因、经过,事件的影响及处置措施,以及人员伤亡情况、财产损失等。

（5）使用规范的语言和格式,确保信息的清晰和易于理解。

(三) 应急处置流程

高速公路经营管理单位的监控中心是交通安全管理、日常运营管理的指挥中枢,其在应急处置中的一般处理流程如下：

1. 事件触发

监控中心通过轮巡或接到相关部门报告等方式发现突发事件,进一步核查实际情况,并根据事件类型、特点、初步情况判断,通知业务归口部门及相关单位到场处置。

2. 信息报送

通过图像查看或根据现场相关单位反馈等各种途径,与事件现场处置单位加强沟通,及时更新事件内容,协助现场做好相关辅助工作,根据上级单位及当地政府相关部门的报送要求结合事件实际情况,做好信息报送、发布等工作。

3. 事件响应

事件发生后,监控中心按要求通知业务归口部门及相关单位开展应急处置工作。

4. 事件结束

事件结束后,监控中心根据现场情况,恢复相应的设施设备,协助做好后续收尾工作,包括但不限于结束信息、系统报送、记录整理事件内容、保存录像等。

第六章 稽核管理

本章主要介绍车辆实缴通行费查询和比对、车牌识别流水信息和车辆抓拍图片查询、漏逃费车辆取证,入口通行数据、出口站交易数据、ETC门架计费数据和计费参数的查询,收费数据复核等内容。

第一节 业务稽核

本节依据"部级稽核业务平台"系统(以下简称"系统"),介绍稽核相关业务。

一、稽核目的和对象

1. 稽核目的

稽核目的是针对人为原因造成的少交、未交、拒交通行费行为开展稽核,防范通行费流失,稳定收费运营秩序,保障各收费运营管理单位合法利益不受侵害。

2. 稽核对象认定原则

(1)稽核对象分为客户和行业相关参与方,行业参与方包括入口、出口、通行路段和发行服务机构。

(2)各参与方应依据调查情况、掌握的证据文件及其所反映的收费不准确的原因,公平、公正、准确、有效地进行稽核对象的认定。

(3)因客户拒交、逃交、少交通行费证据充分或自行承认的,稽核对象应确认为客户;因收费员操作不规范、管理不规范、系统运行异常、发行服务机构业务不规范等原因造成通行费损失的,稽核对象应确认为行业参与方。

(4)以下情况不应向客户发起稽核:

①符合收费业务规则,不能证明是客户主观原因导致的且计费方式为在线计费和最小费额的交易。

②出口查验不规范,导致不符合绿通运输、收割机运输、抢险救灾物资运输以及重大节假日小型客车等免费政策的车辆被放行的。

③通过交易对账工作发现的"有入无出"交易,无确切证据证明客户责任导致的逃交、拒交、少交通行费。

(5)行业参与方责任认定原则如下:

①发行服务机构责任。

a. ETC 车型不符:因发行服务机构原因,造成 ETC 设备或卡内写入的车型与车辆实际车型不一致。

b. ETC 车种不符:因发行服务机构原因,造成 ETC 设备或卡内写入车种与车辆实际车种不一致。

c. ETC 车牌(颜色)不符:因发行服务机构原因,造成 ETC 设备或卡内写入车牌(颜色)与车辆实际车牌(颜色)不一致。

d. 一车多签(卡):因发行服务机构原因,未按要求进行车牌唯一性校验或车牌唯一性校验不通过仍为客户办理 ETC,造成一车多卡多签。

e. 未及时生成稽核 ETC 状态名单:因发行服务机构原因,未及时生成经稽核发现的不合规 ETC 设备的状态名单,造成通行费损失。

②入口路段责任。

a. 入口信息车牌(颜色)错误:因入口车牌(颜色)信息与通行车辆实际车牌(颜色)不符,导致通行费收费不准确。

b. 入口信息车型错误:因入口车型信息与通行车辆实际车型不符,导致通行费收费不准确。

c. 入口信息车种错误:因入口车种信息与通行车辆实际车种不符,导致通行费收费不准确。

d. 入口信息轴数错误:因入口称重系统或收费系统问题使入口信息轴数与车辆实际轴数不符,导致通行费收费不准确(车辆未按规定称重或违规从 ETC 车道直接驶入的除外)。

e. 入口系统异常:因入口收费系统异常未写入入口信息,导致车辆本次通行计费异常。

f. 未按规定清除入口信息:未按要求清除已领用 CPC 卡的 ETC 车辆的 OBU 和 ETC 卡内入口信息,导致通行费收费不准确。

③出口路段责任。

a. 出口收费错误:因出口收费员调用部级在线计费服务时车型/轴数等参数填写错误,或非 ETC 车辆未按规定核实实际车型/轴数、车种、入口信息,导致通行费收费不准确。

b. 出口系统异常:因出口收费系统异常导致通行费收费不准确或未清除入口信息导致车辆下次通行计费异常。

④路段管理责任。

a. 设施管理不到位:因服务区下穿通道或养护便道管理不到位,导致存在客户可用于逃交通行费的便道,此情况下省中心应协调道路所属经营管理单位及时整改并反馈整改报告。

b. 路段门架管理不到位:因路段门架系统维护不到位造成门架计费数据、车牌识别数据批量上传异常等情况造成的通行费收费不准确。

二、车辆实缴通行费查询和比对

登录系统→"部站—通行交易查询"→"出口通行查询"获取车辆通行交易数据后,点击"通行流水号"链接进入通行信息页面,对车辆实缴通行费、省(区、市)内通行信息、门架交易数据、车辆识别数据、GIS地图等车辆收费数据进行查询和比对。

1. 车辆实缴通行费查询

"出入口数据"页面主要展示当次通行行为涉及的入口通行数据以及出口通行数据(部站/部省),在"总交易金额(元)"一栏可查询车辆实缴通行费,可逐项比对出入口数据是否异常。

2. 省(区、市)内通行信息比对

通过选择数据来源或通行省份查询到车辆各省(区、市)的通行数据进行比对。

3. 门架交易数据比对

通过选定数据来源、流水类型、通行省份、路段名称、交易结果、交易时间等条件查询相应门架通行数据,并进行比对。

4. 车辆识别数据比对

通过选定通行省份、路段名称、业务发生时间等条件查找相应车牌识别数据进行比对。

5. GIS地图数据比对

通过GIS地图页面可分别对车辆当次通行的通行路径、部省收费路径、车牌识别路径、稽核结果路径等数据进行比对。

三、车牌识别流水信息和车辆抓拍图片查询

车牌识别流水信息和车辆抓拍图片可通过部级系统的"门架车牌识别查询"板块进行查询。

查询步骤:登录系统→"部站—通行交易查询"→"门架车牌识别查询"→根据不同条件查找车牌识别流水信息,点击"查看图片"链接即可以查看车辆抓拍图片。

系统可供输入或选择的查询条件有:识别车牌号及颜色、抓拍时间、路段、门架编号、交易编号、识别车型。

四、漏逃费车辆取证

为确保收费公路经营管理单位发起通行费追缴时所提交的相关证据准确、完整、翔实、有效,保证被追缴通行费客户对相关证据清楚、明晰、认可、无异议,应对漏逃费车辆取证作出明确规范。

1. 结构化数据

主要包括ETC交易流水(或通行凭证)、ETC门架通行记录、CPC卡通行记录、图像数据、

拓展服务交易数据(停车场、加油站、服务区)及相关记账数据等交易数据,车牌识别数据、入出口站(含 ETC 门架)等通行记录数据以及特情数据。

作为稽核追缴证据提交的结构化数据应能够精准佐证违规行为,保证数据格式合规、真实有效、清晰完整,进入追缴名单的所有证据全网统一编号。

2. 图像数据

主要包括车辆[车头、车尾和车侧(如有则提供)]抓拍图片、车牌[车头、车尾(如有则提供)]抓拍图片、车辆通行图像信息等。

抓拍图片或图像中应可以清晰分辨车牌号码、车牌颜色、车辆颜色、车辆全貌等。抓拍图片应叠加标记通行记录信息,包括抓拍时间、入出口收费站或门架编号、车辆号牌、车牌颜色等。

3. 车道日志

主要包括 ETC 通行交易异常时,车道软件记录相关操作及结果,每个日志文件由日志记录组成,每条日志记录描述了一次单独的系统事件。

车道日志信息应可清晰反映相关车辆的通行行为。生成工单时,相关提交信息单位应备注说明车道日志信息内容与本次稽核追缴的关联关系和所证明的具体行为。

4. 其他信息

(1)公安交管车辆数据、"两客一危"车辆数据、通行轨迹数据及其他部门共享数据。

(2)当事人陈述、证人证言、电子数据、视频资料以及其他能证明逃费事实或违规违纪行为发生的证据。

(3)各类其他信息应保证真实、合法、有效,并应在备注中说明信息来源,与其他证据的辅助关系。"其他信息"宜作为辅助追缴证据提供。

五、入口通行数据查询

登录系统→"部站—通行交易查询"→"入口通行查询"→选定一项或多项条件查询入口通行数据。

系统可供输入或选择的查询条件有车牌号及颜色、入口时间、入口路段、入口收费站、车道编号、通行介质类型、车型、车种、流水编号、通行标识、CPC/ETC 卡号、OBU 编号。

六、出口站交易数据查询

登录系统→"部站—通行交易查询"→"出口通行查询"→选定一项或多项条件查询出口站交易数据。

系统可供输入或选择的查询条件有车牌号及颜色、流水类型、出口时间、路段、出口收费站、车道编号、通行介质类型、通行介质编码、卡编码、车型、车种、计费方式、流水编号、通行标识。

七、ETC 门架计费数据查询

登录系统→"部站—通行交易查询"→"门架通行查询"→选定一项或多项条件查询 ETC 门架计费数据。

系统可供输入或选择的查询条件有车牌号及颜色、计费时间、路段、门架编号、通行介质类型、OBU/CPC 编号、车型、车种、计费交易编号、通行标识。

八、计费参数查询

计费参数包含各个收费单元各车型的计费标准,可通过部级系统的"最小费额查询"板块查询。

登录系统→"基础参数查询"→"最小费额查询"→填写相关信息(车种、车型、媒介类型、出/入口收费站、出/入口收费站时间等)→"查询"→返回计费参数信息:各收费单元名称及对应车型的计费信息。

九、收费数据复核

登录系统→"部站—通行交易查询"→"出口通行查询"获取车辆通行交易数据后,点击"通行流水号"链接进入通行信息页面,通过"费用复核"页面开展收费数据复核。点击"费用复核"进入页面后通过"添加"或"移除"功能调整收费单元与实际通行路径收费单元一致后,点"计费"计算应收通行费,将计算结果与实缴通行费进行核对,完成收费数据复核。

第二节　名 单 追 缴

一、追缴名单

1. 追缴名单定义

追缴名单是指在收费公路通行过程中发生过依法应当交纳而少交、未交、拒交车辆通行费等行为且证据确凿的车辆,对相关车牌号码进行通行限制、追缴通行费的车牌名单。

2. 追缴名单录入规范

(1)只有因客户原因造成的少交、未交、拒交通行费车辆,收费公路经营管理单位才可加入追缴名单,因行业参与方原因造成的通行费损失不得加入追缴名单。

(2)发起通行费追缴时,应确定发起的稽核类型及各自判定责任主体,稽核类型包括改变车型(车种)逃费、改变缴费路径逃费、利用优免政策逃费、其他等;责任主体包括客户、发行服务机构、收费公路经营管理单位。

(3)录入追缴名单的车辆应提供信息包括车辆基本信息(车牌号码、车牌颜色、车型、车种等)、原始交易流水(交易时间、入出口站、完整路径信息、已交通行费)、稽核确认的通行记录

(逃费时间、入出口站、路径信息、责任主体、已交通行费、应交通行费、逃交通行费、费率计算版本号)、ETC 卡及 OBU 信息(ETC 客户)、逃费类型、其他证据信息、验证享受优免情况等。

(4)录入追缴名单信息时,应仔细核对录入信息,避免出现信息录入错误、重复录入等。

(5)录入追缴名单车辆的证据均应按文件命名规则进行编号,防止出现证据错乱。

二、追缴名单录入流程

追缴名单录入有两种途径,分别是创建稽核工单和手工创建工单。

1. 创建稽核工单

登录系统→"外部稽核"→"稽核数据查询"→输入相关条件→"查询"→找到所需稽核数据→勾选稽核数据→"创建稽核工单"→进入工单创建页面→填写相关信息(疑似逃费类型、工单标题、车辆信息、发行信息、稽核数据列表、备注说明等)→上传证据→"提交"→完成追缴名单录入。

2. 手工创建工单

登录系统→"外部稽核"→"稽核数据查询"→"手工创建工单"→进入工单创建页面→填写相关信息(疑似逃费类型、工单标题、车辆信息、发行信息、稽核数据列表、备注说明等)→上传证据→"提交"→完成追缴名单录入。追缴名单录入流程图如图1-6-1所示。

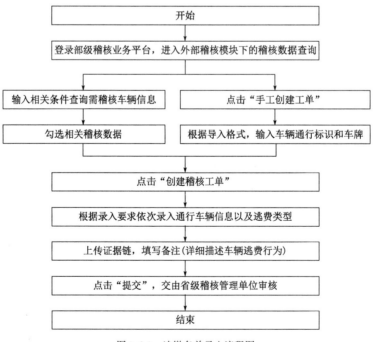

图1-6-1　追缴名单录入流程图

三、追缴名单的查询

登录系统→"稽核名单查询"→"追缴名单查询"→进入追缴名单查询页面→根据不同条件查找相应稽核追缴名单数据。

系统可供输入或选择的查询条件有车牌号码及颜色、追缴名单状态、版本号、欠费行为次数、欠费金额范围、生成时间范围、追缴名单原因、追缴名单类型、名单编号。

第七章

设备使用与维护

本章主要介绍收费系统和监控系统的组成,对系统所涉及的设备和软件基本的认识和使用,以及设备简单的维护和保养、日常巡检保修流程。

第一节　设备使用

一、设备状态检查

(一) 车道系统分类及组成

现有高速公路收费车道系统分为 ETC 专用车道、ETC/人工混合车道及 ETC/自助混合车道三种。

ETC 专用车道由雾灯、手动栏杆、RSU、车牌识别设备、信息显示屏、自动栏杆、车辆检测器、雨棚信号灯、车道摄像机及车道收费软件等组成。

ETC/人工混合车道由雾灯、手动栏杆、RSU、车牌识别设备、信息显示屏、自动栏杆、车辆检测器、雨棚信号灯、车道摄像机、IC 卡读卡器、收费员终端(显示器、专用键盘)、票据打印机、移动支付终端、称重检测及车道收费软件等组成。

ETC/自助混合车道由雾灯、手动栏杆、RSU、车牌识别设备、信息显示屏、自动栏杆、车辆检测器、雨棚信号灯、监控摄像机、车型识别设备、自助交易设备(入口为自助发卡机,出口为自助缴费机)及车道收费软件等组成。

(二) 设备状态检查方法

1. 感官检验

感官检验又称"官能检验",就是依靠人的感觉器官来对运行的设备进行评价和判断。在设备管理中,制定的巡回检查制度,主要就是依据感官检验。感官检验是巡检人员常用的一种判断设备运行状态的方法。检查时通过眼看设备运行指示灯、耳听设备运行声音、鼻闻设备有无异味等检查设备运行状态。

2. 仪器判断

对机电设备使用常规检测仪器进行检测,判断设备供电、信号等是否在固定范围内,从而判断设备的运行状态。

3. 中控监测

中控监测主要是通过监测设备采集设备的各种信号,比如电压电流、设备运行内存及存储等数据,从而判断设备是否正常运行。

二、收费设备环境要求

机电设备是由大量的电子元件、精密机械构件组成的,这些电子元件、机械构件及材料易受环境条件的影响,如果使用环境不能满足使用要求,就会直接影响计算机系统的正常运行,加速元器件及材料的老化,缩短设备的使用寿命,因此要保障机电设备处于合适的运行环境中。

机电设备对机房的温度有着较高的要求。温度偏高,易使机器散热不畅,使晶体管的工作参数产生漂移,影响电路的稳定性和可靠性,严重时还可造成元器件的击穿损坏,机电设备在长期运行工作期间,机器温度控制在 18~25℃ 之间较为适宜。机房内不要安装暖气,并尽可能避免暖气管道从机房内通过。空气潮湿易引起设备的金属部件和插接件、管部件产生锈蚀,并引起电路板、插接件和布线的绝缘能力降低,严重时还可造成电路短路。空气太干燥又容易引起静电效应,威胁机电设备的安全。一般说来,机房内的相对湿度保持在 40%~60% 范围内较为适宜。

三、车道设备操作流程

MTC 车道管理软件应由收费员完成收费流程操作与控制,收费流程包括上班、下班、过车交易、复式收费等。

ETC 车道管理软件应自动完成收费流程和设备控制,收费流程包括上班、下班、过车交易等。

所有设备的电源控制集中在车道控制器机箱内的电源控制器上,每个设备有对应的电源开关,设备的断电重启通过对应的电源开关进行操作。

四、超限称重系统软件使用

根据国务院印发《深化收费公路制度改革取消高速公路省界收费站实施方案》要求,2020年1月1日起统一按照车型收费,同步实施封闭式高速公路收费站入口不停车称重检测。目前,各省级高速公路治超中心数据平台已基本建成投入使用,对收费站入口治超数据进行集中管理,同时实现数据的对外交互业务。

称重检测数据包括入口称重检测数据和出口称重检测数据,通过收费专网由收费站上传至省中心再上传至部联网中心,同时还应通过直连链路由收费站直接上传至部联网中心;称重图像数据包括入口称重图像数据和出口称重图像数据,通过收费专网上传至省中心。

入口检测数据包括入口称重检测数据和入口称重图像数据,其中入口称重检测数据包括检测时间、收费站名称、称重检测设备编号、车辆号牌、车型、车货总质量、最大允许总质量、超限量、超限超载率、车辆轴数、是否为大件运输车辆、是否准予通行等,已选配车辆外廓尺寸自动检测设备的,还应包括车货总长度、总高度、总宽度数据;入口称重图像数据包括车辆正面照、车辆尾部照、车辆侧面照 3 张检测照片和长度不少于 5s 的视频记录等。

出口检测数据包括出口称重检测数据和出口称重图像数据,其中出口称重检测数据包括出口检测时间、出口收费站名称、出口称重检测设备编号、入口时间、入口收费站名称、车辆号牌、车型、车货总质量、最大允许总质量、超限量、超限超载率、车辆轴数、是否为大件运输车辆等,已选配车辆外廓尺寸自动检测设备的,还应包括车货总长度、总高度、总宽度数据;出口称重图像数据包括车辆正面照、车辆尾部照、车辆侧面照 3 张检测照片和长度不少于 5s 的视频记录等。

五、监控、通信计算机软启动

计算机的软启动通常是指通过软件命令或程序来重新启动计算机,而不是直接通过物理电源按钮进行重启。软启动是一种更为温和的启动方式,它允许操作系统在关闭之前正常地结束所有正在运行的任务,保存所有未保存的数据,然后安全地关闭系统,之后重新启动。

在 Windows 操作系统中,软启动有以下几种方式:

(1)使用开始菜单:点击"开始"按钮,然后选择"关机"或"重新启动"选项。

(2)使用命令提示符:打开命令提示符窗口,输入"shutdown-r-t 0"命令,其中"-r"表示重新启动,"-t 0"表示立即执行。

(3)使用电源选项:右键点击任务栏上的空白处,选择"电源选项",然后选择"重新启动"。

(4)使用热键:某些情况下,如系统无法响应时,可以使用热键如"Ctrl + Alt + Delete"来打开任务管理器,然后选择"重新启动"。

软启动相比于硬启动(直接按电源按钮或 RESET 按钮)的优点在于,它允许系统进行更完整的关机流程,包括关闭所有程序、服务以及进行文件系统的清理工作,这有助于减少数据丢失或文件系统损坏的风险。同时,软启动也有助于延长硬件的使用寿命。

六、ETC 门架监控软件操作

ETC 门架监控软件操作主要涉及登录与初始化、系统监控、数据查看、故障监测与处理、配置管理和日志管理等步骤。通过合理的操作流程和注意事项,可以确保 ETC 门架系统的稳定运行和高效管理。

1. 登录与初始化

打开 ETC 门架监控软件,输入用户名和密码进行登录。软件进行初始化,加载相关配置和数据。

2. 系统监控

查看门架前端(工控机)和后台(服务器)的实时运行状态。监控网络状态、服务器负载、CPU 利用率等关键指标。

3. 数据查看

查看通行数据,包括车辆通行记录、交易数据等。查看图片数据,如车牌识别图片、收费照相机拍摄的即时图像等。

4. 故障监测与处理

软件自动监测门架系统的故障状态,如网络故障、设备故障等。一旦发现故障,软件将发出警报,并显示故障类型和位置。操作人员可根据故障类型和位置进行相应的处理,如重启设备、更换硬件等。

5. 配置管理

通过软件可以对门架系统的参数进行配置,如网络设置、设备参数等。配置完成后,软件将自动更新相关设置并生效。

6. 日志管理

软件将记录所有的操作日志和故障日志。操作人员可查看和导出日志,用于故障排查和系统优化。

7. 注意事项

确保每个操作人员都有适当的权限,避免误操作或越权访问。确保数据在传输和存储过程中的安全性,采取加密、备份等措施。定期检查软件更新,安装最新的补丁和升级,以修复潜在的安全漏洞和提高性能。在处理故障时,遵循相关的故障处理流程和规范,确保故障得到及时、有效的解决。

七、视频监控软件操作

视频监控软件系统(闭路电视监控系统)由设置在收费站机房内的摄像机和外场摄像机构成,监控机房内的摄像机包括电视墙、视频存储服务器、视频管理服务器和监控工作站等;外场摄像机包括入口、出口收费亭摄像机、出口车道摄像机、收费广场摄像机、道路云台摄像机等。

该系统用户可实现查看所有摄像头的实时视频,可对摄像头进行云镜控制,可以对历史图像进行查找、下载等操作,可以对电视墙进行管理和控制。

1. 安装和配置软件

下载与安装:从厂商或官方网站下载监控软件,并按照安装向导进行安装。

配置软件:打开软件并进入设置界面。配置摄像头的名称、IP 地址、端口等信息。设置录像存储路径、录像质量、触发警报的条件等。

2.添加和管理摄像头

打开摄像头管理:在监控软件界面上找到摄像头管理选项并打开。

添加摄像头:点击"添加摄像头"按钮。输入摄像头的名称、IP 地址和端口等信息。保存设置,完成摄像头的添加。

编辑和管理:通过编辑功能修改摄像头的设置,并给摄像头分配不同的权限。

3.监控视频查看

视频画面显示:在软件界面上找到视频画面区域,用于显示摄像头的实时视频。

操作视频画面:使用鼠标拖拽和缩放视频画面。点击视频画面上的某个区域来放大该区域。选择全屏模式查看视频,以获得更清晰的观察效果。

4.录像功能

手动录像:在监控画面上选择需要录像的区域,点击"开始录像"按钮进行手动录像。

自动录像:设置录像计划,系统将按照计划自动进行录像。设置录像的开始和结束时间,以及录像条件(如触发警报时启动录像)。

查看录像:在软件界面上通过点击录像列表或使用搜索功能来查看之前录制的视频文件。

5.警报和报警功能

设置警报条件:根据需求设置不同的警报条件,如检测到移动、声音或特定区域内有物体出现等。

设置警报触发方式:选择警报触发后的通知方式,如发送电子邮件、弹出提示窗口或触发声音报警。

警报处理:当出现警报时,软件会自动触发记录视频和保存图像等操作,并通知用户。

6.系统维护与管理

设备维护:定期检查设备运行状态,确保设备正常运行。

软件更新:定期检查并更新软件版本以获得更好的性能和安全性。

第二节 设备维护

一、收费系统设备应用与保养

现行高速公路联网收费管理体制分为三级,分别是省收费中心、路段收费分中心以及收费站。对应的收费系统也分为三层,各层之间由路由器或者三层以太网交换机通过通信系统提供的通信通道相连,每层以太网以交换机为节点构成星形网络拓扑结构,同时各层配有功能不同的工作站和服务器等设备。

(一)站级收费系统

站级收费系统作为高速公路收费系统的重要组成部分,具有相对独立的功能和组成结构。

按照设备布局划分,可分为站内设备、车道设备和亭内设备。

其中,收费车道和岗亭作为一线收费员最熟悉的工作场所,可实现车辆数据采集、录入、收费征缴、票据打印等核心业务,是高速公路机电系统的核心功能单元。

(二)车道设备系统

1. 车道控制机

(1)车道控制机组成

车道控制机由工控机、智能 I/O 控制器、空开及电源接线端子、防雷、车检器、风扇、开关电源、机箱等组成。

(2)功能作用

车道控制机作为收费核心设备,与收费键盘、打印机、费额显示器、抓拍摄像机、栏杆机等外部设备通过信号线连接,安装在工控机内的收费软件通过串口、并口或者网口控制各个外部设备,完成日常收费工作,将收费数据传输到机房收费服务器。

(3)常见问题及处理方法

①系统运行卡顿:检查收费软件运行是否正常,有无开启异常程序;检查工控机温度及亭内温度是否过高;检查硬盘磁道是否有损坏;重新启动工控机并观察使用情况;重做操作系统。

②工控机无法启动:检查工控机供电是否正常;逐步排查工控机硬件运行情况;检查工控机操作系统。

③工控机视频:检查摄像机输入视频信号是否正常;检查视频线及接头是否正常;检查视频采集卡及驱动是否正常。

④网络不通:检查网络及 IP 地址设置;检查网线通断及水晶头状况;检查网卡工作状态。

2. 计算机显示器

(1)显示器功能作用及接口方式

显示器(Display)又称监视器,是实现人机对话的主要工具。它既可以显示键盘输入的命令或数据,也可以显示工控机数据处理的结果;可以通过设置分辨率调整显示效果,分辨率越高显示越清晰。

①VGA(Video Graphics Array)接口共有 15 针,分成 3 排,每排 5 个孔,它传输红、绿、蓝模拟信号以及同步信号。

②DVI(Digital Visual Interface)数字视频接口传输的是数字信号,可以传输高分辨率的视频信号,支持热拔插,安装的过程中不需要关闭设备。相较于 VGA 信号接口它的数据传输速度更快、画面更清晰,也更加稳定。

③HDMI(High Definition Multimedia Interface)高清多媒体接口是一种全数字化视频和声音发送接口,可以发送未压缩的音频及视频信号。

④DP(Display Port)接口类似于 HDMI,也属于高清数字显示接口,可同时传输视频和音频,它和 VGA 和 DVI 接口兼容。

(2)常见问题及处理方法

显示器黑屏:检查电源线是否有电;检查电源线是否插接牢固;检查 VGA 线是否松动;工

控机是否运行正常;更换显示器测试。

(3)显示器的清洁保养和注意事项

①显示器清洁保养需要的工具。

a.专用清洁剂或清水;

b.柔软的绒布或擦镜纸;

c.毛刷、吸尘器等。

②显示器的清洁保养步骤。

a.关闭电源。关闭显示器电源,拔下显示器电源线和信号电缆线。

b.清洁显示器屏幕。使用专用的镜面擦拭纸、干面纸或柔软的棉布小心地从屏幕中心向外擦拭。如果条件允许,可使用专用清洁剂清洗镜面。如没有专用清洁剂,可用软棉布蘸上少量清水擦拭。

c.清洁显示器外壳。使用毛刷或小型吸尘器,去除显示器机壳上的灰尘。如果还有一些不易擦除的污垢,可用干绒布或用干绒布稍微沾湿,进行擦拭。

③显示器清洁保养和使用中的注意事项。

a.不要使用酒精之类的化学试剂擦拭显示器,避免造成涂层脱落或镜面磨损。也不要用粗糙、质地较硬的布、纸张之类的物品进行擦拭,以免划伤显示屏。

b.不要将水、专用清洁剂等液体直接喷洒到屏幕、机壳上,以免水汽侵入显示器内部。

c.使用中应避免指甲、纽扣、表带、皮带扣环等硬物触碰显示器屏幕,尤其是金属物体。

d.茶水等液体尽量远离显示器。如果水分等进入显示器内部,应迅速关闭显示器电源,将显示器放置在干燥环境,待水分蒸发后再使用。

e.温度、湿度、强光直射和磁场都会影响显示器的正常使用。因此,应参考显示器的使用说明,保持显示器处于良好的工作环境。

3.收费专业键盘

(1)组成结构及功能作用

①具有高速公路收费站需要的各种功能,键帽字符印刷中文文字,直接标注该键操作功能。

②键帽采用 UV 固化,耐用性好,键帽字符采用激光刻印,不会由于长期使用变得模糊不清。

③对有功能分区要求的键盘,不同区域可选不同颜色的键帽以示区分,如红、黄、蓝、绿等。

④外壳为不锈钢或 45 号钢板喷塑,支架板为 45 号钢板,机械强度高。

⑤采用一体成型硅胶垫,具有防水、防尘及防腐功能。

⑥电路芯片成熟,可靠性好。

⑦按键开关采用机械二段式,手感舒适,使用寿命长。

(2)键盘的清洁保养和注意事项

键盘是计算机重要的输入设备,是计算机操作中使用最频繁的设备。收费专用键盘在按键设置和外观尺寸上不同于常见的计算机标准键盘。它一般是根据收费道路收费系统操作软件的需求而定制的,但基本原理与标准键盘相同。

收费专用键盘是收费员在收费操作中使用最频繁的外设之一。受灰尘、车辆尾气和手指上汗液的侵蚀，键盘极易污损。因此，清洁保养键盘，保证其工作正常，对于保障收费工作正常进行很重要。

（3）键盘的清洁保养步骤

①关闭车道计算机电源，拔下键盘与计算机连接的接头。

②用平口螺丝刀或其他合适的工具，轻轻将键帽往上抬松，取下每个键帽。

③用螺丝刀卸下键盘背面底板上的螺丝，拆开底板。

④取下电路板上的按键胶垫。

⑤用毛刷去除电路板上的灰尘，难以去除的杂物可用橡皮擦擦拭。

⑥将所有按键胶垫按原位放回各字键位置。

⑦将键盘底板盖上，上好螺丝，完成键盘内部电路板的清洁工作。

⑧使用柔软绒布，蘸上专用清洁剂或清水，擦拭拆下的键帽和键盘底板、面板。

⑨将擦拭干净的键帽对准它对应的键座摁下，完成键盘的清洁工作。

4. 票据打印机

票据打印机是工控机的外部输出设备之一，通过串口、并口等通信物理接口，接收软件发送的打印发票信息，将发票金额、时间、站点信息打印到票面上。打印机的色带和票卷是易耗品，因此，掌握打印机票卷、色带的安装和更换是公路收费员的必修课。

打印机类型不同，打印机的票卷和色带安装方法也略有区别。下面以 STAR SP320 票据打印机为例，说明打印机票卷和色带的安装。

（1）打印机票卷的安装操作

①准备材料：首先，确保已经准备好打印机和票卷。

②打开纸仓盖：轻轻打开打印机的上盖，以便能够放入纸张。

③安装纸张：将纸筒放入机器的纸仓内，确保纸张正面朝上，然后轻轻拉出纸头，使其超出打印机外部一点。

④关闭盖子：将纸仓盖子合上，确保它已经牢固地关闭。

⑤测试打印：在安装完成后，可以测试打印机是否能够正常工作。

（2）清洁打印机

①打印机表面清洁。应经常用软布蘸取专用清洁剂擦除打印机外壳上的色带墨迹、油污和灰尘等，以保持外观清洁。

②打印机机内清洁。每隔1个月清除一次机内的纸屑（主要是使用穿孔纸的纸屑）和灰尘；用柔软的干布擦除字车导轴上的污垢，用吸尘器清除电路板上的灰尘，特别应注意清除机内的光敏遮断器（字车初始位置检测器）和反射式光电耦合器（缺纸检测器或纸宽检测器）上的纸屑和灰尘，以免造成打印机工作误检测。

（3）常见问题及处理方法

①打印机通信故障：检查打印机供电情况；检查联机指示灯状态；检查打印机串口线及安装是否牢固；检查软件与硬件配置是否一致；检查打印机动态库是否匹配；检查打印机盖板是否安装正确；更换打印机测试。

②打印机出票位置错误:检查票卷安装是否正确;检查打印机内部感应器是否正常;清洁打印机内部;重置打印机出票位置。

③发票打印不全或无打印信息:检查色带安装是否到位;检查色带使用情况并及时更换新色带;检查打印触头是否正常、是否有磨损;更换打印机测试。

5. 读卡器

(1) 读卡器是射频识别读写终端设备

CPC卡读写器是实现CPC卡与系统之间的数据通信的重要装置。通用型CPC卡读卡器能够完成对CPC卡信息的读出、写入和擦除等操作,并具有与外部设备进行通信的功能。

(2) 读卡器表面清洁

应经常用软布蘸取专用清洁剂擦除读卡器外壳上的油污和灰尘等,以保持外观清洁。

(3) 常见问题及处理方法

①读写器通信中断:检查读写器供电情况;检查读写器串口线是否松动;检查读写器软件串口配置与接口是否一致;检查读写器动态库;更换读写器PSAM卡测试;更换读写器测试。

②通行卡读取卡顿:更换PSAM卡;更换读写器;测试串口通信或者更换串口。

6. 费额显示器

(1) 组成结构

费额显示器由屏体模组、主板、排线、开关电源、通行信号灯、喇叭、箱体、立柱等组成。

(2) 功能作用

费额显示器安装在驾驶人易于看到位置,可对车辆进行收费通行指示。收费时指示灯为红灯,车辆的收费信息都可在高速公路费额显示器上显示。当车辆缴费后,指示灯变为绿灯,显示器也会清屏,处于空白状态,即表示车辆可以通行了;当车辆收费出现异常等特殊情况时,则会触发报警器发出声光报警。

(3) 清洁费额显示器

①费额显示器表面清洁。应经常用软布蘸取少许专用清洁剂擦除费额显示器箱体及立柱的油污和灰尘等,用吸尘器除去屏显模组空隙的灰尘,以保持外观清洁。

②费额显示器内部清洁。应先断开电源,再用吸尘器除去内部灰尘等,切记不能用湿毛巾对内部电子元器件进行擦拭。

(4) 常见问题及处理方法

①屏体黑屏无反应:检查费额显示器供电情况;检查开关电源输出电源;检查主板运行情况;测试费额显示器自检;检查信号线连接及通断;检查串口配置及动态库;更换费额显示器测试。

②显示不全、常亮或残次:检查故障部位供电情况;重启费额显示器;检查模组排线;更换模组测试;测试主板端口;更换主板。

7. 车道摄像机

(1) 组成结构

车牌抓拍设备由车道摄像机、电源、护罩、立柱等组成。

(2)功能作用

车道摄像机用于对驶入收费车道的车辆车牌进行抓拍,并将车牌和图片信息传至收费软件,并供给实时视频,协助收费员校核抓拍车牌是否正确。

(3)车道摄像机清洁及注意事项

①防尘罩清洁。清洁有机玻璃材料制成的防尘罩时,要注意不要用干布擦拭,以免灰尘颗粒划伤防尘罩表面。

②擦洗镜头。使用专用擦镜纸小心将镜头表面的灰尘擦掉。

③摄像机外壳清洁。用毛巾蘸少许清水或专业清洁剂擦拭,注意别让水或清洁剂滴进摄像机内部。

④擦洗补光灯。使用干净的棉布擦拭或用棉布蘸清水后擦拭。

(4)常见问题及处理方法

①无法抓拍车牌:检查摄像机供电情况;检查网线通断及连接是否松动;检查网络是否正常;检查动态库;检查摄像机 IP 设置等参数;调整抓拍图片大小;更换摄像机测试。

②识别率较低:当识别率小于 95% 时,检查摄像机镜头是否污损、遮挡或者有雾气;调整镜头焦距;调整摄像机角度。

8. 雨棚信号灯

雨棚信号灯为户外双色 LED 信息显示屏,采用高亮度 LED 灯珠,用来显示车道通行状态相关信息,引导和指示车辆进入开启车道。显示内容为"×"和"ETC↓"或"ETC/人工"。"×"表示该车道关闭,禁止通行;"ETC↓"或"ETC/人工"表示该车道开启,可以驶入。

通过软件"开关车道"命令来控制车道的开启或关闭。

9. 自动栏杆机

(1)组成结构

栏杆机由栏杆机机芯、机帽、栏杆臂、驱动单元、控制模块、箱体等组成。

(2)功能作用

栏杆机处于收费车道末端,驾驶人驶入车道时保持落杆状态,入口处当收费员录入车辆信息并发放通行卡或出口处当驾驶人按照要求缴纳通行费后,栏杆接收收费员的操作指令抬杆放行,车辆通过后依据车检器反馈信号自动落杆。

(3)常见问题及处理方法

①车辆通过后栏杆不落杆:检查栏杆供电情况;检查电机运行情况;检查车检器检车情况;检查线圈状态;调整车检器灵敏度;检查信号线通断;检查 I/O 输出情况;检查栏杆控制器状态;测试栏杆自检情况。

②车辆未通过栏杆自动落杆:检查车检器检车情况;检查线圈状态;调整车检器灵敏度或频率;检查 I/O 输出情况;检查栏杆控制器状态;测试栏杆自检情况。

10. 路侧 RSU 单元

(1)组成结构

路侧 RSU 单元包括天线头、天线控制器、信号线、立柱及安装组件。

(2)功能作用

通过安装在车辆挡风玻璃上的车载电子标签与在收费站车道上的路侧 RSU 之间进行的 5.8GHz 专用短程通信,通过信号线缆传输到控制器,经过处理后发送到工控机收费软件进行后台处理,从而达到车辆通过收费站无须停车快速通信的目的。收费员可以通过观察天线控制器状态,来检查路侧单元的工作状态。

(3)常见问题及处理方法

①控制器通信不通:检查控制器供电情况;检查信号线通断及连接情况;检查动态库;检查软件串口配置和接口是否一致;检测控制器内部参数设置;更换天线控制器测试。

②检测不到车辆信息:检查控制器运行状态;检查天线角度及检测区域;调整控制器信号功率;检查动态库。

③临道干扰:检查天线角度;检查控制器功率;调整天线感应区域。

11. 移动支付设备

(1)组成结构及功能作用

移动支付设备包括支付终端、扫码枪、电源适配器,驾驶人需要使用电子设备支付通行费时,使用扫码枪扫描支付码,通过串口线将扫描信息传输到工控机完成支付任务。

(2)常见问题及处理方法

通信中断:检查供电情况;检查设备串口线是否松动;检查软件串口配置与接口是否一致;检查支付设备动态库;更换移动支付设备测试。

12. 自助发卡机

(1)卡机功能和工作原理

①每台卡机都由两个机芯组成,每个机芯由两套独立而完整的发卡机构组成,对应的两个工位能实现自动切换和自动接替,以应对换卡夹、卡机异常、读写异常等情况,当任何一套出现故障均不会影响其他机构工作,具有极高的可靠性。该产品智能化程度高,放弃原始的弹簧推卡机构,采用电机推卡,智能控制,实现一卡一动作。

②发卡机正面分为高度不同的上下两组共四个出卡口,与常规产品相比更能适应多种不同高度的车辆取卡,并且各自配备取卡按钮、出卡指示灯及卡口指示灯,能醒目地提示驾驶人取卡操作。

③具有报警功能,当有车辆闯关或者卡机故障时能发出报警信号。

④卡机内装有一键清卡按钮,下班时用来清理卡道的卡。

(2)常见问题及处理方法

①无法读卡或者坏卡较多:检查线缆及连接情况;检查或更换 PSAM 卡;检查天线切换器;调整串口;检查和更换读写器及工位天线测试。

②发卡故障:检查发卡卡道是否有滚轮不灵敏或者损坏,造成卡无法传到备卡位置;检测通行卡光电管是否较脏造成误检卡;检查通行卡清洁度及是否存在多张卡粘连在一起。

13. UPS 设备

UPS(Uninterruptible Power Supply),即不间断电源,是一种含有储能装置的不间断电源。

它主要用于给部分对电源稳定性要求较高的设备提供不间断的电源。当市电输入正常时，UPS 将市电稳压后供应给负载使用，同时它还向机内电池充电；当市电中断时，UPS 立即将电池的直流电能，通过逆变器切换转换的方法向负载继续供应 220V 交流电，使负载维持正常工作并保护负载软、硬件不受损坏。通过有效的维护措施，可以大大提高 UPS 设备的运行效率和使用寿命，确保数据的安全和设备稳定性。

UPS 的维护主要包括以下几个方面：

(1) 开关机顺序

开机时，应先给 UPS 供电，使其处于旁路工作状态，然后再逐个打开负载，避免负载电流对 UPS 的冲击。关机顺序与开机相反，先逐个关闭负载，再将 UPS 关闭。

(2) 使用环境

UPS 应在 0~40℃的温度范围内工作，并保持环境清洁、少尘、干燥。电池组的标准使用温度为 25℃，最好不超出 15~30℃的范围。UPS 的防磁能力较弱，应避免将强磁性物体放在 UPS 上。

(3) 电池维护

UPS 的电池组会存在自放电现象，需要定期进行充放电。如发现电池鼓胀、变形、漏液甚至破裂等现象，应立即更换电池组。

(4) 通风散热

UPS 设备运作会产生热量，需保持通风系统畅通，时常清理和保维 UPS 电源设备散热器及风扇。

(5) 定期检测

定期检测 UPS 蓄电池，确保电池电量充足、内阻低、性能稳定。定期监测 UPS 电源稳定性，测量和分析 UPS 电源的瓶颈和缺点，确保其稳定性和可靠性。

二、软件参数查看

车道收费软件的版本号及各项参数的准确性，是收费软件精准计费的关键。

1. 软件登录与界面

登录收费软件后进入软件的主界面或管理界面，寻找"设置""配置"或类似的选项。通常位于主界面的顶部菜单、侧边栏或底部工具栏中。点击该选项，进入软件的设置或配置界面。

2. 查看参数设置

在设置或配置界面中，查看软件相关的各种参数选项。这些参数包括但不限于软件版本、费率版本、设备参数等。核对软件参数和最新下发的信息是否一致，如有问题及时联系维护人员处理。

三、便携式收费机

1. 功能作用

便携式收费机可以在车道拥堵或紧急情况下使用，缩短了车辆缴费滞留时间，确保了征费有序、车行畅通。可以极大地提高收费车道的车辆处理能力,有效缓解收费车道的堵塞情况。

2. 注意事项

(1)便携式收费机使用前,务必检查收费软件及参数是否为最新版本号,若不是,应升级为最新版本后使用。

(2)便携式收费机使用时,务必接入收费网,确保数据实时上传。

(3)便携式收费机使用过程中,随时观察屏幕右下角电池电量,电量不足应及时用电源适配器给收费机充电。

(4)便携式收费机清洁,使用棉布蘸纯酒精对便携式收费机表面进行擦拭。

四、清洁用品用具

1. 种类

包括清洁卡、清洁盘、清洁巾、清洁套装、清洁专用工具等。

2. 使用范围

计算机、摄像机等仪器设备在使用一段时间后,在其表面上就会有一层灰尘、油渍等。例如主机箱内部会有很多灰尘;电源风扇、CPU风扇等处的灰尘也特别多。此时,要是不注意清洗的话,就会造成灰尘阻塞风扇导致风扇停转。轻则造成计算机在运行程序时经常卡顿或者重新启动,引起数据资料的损失。重则导致机器硬件烧毁,引起经济上的不必要损失。使用清洁用品用具能迅速清除计算机、程控交换机以及数据通信、主控数据中心、自动化等各种精密电子仪器、设备上的灰尘、油污、盐分、湿气、饰面静电、金属粉末等有害物质。

3. 注意事项

由于程控交换机、移动通信设备、微波通信设备、无线寻呼设备、计算机系统、自动化控制等设备在运行过程中时刻受到污秽及静电的侵害,形成电路(板)漏电、电化学腐蚀、由静电引起的元器件击穿,造成元器件介质硬击穿、烧毁或永久性失效,软击穿则是造成器件性能劣化或参数指标下降。清洗用品用具可以迅速、彻底清除各种精密设备电路表面及深层的灰尘、油污、炭渍、盐分、潮气、金属尘埃及各种带电粒子,有效消除"软性故障",避免造成设备电路短路、电弧、散热不良、影响信号的准确性和稳定性,保证设备处于最佳工作状态并稳定运行,防止重大恶性事故发生等。

4. 使用注意事项

(1)擦拭显示器。显示器长时间使用后不仅会积累一些灰尘,还容易沾染一些杂物。先将抹布浸湿然后拧干到不再滴水,才用它擦拭显示器的外壳。拧干是尤其重要的步骤,千万不要让水浸入显示器内部。清洁显示器的时候必须关闭电源,最好是将插头也拔下来,以免清洁过程中误碰到开关。

(2)键盘清洁。键盘的清洁要视使用情况而定。如果仅仅是按键的表面附着了一些灰尘,可用小毛刷擦拭键盘,然后用洗耳球清除里面的灰尘等。如果按键下污物较多,则需要拆开键盘用无水酒精清洗,晾干后再组装。

（3）鼠标清洁。目前使用的鼠标绝大多数都是光学鼠标，可以用棉花棒沾清洁剂或者酒精清洁鼠标的光头。

（4）机箱与板卡清洁。机箱的清洁比较简单，主要是使用洗耳球将机箱内部、主板、显卡等设备上的灰尘吹走。如果灰尘较多的话，建议将机箱内的板卡全部拆下清洁。机箱外壳使用湿抹布清洁就可以，但注意抹布尽量拧干，不要让水流到机箱内。

（5）外置接口清洁。计算机的外置接口都比较多且小，建议使用洗耳球吹掉里面的灰尘。

五、设施设备日常巡检保养

监控机电设施设备的日常巡检保养是确保其正常运行、延长使用寿命以及预防故障发生的重要措施。以下是针对监控机电设施设备的日常巡检保养步骤和流程：

1. 日常巡检

确保所有设备与电源、网络等的连接稳固，检查电源线、网线等是否松动或损坏，如有问题及时修复或更换。

使用干净柔软的布料擦拭设备表面，去除灰尘和污渍。避免使用化学物品或过湿的布料，以免损坏设备。

确保设备通风良好，避免过热。定期清理设备散热孔，防止灰尘堵塞，影响设备散热效果。

定期观察视频监控设备的图像质量，确保图像清晰、色彩准确。如有问题，及时调整设备配置或进行维修。

定期检查设备的录像功能是否正常工作，验证录像是否清晰、完整，并检查录像存储设备的可用空间。

测试设备的报警功能，确保报警系统正常运行。可以模拟报警情况，验证报警信号是否能够及时触发。

2. 日常保养

定期检查设备是否有软件更新，如有更新及时进行。更新软件可以修复漏洞、提升设备性能和功能。

定期备份视频监控设备中的重要数据。备份可以防止数据丢失或损坏，同时也方便恢复数据。

定期检查镜头的清洁度和校准，确保画面清晰、准确。使用专业的镜头清洁工具进行清洁，避免使用不当导致镜头损坏。

定期检查存储介质的使用寿命和状态，确保数据安全和完整性。如有需要，及时更换存储介质。

定期对监控设备进行系统升级和安全性检查，确保系统的稳定性和安全性。

3. 注意事项

根据不同设备的类型和使用频率，合理规划巡检保养周期。一般来说，建议每月进行一次日常巡检，每季度进行一次深度保养。

每次巡检保养后，应详细记录巡检保养的内容、发现的问题以及处理措施等。这有助于跟踪设备的运行状况,并为后续的设备维护提供参考。

六、设施设备故障报修

机电设施设备故障报修涉及一系列步骤,以确保故障能够被及时发现、准确记录和有效解决。以下是机电设施设备故障报修流程:

1. 故障发现

操作人员或维护人员在发现机电设施设备存在故障时,应首先确认故障现象,并尝试进行简单的故障排除。如果故障无法解决或需要专业人员介入,则进入报修流程。

2. 填写报修单

准备一份详细的报修单,内容包括但不限于:设备名称、型号、故障发生时间、故障现象描述、报修人信息等。附上相关图片或视频,以便维修人员更直观地了解故障情况。

3. 提交报修单

将填写好的报修单提交给相关部门或维修人员。可以通过电子邮件、纸质文件或专门的报修系统进行提交。在提交报修单时,确保提供的信息准确无误,以便维修人员能够迅速响应。

4. 故障响应与评估

维修人员收到报修单后,应及时对故障进行评估,并确定修复方案。如果需要额外资源或技术支持,维修人员应及时向上级报告并寻求协助。

5. 维修执行

维修人员按照确定的修复方案进行维修工作,确保安全、高效地完成维修任务。

6. 维修验证与确认

维修完成后,维修人员应对设备进行测试和验证,确保故障已经得到彻底解决。如果设备恢复正常运行,则填写维修确认单并通知报修或使用人员。

7. 记录与存档

将整个报修过程的相关记录进行存档,包括报修单、维修记录、测试报告等。

第八章 安全畅通保障

本章介绍了超限车辆辨识及入口劝返、收费场所安全防护、消防器材检查与使用以及网络安全管理等内容。

第一节 超限车辆管控

一、超限运输车辆的辨识

超限运输车辆的认定标准,除依据交通运输部颁布的《超限运输车辆行驶公路管理规定》外,还需执行《交通运输部 公安部关于治理车辆超限超载联合执法常态化制度工作的实施意见(试行)》(交公路发〔2017〕173号)、《交通运输部办公厅关于进一步规范全国高速公路入口称重检测工作的通知》(交办公路明电〔2019〕117号)等相关规范性文件的要求。

公路货车超限认定标准具体内容见本部分第二章第一节。

二、入口超限车辆劝返操作

(一)超限车辆劝返的操作

入口超限车辆劝返操作流程如图1-8-1所示。
(1)货车进入计重车道检测区域进行称重检测,显示实时称重数据。
(2)检测发现货车超限时,检测系统与大件运输、黑名单系统数据进行核查,属违法超限运输或列入黑名单的货车,系统拒绝发卡和抬杆,并采用声光警报提示工作人员介入处理。
(3)经人工核查超限后,收费站工作人员应当明确告知驾驶人禁止驶入高速公路,并引导货车掉头离开高速公路。

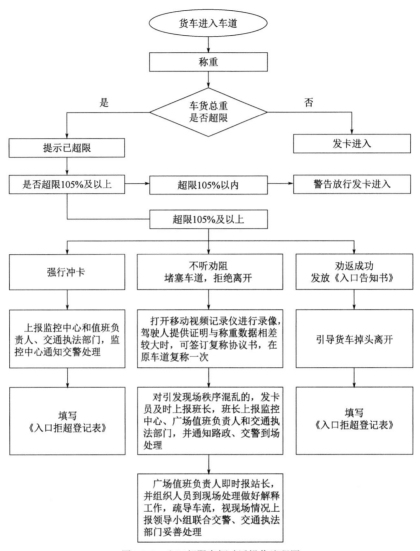

图 1-8-1 入口超限车辆劝返操作流程图

(二)超限车辆不听劝返的操作

1. 强行冲卡

(1)发卡员应及时记录车辆车牌并上报当班收费站管理人员。

(2)当班管理人员上报监控中心和收费站值班负责人并做好登记,监控中心通知交通执法部门、公安交管部门处理。

2. 堵塞车道

(1)发卡员应及时打开移动视频记录仪进行录像,保留现场证据和视频资料。为避免纠纷事件升级,可让驾驶人提供相关证明(如行驶证、货单、最近交费凭证等),经现场人员核对,确实证明与入口称重数据相差较大时,可与驾驶人签订复称协议书后,在原车道复称一次。

（2）对因拒超纠纷可能引发现场秩序混乱的，发卡员及时上报班长，班长上报监控中心、广场值班负责人，以及交通执法部门、公安交管部门。

（3）广场值班负责人接报后，即时报站长，并组织人员到现场处理，向驾驶人做好解释工作，同时安排人员疏导车流。如果车流量剧增，应立即启动应急发卡操作。

（4）联合交通执法部门、公安交管部门妥善处理。

第二节　工作场所安全防护

一、收费现场交通安全

（一）上、下班及交接班

1. 上、下班

在班长带领下按规定路线行进，行进途中和在广场走动时，应注意来车；乘车时必须系上安全带，不得嬉戏打闹或有其他不安全行为，车辆在安全区域（站房或外广场安全处）停稳后方可按秩序上下车。

2. 交接班

接班人员应列队按规定路线行进，在安全区域交接；交接班人员应注意来车；交接双方应进行安全交底、安全确认。

（二）稽查值守

工作人员必须穿着反光衣、站立在安全岛中线位置且面向来车；注意观察来往车辆的车速、车况，尽早发现失控、起火等异常车辆，及时撤离。

遇装载易滑动或倾斜货物的车辆通过车道时，应注意观察和避让；遇雷雨天气时尽量避免出亭。

（三）横穿车道

做到"一停、二看、三通过"。横穿车道时，不得与车辆抢道，在栏杆降下、车辆停止前进时在安全通道快速通过，严禁在车道逗留；需要连续通过车道时，不得奔跑。

"一停"：横穿车道前应站在栏杆外侧安全岛上中线位置，观察来车视线不被阻挡，保持身体自然站立。"二看"：在车道没有车辆通过时，保持身体重心稳定，观察来车情况。"三通过"：在确认无车辆通过或自身安全后，疾步通过车道。

（四）进出岗亭

1. 进亭

进入前需环顾四周，确定无异常情况后进亭并反锁亭门；确认亭内无安全隐患后方可开始作业。

2. 出亭

亭内人员应先关闭车道信号灯,待亭外人员关闭车道栏杆后,关好窗户并穿着反光衣;出亭后锁好亭门,站在安全岛中线位置,关注两侧车道来车情况,切忌锁门时进行交谈或盲目横过车道。

(五)值守车道

值守人员经过 ETC 或节假日免费车道时须从防护门通过,并始终在指定区域内安全通行。

(六)增开、关闭车道

按"就近原则"由两人配合完成,厅外人员作业时应面向来车方向,密切观察来往车辆,保持安全距离。

1. 增开车道

亭外人员打开手动栏杆并移开交通锥,亭内人员开启通行灯。

2. 关闭车道

亭内人员须先将车道通行灯关闭,亭外人员在车道上摆放交通锥、关闭手动栏杆。亭外人员应在安全岛岛头位置,指挥车辆进入其他车道。

(七)车道、广场作业

在清洗车道或帮助驾乘人员捡拾物品时,必须面对来车方向、观察来车情况;尽量缩短在广场、车道停留的时间;严禁站在车道上交谈。

二、安全防护用品使用

(一)防护用品分类

防护用品是为免遭或者减轻事故伤害及职业病危害的防护装备,可防御物理、化学、生物危险以及有害因素带来的伤害,分为以下十大类:头部防护用品、呼吸防护用品、眼面部防护用品、耳部防护用品、手部防护用品、足部防护用品、躯干防护用品、护肤用品、坠落防护用品、其他防护用品。

(二)防护用品使用

防护用品能起到隔离、封闭、吸收、分散、悬浮等作用,保护身体免受外界危害因素的侵害。收费岗位配备的防护用品见表 1-8-1。

收费岗位劳动防护用品配备表 表 1-8-1

序号	物品名称	作用	注意事项
1	反光背心	反光部分能将直射光线反射回发光处,用于视线不良情况下的警示防护	正确穿戴,确保反光带清晰可见;应选择手洗,洗涤后请勿在太阳下暴晒;存放时避免反光带过度折叠
2	反光雨衣	雨衣上带有反光标识,增强警示及安全识别作用	—
3	雨鞋	防水、防滑	避免接触化学溶剂;避免与碎玻璃、铁钉等尖锐物品碰撞
4	肩灯	LED 警示肩灯,用于夜间安全警示	保持电量充足,避免遮挡

三、防疫防护要求

防疫是防止、控制及消灭传染性疾病措施的统称。

(一)防疫用品分类

1. 防疫用品

医用防护口罩、医用防护服、医用隔离面罩、一次性乳胶手套、PE 手套、PVC 手套、护目镜,以及手持式红外测温仪、急救包等。

2. 消毒用品

医用酒精、3% 过氧化氢消毒液(含氯泡腾片)、免洗手消毒液、紫外线消毒灯等。

(二)防疫用品使用

防疫用品使用注意事项,见表 1-8-2。

防疫用品使用注意事项 表 1-8-2

序号	物品名称	作用	注意事项
1	普通医用外科口罩	阻隔绝大部分飞沫	应符合医药行业标准;不得重复使用一次性口罩。
2	一次性手套	有效避免交叉感染	(1)佩戴手套前应当清洁双手;(2)包装打开后按规定存放,以免暴露于污染区域,发生交叉感染;(3)使用过程中遭到污染,应当立即更换;丢弃在规定区域
3	隔离面罩	阻隔体液、血液飞溅	按照规定方法使用、丢弃
4	隔离服	阻隔体液、血液飞溅	对属于一次性使用的产品,使用过程中若出现潮湿或者污染,应立即更换

(三)防疫安全措施

(1)戴口罩:外出时戴口罩,不去人员密集的场所。
(2)少流动:遵守内防输入、外防输出疫情防控基本要求,执行"三减少一加强",即减少人员流动、减少旅途风险、减少人员聚集、加强个人防护。
(3)勤洗手:用肥皂或洗手液和流动水清洗双手,按照洗手"七步法"(内、外、夹、弓、大、立、腕),每一步揉搓时间均应大于15s。
(4)保持社交距离:排队、付款、交谈、运动、参观时,要保持1m以上社交距离,提倡非现金结算,电子支付,减少接触。
(5)文明用餐:不混用餐具,使用公筷公勺,尽量分餐进食。
(6)做好清洁消毒:保持环境整洁,及时消毒。
(7)勤监测:主动做好健康监测,如出现发热、咳嗽、乏力等症状,应首先做好自我防护,及时就医,尤其不要带病上班。
(8)少聚集:减少不必要的聚集、聚会,少去人群密集、通风不良的场所。
(9)接种疫苗:接种疫苗是预防疾病最经济、最有效、最便捷的手段。

四、安全标志使用

安全标志是向工作人员警示工作场所或周围环境的危险状况,指导人们采取合理行为的标志。

(一)安全标志分类

根据《安全标志及其使用导则》(GB 2894—2008),安全标志分禁止标志、警告标志、指令标志和提示标志四大类。文字辅助标志是对标志的补充说明。

1. 禁止标志

禁止标志的几何图形是带斜杠的圆环,其中圆环与斜杠相连,用红色;图形符号用黑色,背景用白色,如图1-8-2所示。

图1-8-2 禁止标志

2. 警告标志

警告标志的几何图形是黑色的正三角形、黑色符号和黄色背景,如图1-8-3所示。

图 1-8-3　警告标志

3. 指令标志

指令标志的几何图形是圆形,蓝色背景,白色图形符号,如图 1-8-4 所示。

图 1-8-4　指令标志

4. 提示标志

提示标志的基本形式是正方形,绿色背景,白色图形符号及文字,如图 1-8-5 所示。

图 1-8-5　提示标志

(二) 安全标志牌设置

(1) 安全标志牌应设在与安全有关的醒目地方,其前方不得放置妨碍认读的物品。环境信息标志宜设在有关场所的入口处;局部信息标志应设在所涉及的相应危险地点或设备(部件)附近。

(2) 标志牌的固定方式分附着式、悬挂式和柱式三种。悬挂式和柱式的环境信息标志牌的下缘距地面的高度不宜小于 2m;局部信息标志的设置高度应视具体情况确定。

(3) 多个标志牌在一起设置时,应按警告、禁止、指令、提示类型的顺序,先左后右、先上后下排列。

第三节　消防器材检查与使用

消防器材是指用于灭火、防火以及火灾事故的器材。常见的消防器材有:灭火器、灭火毯、防烟面罩、逃生绳、缓降器。

一、消防器材检查

(一)灭火器检查

1. 外观检查

(1)灭火器的铭牌是否无残缺,并清晰明了。
(2)灭火器铭牌上关于灭火剂、驱动气体种类、充装压力、总质量、灭火级别、制造厂名和生产日期或维修日期及操作说明是否齐全。
(3)铅封、销闩等保险装置是否无损坏或遗失。
(4)灭火器筒体是否无明显损伤(磕伤、划伤)、缺陷、锈蚀(特别是筒底和焊缝)、泄漏。
(5)灭火器喷射软管是否完好、无明显龟裂,喷嘴是否不堵塞。
(6)灭火器的驱动气体压力是否在工作压力范围内(贮压式灭火器查看压力指示器是否指示在绿区范围内,二氧化碳灭火器和储气瓶式灭火器可用称重法检查)。
(7)灭火器的零部件是否齐全,并且无松动、脱落或损伤现象。
(8)灭火器是否未开启、未喷射过。
本内容引自《建筑灭火器配置验收及检查规范》(GB 50444—2008)。

2. 有效性检查

(1)贮压式灭火器:检查压力表指针是否处于有效区域。
①绿色区域表示压力正常。
②黄色区域(危险区),表示超充装,压力过大,建议重新充装。
③红色区域,表示欠压,压力已经失效,建议重新充装,如图1-8-6所示。

a)正常　　　　　　　　b)超充装　　　　　　　　c)欠压

图1-8-6　灭火器压力指示

(2)储气瓶式灭火器。

储气瓶式灭火器可用称重法检查,当气量减少5%时应充气。

(二)消火栓检查

通过开启、关闭消火栓,检查其水流压力、密闭性能等。

二、灭火器的选择及使用

灭火器的选择及使用方法见公路收费及监控员《基础知识》相关章节。

第四节　网络安全行为管控

网络是指由计算机或者其他信息终端及相关设备组成的按照一定的规则和程序对信息进行收集、存储、传输、交换、处理的系统。

网络安全是指通过采取必要措施,防范对网络的攻击、侵入、干扰、破坏和非法使用以及意外事故,使网络处于稳定可靠运行的状态,以及保障网络数据的完整性、保密性、可用性的能力。

一、信息系统风险

信息系统的风险来源,主要包括环境因素和人为因素两方面,具体见表1-8-3。

信息系统风险来源　　　　　　　　　　表1-8-3

来源			描述
环境因素			断电、静电、灰尘、潮湿、温度、鼠蚁虫害、电磁干扰等;自然灾害;意外事故;软件、硬件、数据和通信线路故障
人为因素	非恶意人员		内部人员违反规章制度和操作流程导致故障或信息损坏;不具备岗位技能要求;故意破坏系统或窃取系统数据
	恶意人员	境外力量	组织严密,具有充足资金、人力和技术资源,可能在必要时实施高隐蔽性和高破坏性的分发攻击,窃取组织核心机密或使信息系统全面瘫痪
		恐怖分子	试图破坏、致瘫或利用关键基础设施来威胁国家安全,可能利用钓鱼网站和恶意软件获取资金或搜集敏感信息
		黑客	为获得挑战刺激或者炫耀能力,攻击者从互联网上下载易于使用且破坏力强的攻击脚本和协议,向目标发起攻击,也会导致严重后果
		商业间谍	企图获取有价值的情报、资产和技术秘密

二、信息系统威胁

信息系统威胁可根据不同的性质进行分类，如表1-8-4、表1-8-5所示。

信息系统威胁分类（一） 表1-8-4

种类	描述	威胁子类
社会工程	综合利用社会科学（如心理学、语言学和欺诈学等），对人员以及薄弱环节实施欺诈、威胁和恐吓等，配合技术手段获取控制权限及敏感信息	钓鱼邮件、电信诈骗等
物理攻击	通过物理的接触造成对软件、硬件和数据的破坏	物理接触、物理破坏和盗窃等
信息泄露	信息泄露给他人	内部信息泄露、外部信息泄露等
篡改数据	非法修改信息，破坏信息的完整性（安全性降低或信息不可用）	篡改控制模块指令；篡改网络配置信息、系统配置信息、安全配置信息和用户身份信息或业务数据信息等
供应商违规	供应商及其子供应商依凭技术优势和客户依赖性，改变原有服务约定	供应商未经用户同意分包工作内容、利用设备和系统依赖加高运维成本或占有远程运维权限、未经用户同意操作用户数据、对系统迁出提出额外收费条件等
其他	除上述以外的威胁	—

信息系统威胁分类（二） 表1-8-5

种类	描述	威胁子类
软硬件故障	设备硬件故障、通信链路中断和系统、软件缺陷，对业务实施、系统稳定运行的影响	控制组件和传感器故障、设备硬件故障、传输设备故障、存储媒体故障、系统软件故障、应用软件故障、数据库软件故障和开发环境故障等
环境影响	物理环境和自然环境影响正常运行	断电、静电、灰尘、潮湿、温度、鼠蚁虫害、电磁干扰等环境问题，洪灾、火灾和地震等自然灾害
无作为或操作失误	应执行而没有执行操作，或执行了错误操作，对系统造成影响	维护错误、操作失误和披露信息过多等
管理不到位	安全管理落实不到位，破坏信息系统正常有序运行	安全管理不规范、职责不明、监督不完善等
恶意代码（病毒）	具有自我复制、自我传播能力，对信息系统构成破坏的程序代码	恶意代码、木马后门、网络病毒、间谍软件和窃听软件等

续上表

种类	描述	威胁子类
越权或滥用	超越权限访问资源,或者滥用职权,破坏信息系统	未授权访问网络资源、系统资源;滥用权限非正常修改系统配置或数据;滥用权限泄露秘密信息等
网络攻击	利用工具和技术对信息系统进行攻击和入侵	网络探测和信息采集、漏洞探测、嗅探(账户、口令、权限等)、用户身份伪造和欺骗、用户或业务数据的窃取和破坏、系统运行的控制和破坏、实施钓鱼攻击、云计算平台租户利用隔离失效攻击等

三、网络安全管理

(一)人员及设备管理

1. 人员管理

包括内部人员、第三方公司人员及技术人员(临时人员),入场时应经批准后方可入场;离开时应做好账号权限、资料、材料、工作的移交和权限取消等工作,经审核后方可离开。

2. 设备管理

存在安全隐患的外设(含移动终端)、新设备禁止擅自接入网络。第三方公司及技术人员(临时人员)接入网络终端(含远程操作),应严格执行审批流程,并按照相关安全标准进行检查,获得授权后方可接入。

3. 存储介质管理

应对各类介质(硬盘、光盘、U盘)进行控制和保护,建立介质清单并定期盘点;严禁非工作需要使用移动存储介质接入专网终端,并执行接入网络的登记制度及使用前杀毒措施;含有存储介质的设备在重新使用前或报废后,应进行完全格式化操作。

(二)不安全行为表现

禁止以下九个不安全行为,即:使用相同密码;使用初始默认密码;使用相同数字或字符密码;使用规律明显密码(如 123456);连通收费专网与互联网或视频网;移动介质在收费专网与互联网之间交叉使用;离职离岗人员权限不回收;"废弃系统"不停机;"测试系统"使用后不下线。

(三)网络安全事件处置

1. 网络安全事件应急处置

有关部门、机构应建立健全网络安全风险评估和应急工作机制,制定网络安全事件应急预案,并定期组织演练。

网络安全事件应急预案应当按照事件发生后的危害程度、影响范围等因素对网络安全事件进行分级,并规定相应的应急处置措施。

发生网络安全事件,应当立即启动网络安全事件应急预案,对网络安全事件进行调查和评估,要求网络运营者采取技术措施和其他必要措施,消除安全隐患,防止危害扩大,并及时向社会发布与公众有关的警示信息。

2. 应急处置措施

(1)对有害程序事件,应首先将发现被感染的主机或计算机从网络上隔离开来,分析评估有害程序感染范围和破坏程度,并保留证据。

(2)对网络服务异常事件,应立即核查访问量、软硬件设备配置及运行等情况,分析评估服务异常原因。

(3)出现信息破坏事件,应立即核实关联的信息系统,暂时关闭相关系统对外服务。

(4)出现敏感信息、反动信息、煽动性言论、谣言等内容时,应立即切断相应服务器网络连接。

(5)出现设备设施故障事件,应立即核查设备情况并替换、修复受损部件,或由设备供应商派人维修。

(6)对内部潜在威胁事件,应及时将涉及计算机从网络上隔离开来,并及时断开与涉及省、区域的节点连接。

第二部分
中级

第一章 收费业务

本章介绍车道业务处理、票据管理、出行服务、收费特情业务处理、特种车辆处理的内容。

第一节 车道业务处理

一、入口操作

入口操作流程如图 2-1-1 所示。

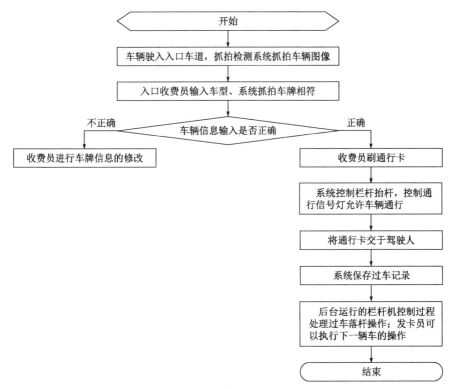

图 2-1-1 入口操作流程示意图

二、出口操作

出口操作流程如图 2-1-2 所示。

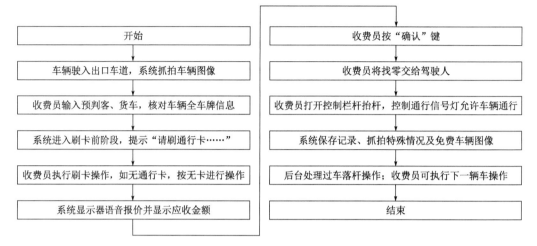

图 2-1-2　出口操作流程示意图

第二节　票　据　管　理

一、数据统计

(一)对比交易数据

1. 管理系统核对

管理系统以浙江省收费系统版本号 V4.2.16.2 为例。

(1)清账人员根据收费员填制的《收费日报》做好每日清账工作,出口清账时显示"核对通过,是否保存入库",说明报表数据与系统数据一致,如图 2-1-3 所示。

(2)出口清账时显示"出口通行费统计有长短款,是否确认",说明报表中通行费金额与系统数据不一致,需要通过单击"核对"键进行核对,记录差额数据,与解款人员做好交接。

2. 查询系统核对

驾乘人员对通行费有异议,可通过查询系统比对路径、门架、计费方式进行核实。

(二)交易对账

1. 用户登录

在浏览器中打开网址,使用账户、密码登录。

图 2-1-3　管理系统核对界面

2. 对账

依次进行查询、对账、汇缴、解缴等操作。

二、现金、通行介质管理

(一) CPC 卡管理

1. 一般管理

(1)通行卡票管理统一在部通行介质管理平台(简称"部平台")开展。通行卡票管理实行部级、省级、区域中心(或高速公路经营管理单位)和收费站四级(五级)管理模式。

(2)公司业务部门负责辖内通行卡票的采购、使用、管理、平衡调配等工作。

(3)收费站应在上级部门的指导下做好通行卡票管理工作,及时执行调令。

(4)各收费站应实时将入口通行数据、出口站其他交易数据、ETC门架计费等信息逐级上传,确保复合通行卡流转数据完整准确。

(5)各单位应以卡箱为单位进行复合通行卡管理(车道应用除外),每个卡箱容量不宜超过500张且为整百数。

2. 核销管理

(1)CPC 卡核销原则上由原采购方负责;经 CPC 原采购方授权后,非原采购方可对卡进行核销。

(2)对无法使用的 CPC 卡应定期核销。

(3)核销后相应省中心 CPC 卡管理基数随之核减。

3. 车道使用管理

(1)CPC 卡在 ETC/MTC 混合入口车道发放,ETC/MTC 混合出口车道回收,发放时严格遵循"一车一卡"原则及收费业务要求。

(2)车道不得发放无入口信息或预先写入信息的 CPC 卡。

(3)无法读写或电量低于 8% 的 CPC 卡应及时回收做坏卡处理,不得进行调拨或在车道发放。

(4)各参与方应采取有效手段提高 CPC 卡周转速度和使用效率。

(5)收费站遇无卡、闯关车时应核查车辆是否领取 CPC 卡,进行特情处理并详细登记。

(6)收费站遇坏卡、丢卡赔付时,进行特情处理并详细登记。

4. 异常处理

(1)丢卡。

①部联网中心每月进行丢卡情况分析、认定责任省份,并核减管理基数,督促责任省份及时补充采购相应的丢卡数量。无法定责的丢卡,按各省份入口通行量在路网入口通行量的占比进行分摊并补充采购。

②责任省中心可在争议期(5 个自然日内,遇法定节假日顺延)内提交无责证据,逾期未提交或证据不足,则被认定为丢卡责任方。

③最终责任省份的卡管理基数将被扣减,各省应在卡管理基数被扣减至低于合理区间值前,或每年补充采购相应数量的卡,待补卡到位后责任省份卡管理基数相应增加。

④CPC 卡有入口信息但 1 个月内无出口信息,则以有无经过省界门架信息来判定责任省份。

丢卡定责流程如图 2-1-4 所示。

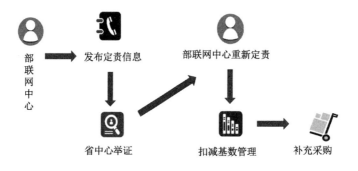

图 2-1-4　丢卡定责流程图

(2)坏卡。

坏卡处理流程如图 2-1-5 所示。

图 2-1-5　坏卡处理流程图

(二)通行介质状态名单

1. 概述

状态名单是指在服务、消费、管理过程中,根据具体的业务规则,限制使用的 OBU 或 ETC 卡的列表。

2. ETC 卡异常交易

(1) CPU 卡片过期:车辆驶入混合入口车道,进行天线交易,交易失败,拦截车辆,车道界面右下方提示"卡已过期,请进行人工处理",需要进行人工处理,操作员发 CPC 卡放行车辆。

(2) CPU 卡片未启用:车辆驶入混合入口车道,进行天线交易,天线拦截,车道界面右下方提示"该卡未启用或已过期,请进行人工处理",需要进行人工处理,操作员发 CPC 卡放行车辆。

(3) 卡片黑名单:车辆驶入混合入口车道,进行天线交易,交易异常,天线拦截,车道界面右下方提示"卡片为黑名单,请进行人工处理",需要进行人工刷卡操作,操作员发 CPC 卡放行车辆。

(4) 无效卡(非记账、非储值):车辆驶入混合入口车道,进行天线交易,天线拦截,车道界面右下方提示"不是有效的储值或记账卡",需要进行人工刷卡操作,操作员发 CPC 卡放行车辆。

(5) 余额不足:车辆驶入混合入口车道,进行天线交易,交易失败,车道界面右下方提示"卡内余额不足,请进行人工处理",需要进行人工刷卡操作,操作员发 CPC 卡放行车辆。

(6) 卡片发行方无效:车辆驶入混合入口车道,进行天线交易,交易异常,拦截车辆,车道界面显示"×××未联网",需要进行人工刷卡操作,操作员发 CPC 卡放行车辆。

3. 标签异常交易

(1) 卡签车牌不一致:车辆驶入混合入口车道,进行交易,天线交易拦截车辆,车道界面右下方提示"CPU 卡与标签车牌不匹配,请进行人工处理"。

会弹出"标签车牌与卡内车牌不一致,不允许刷卡交易",只能发 CPC 卡放行车辆。

(2) 标签黑名单:车辆驶入混合入口车道,进行天线交易,交易失败,车道界面右下方提示"标签为黑名单,请进行人工处理"。

会有弹框提示"标签在黑名单中,不允许刷卡通行",需要操作员发 CPC 卡才可放行车辆。

(3)标签拆卸:车辆驶入混合入口车道,进行天线交易,拦截车辆,车道界面右下方提示"标签拆卸或松动,请刷卡通行"。

人工处理,刷 CPU 卡失败,会有弹框提示"标签已拆卸,不允许刷卡通行",需要操作员发 CPC 卡放行车辆。

(4)标签车型无效:车辆驶入混合入口车道,进行天线交易拦截,车道界面右下方提示"标签车型无效",需要进行人工操作,人工刷 CPU 卡,会提示"标签车型无效,不允许刷卡通行",需要操作员发 CPC 卡放行车辆。

(5)标签无卡:车辆驶入混合入口车道,进行天线交易,交易失败,天线拦截,车道界面右下方提示"标签内无卡或松动,请刷卡通行"。

三、票据管理

车辆通行费票据是有价票证,有专职票证员统一管理。各收费站建立票证室,设立专职票证员,对票证的领用、发放、保管及核销手续实行二级管理。

(一)基本要求

1. 制订计划

各收费站票证员及时向管理中心票证员上报票证使用计划,管理中心票证员按各收费站的票证使用计划,制订管理中心票据领用计划,并办理印制及发放手续。

2. 注意事项

(1)收费员保管好自己的票据,每班次核对票据起止号,如有遗失通行费票据,应及时上报,并说明原因,收费站核实是否属实,遗失票据引起的损失及相关责任由当事人负责。

(2)收费站票证员每月对收费人员的票据进行全面检查,确保收费站票证管理做到"账表相符、账实相符"。

(3)各级票证员做好票证的领用、发放、核销工作,并做好台账管理。

(4)票证员所填制的报表必须及时、准确、完整、书面清楚、字迹工整,符合规定要求。

(二)电子发票使用规范

通行费电子票据的开具对象为办理 ETC 卡的客户。

1. 收费公路通行费增值税电子普通发票

通行费电子发票包括左上角标识"通行费"字样且税率栏次显示适用税率或征收率的通行费电子发票(以下简称"征税发票"),以及左上角无"通行费"字样且税率栏次显示"不征税"的通行费电子发票(以下简称"不征税发票")。客户通行经营性收费公路,由经营管理者开具征税发票,可按规定用于增值税进项抵扣;客户采取充值方式预存通行费,可由 ETC 客户服务机构开具不征税发票,不可用于增值税进项抵扣。

2. 收费公路通行费财政电子票据

客户通行政府还贷公路,由经营管理者开具财政部门统一监制的通行费财政电子票据。

3.通行费电子发票、通行费财政电子票据

针对收费公路分段建设、经营管理者多元等特性,为便利通行费电子票据财务处理,根据客户需求,通行费电子票据服务平台(简称"服务平台")可按一次或多次行程为单位,在汇总通行费电子发票和通行费财政电子票据信息基础上,统一生成收费公路通行费电子票据汇总单(简称"电子汇总单"),作为已开具通行费电子票据的汇总信息证明材料。电子汇总单的汇总信息发生变更的,应重新开具电子汇总单,原电子汇总单自动作废失效,电子汇总单可通过服务平台查询。

(三)填制报表

按规定填报各类报表、单证,要求数据准确,收费人员需填制的报表有:
(1)票证领(退)单;
(2)收费日报;
(3)现金缴款单;
(4)通行费发票、通行凭证月报;
(5)定额通行费发票领(退)单;
(6)定额通行费发票日报;
(7)定额通行费发票月报;
(8)班长日报。

(四)通行费票据盘点

1.报表
(1)收费员使用通行费票据后,填制《××省高速公路票证领(退)月报》。
(2)收费站应填制《通行费票据使用月报表》。

2.卡票管理系统

各收费站票证员应每日及时上传本站票据使用情况,月底对所有票据库存查询盘点,做到账实相符。

第三节 出行服务

一、差异化收费

差异化收费,指的是为了减少道路拥堵,提高通过能力,降低物流成本,所采取的分时段、分路段、分车型、分支付方式等多种形式的差异化收费。其目的是引导交通参与者的出行行为,实现错峰调流、降低成本。

2021年6月,交通运输部、国家发展改革委、财政部三部门联合印发《全面推广高速公路差异化收费实施方案》的通知要求,各地在深入总结高速公路差异化收费试点工作经验的基础上,充分考虑本地公路网结构及运行特点等因素,选择适合的差异化收费方式,创新服务模式,科学精准制定差异化收费方案,全面推广差异化收费。

二、差异化收费计算

本节以浙江省差异化收费计算方法为例,根据《浙江省人民政府办公厅关于继续执行全省收费公路车辆通行费收费政策的通知》(浙政办发〔2021〕77号)规定介绍如下。

(一)通行费计算规则

(1)高速公路通行费计费单位及尾数进位取舍规则:车辆通行费按每个收费单元实际收费标准计算后,按四舍五入精确到分,ETC车辆据实交费,非ETC车辆在出口收费站按四舍五入精确到元计费。

ETC通行费计算方式为:如同程同车型持CPC卡车辆的通行费按四舍五入取整到元的实收金额高于舍入前金额,则ETC车辆通行费为舍入前金额×折扣率;如同程同车型持CPC卡车辆的通行费按四舍五入取整到元的实收金额低于舍入前金额,则ETC车辆通行费为CPC卡车辆实收金额×折扣率。

(2)高速公路货车和专项作业车车型分类及收费标准:货车车辆通行费=车公里费率×车辆实际行驶里程数+隧道(桥梁)叠加通行费,如表2-1-1所示。

高速公路货车和专项作业车车型分类及收费标准表　　　　表2-1-1

类别	货车及专项作业车	车公里费率(元/车公里)
1类	二轴,车长小于6m且最大允许总质量小于4500kg	0.450
2类	二轴,车长不小于6m或最大允许总质量不小于4500kg	0.841
3类	三轴	1.321
4类	四轴	1.639
5类	五轴	1.675
6类	六轴及以上	1.747

(3)高速公路客车车型分类及收费标准:客车车辆通行费=车次费+车公里费率×车辆实际行驶里程数+隧道(桥梁)叠加通行费,如表2-1-2所示。

高速公路客车车型分类及收费标准表　　　　表2-1-2

类别	车型分类标准	车公里费率(元/车公里)	车次费(元/车次)
1类	≤9座(且车长小于6m)	0.40	5
2类	10~19座(且车长小于6m) 乘用车列车	0.40	5
3类	≤39座(且车长不小于6m)	0.80	10
4类	≥40座(且车长不小于6m)	1.20	15

注:沪杭甬高速公路1、2类客车公里费率为0.45元/车公里。

(4)合法装载的国际标准集装箱运输车辆高速公路车辆通行费车公里费率统一按 1.4 元/车公里计算(定额收费的路段按 4 类货车标准计算),并统一实行六五折优惠。享受集装箱六五折优惠需安装专用 ETC 车载装置并实行预约通行。

(5)省属及市、县(市、区)属国有全资或控股的高速公路路段,对使用本省发行的 ETC 车载装置的合法装载货运车辆,实行通行费八五折优惠。

(二)差异化计算案例

车辆从 A 站行驶至 B 站全程 100km(其中 60km 为省属国有控股路段),途径国有控股路段有三个隧道(800m、2000m、5000m),请分别算出持 ETC 三类货车和集装箱车辆的通行费。

【参考答案】

(1)叠加费

800m	2000m	5000m
0 元	1 元	5 元

(2)里程费

①ETC 三类货车:$40 \times 1.321 \times 0.95 + 60 \times 1.321 \times 0.85 = 117.569$ 元。

②集装箱:$100 \times 1.4 \times 0.65 = 91$ 元。

(3)合计

①ETC 三类货车:$117.569 + 6 \times 0.85 = 122.67$ 元。

②集装箱:$91 + 6 \times 0.65 = 94.9$ 元。

第四节　收费特情业务处理

一、车辆特情业务辨识

1. 一般原则

(1)当 ETC 车辆在专用车道无法正常通行时,应及时通过人工干预的方式处理。

(2)出口车道应具备全网入口收费站编码信息输入和查询、入口时间输入、入口信息选择确认功能,为特情处理时获取通行费计费信息提供支撑。

(3)进行收费特情处理时,对于安装了车载终端设备且入口信息有效的 ETC 车辆,按享受 ETC 优惠处理;对于安装了车载终端设备且入口信息无效的 ETC 车辆,按不享受 ETC 优惠处理。

(4)进行收费特情处理时,车道系统应先请求在线计费服务获取通行费,单省交易应请求省级在线计费服务,多省交易应请求部级在线计费服务,如请求失败经省级管理人员授权后,可采用兜底计费方式返回通行费信息。省级计费服务请求失败后的兜底计费方式由各省自行确定,部级计费服务请求失败后的兜底计费方式为入出口可达路径最小费额。

(5)在线计费服务支持按照各省ETC优惠政策(含差异化优惠)返回计费金额;兜底计费方式应支持无优惠计费以及ETC基本优惠计费。

(6)收费站使用兜底计费方式收费需向省中心报备,报备方式由各省自行确定。省中心应对本省兜底计费方式使用情况进行统计分析,并及时对系统进行优化升级,且应定期向部联网中心报送省内兜底计费方式使用情况,包括涉及的跨省交易次数和单省交易次数等内容。

(7)部联网中心定期对全网兜底计费方式使用情况进行统计分析,对兜底计费方式使用较多的省份进行跟进,帮助查找原因并督促系统完善。

(8)对于同一辆车ETC已成功交易扣款、未抬杆放行转人工处理的,系统提示ETC卡已成功扣费的应予以放行,不得再次刷ETC卡重复扣费或通过现金及移动支付等其他方式重复收取通行费。

2. 车道特情辨识

特情辨识方法如表2-1-3所示。

特情类型及对应辨识方法 表2-1-3

序号	事件类别	辨识方法
1	天线异常	ETC设备经过主天线没有交易成功
2	手持天线异常	使用手持天线异常
3	正常ETC车辆交易失败	车辆通过抓拍线圈但交易失败
4	ETC卡异常	1. ETC卡过期 天线交易失败,收费界面右下方提示"卡已过期,请进行人工处理"。 2. ETC卡片未启用 天线交易失败,收费界面右下方提示"卡片未启用,请进行人工处理"。 3. 卡片黑名单 天线交易失败,收费界面右下方提示"卡片为黑名单,请进行人工处理"。 4. 无效卡(非记账、非储值) 收费界面右下方提示"不是有效的储值或记账卡"。 5. 余额为0 收费界面右下方提示"卡内余额不足,请进行人工处理"。 6. 卡片发行方无效 收费界面右下方提示"×××未联网"
5	OBU异常	1. ETC卡和OBU标签车牌不一致 天线交易失败,收费界面右下方提示"ETC卡与标签车牌不一致,请进行人工处理"。 2. 标签黑名单 天线交易失败,收费界面右下方提示"标签为黑名单,请进行人工处理"。 3. 标签拆卸 天线交易失败,收费界面右下方提示"标签拆卸或松动,请刷卡通行"。 4. 标签车型无效 天线交易失败,收费界面右下方提示"标签车型无效"。 5. 标签未启用 天线交易失败,收费界面右下方提示"标签未启用,请进行人工处理"。 6. 标签无卡 天线交易失败,收费界面右下方提示"标签无卡或松动,请刷卡通行"

续上表

序号	事件类别	辨识方法
6	CPC卡异常	CPC卡电量低于8%时,刷卡时收费界面提示"CPC卡电量低"
7	CPC卡刷卡成功后要求使用ETC通行	已领取CPC卡,客户要求使用ETC通行
8	ETC交易成功后要求使用CPC卡通行	ETC车辆天线交易已完成,客户要求使用CPC卡通行
9	追缴名单车辆	系统对车辆进行追缴名单判断,在追缴名单之列的,车道拦截并提示追缴名单信息
10	货车轴数核对	人工判别车型与系统获取轴数不一致,收费界面显示"判定车型确认"选项
11	天线交易车签车牌不一致	识别车牌与标签内车牌不一致的车辆交易成功后,进入车辆交易队列,栏杆不会自动抬起,界面提示"标签车牌与识别车牌不一致"
12	货车无称重数据	货车无称重数据: 1.天线交易 收费界面右下方提示"车辆无称重数据,请进行人工处理"。 2.刷CPC卡交易 刷卡时收费界面提示"车辆无称重数据,不允许驶入高速"
13	货车超限超载	大件运输车辆,车道对所有大件运输车辆进行拦截
14	集装箱车辆	运输集装箱的车辆
15	专项作业车	1.天线交易 已安装ETC的专项作业车,天线自动完成交易。 2.刷CPC卡交易 人工判别车型—确认车牌,收费界面提示"请刷空白通行卡",按"专项作业车"键,收费界面右上方显示"专项作业车"
16	天线交易货车列车、牵引车	入口对货车列车轴数进行判断: 1.识别轴数在发行轴数+2轴与6轴之间的,可通过天线或手持天线完成交易。交易成功根据轴数显示车型(6轴显示"货6")。 2.识别轴数不在此范围,系统拦截车辆,收费界面提示"货车列车,车辆轴数不合格,请预约登记"
17	临时牌照车辆	车辆为临时牌照
18	未安装ETC的免费车辆	1.对各级别警卫车队、军车,入口按"车队"键放行。 2.其余符合免费条件的车辆发CPC卡通行
19	车牌序列错误	车牌序列错位,当前序号不是当前车辆车牌
20	计重序列错误	计重信息序列错位,当前序号不是当前车辆计重信息
21	CPC卡交易	1.CPC卡无入口信息车辆。 2.CPC卡交易卡不可读。 3.CPC卡交易卡丢车辆。 4.CPC卡交易出入口车型不一致。 5.CPC卡交易抓拍车牌和实际车牌不一致

续上表

序号	事件类别	辨识方法
22	持纸质通行券车辆	通行凭证为纸质通行券
23	绿通车辆、联合收割机车辆	绿通车辆、联合收割机车辆,驾驶人主动申请免费通行查验
24	预销票	费用错误,需进行预销票,向省中心发起请求查询流水是否已经发送部联网中心,未发送则允许进行预销票,已发送则不允许进行预销票
25	CPC卡卡内计费信息清除失败	清CPC卡失败,收费界面显示"清CPC卡卡内计费信息失败"选项
26	U型车	刷卡显示"U型车处理"框
27	天线交易车辆重复交易	ETC车辆重复交易
28	拖车处理	拖车拖故障车
29	CPC卡省内路径异常	系统显示多条路径
30	各级别警卫车队、军车	出口按"车队"键操作放行
31	免费车持CPC卡车辆	1.持CPC卡的本省出入口通行的本省制式警车、军车等,刷CPC卡,选择"政策减免—ETC军车",免费放行。 2.持CPC卡的按通知要求临时性执行抢险救灾任务的免费车辆、社会消防车辆、其他临时特批车辆等抢险救援类车辆,刷CPC卡,收费员选择"政策减免—应急救援车",免费放行
32	持临时牌照军车	查看牌照的有效性,同时根据情况核查以下证件: 1.对持铁制军牌的,查看部队驾驶证、部队行驶证、军官证等有效证件。 2.对持有纸质临时军牌的,查看部队驾驶证、军官证等有效证件
33	ETC车道交易高于3倍兜底费额拦截	按"异常处理"键,选择车辆放行(抬杆),引导至出口外广场处理。询问客户实际行驶路径,转混合出口车道,判车型—输入车牌—按"ETC车辆特情"—无入口信息,对比请求计费费率和实际行驶路径费率,如一致刷CPU卡扣款。如不一致,选择系统返回全网兜底最小费用,经班长或值机授权后进行收费
34	悬浮轴车辆	车辆具有悬浮轴
35	无钱付费车辆	驾乘人员无钱支付车辆通行费
36	冲卡车辆	人为客观原因未付费驶离收费站
37	车体损坏、疑似事故车辆	车体明显损坏、疑似事故车辆
38	抛、撒、滴、漏车辆	车辆存在抛、撒、滴、漏现象
39	本省通行持公务卡车辆(含邮政车)	公务车通行

二、退费业务处理

1. 工作要求

(1)因系统等原因造成客户多缴费的核实后可进行退费。

(2)在投诉、业务协调工单确认退费后,发行服务机构应当在2个自然日内完成退费。涉及金融机构的,应协调金融机构在2个工作日内完成退费。

2. 业务流程

(1)受理方通过部级客户服务系统申请投诉单或业务协调单发起退费申请。

①客户可以通过线上渠道和线下发行服务机构、客户联络中心进行收费争议投诉。

②投诉预受理方应当在投诉工单中记录客户投诉信息,主要包括基本信息(姓名、车牌号、ETC卡号、联系方式等)、事件发生时间(尽量准确填写)、事件发生地点、事件描述、主要诉求等;涉及通行费争议或通行异常投诉时,还应当记录通行时间、入出口站、车类型、扣费金额、收到扣款短信时间等。同一客户投诉多个事件时,应当分别提交预受理工单。

③投诉预受理方完成投诉预受理工单后,实时将工单进行提交。

④发行服务机构或出口省中心收到投诉预受理工单后,应当在1个自然日内核查验证相关证据的完整性和真实性,根据情况转入正式受理。

⑤被投诉方收到投诉工单后,应当积极主动展开投诉核查取证,主动配合其他参与方协同处理,及时将相关证据、处理依据、问题原因、处理结果、退费金额等提交客户服务支撑系统,确保各参与方实时获取处理进展。

(2)确认退费后,客户服务系统自动进入到退费模块进行退费处理。

①客户发起通行费争议投诉,经核实与事实相符的应及时退费。客户发起的ETC通行费争议投诉确认多扣通行费时,发行服务机构应当在2个自然日内完成退款;涉及金融机构的,应协调金融机构在2个工作日内完成退费。客户发起的非ETC通行费争议投诉确认多扣通行费时,出口省中心应当在2个自然日内完成退款;涉及金融机构的,应协调金融机构在2个工作日内完成退费。

②省中心或发行服务机构应当对本地发起的已结案投诉,进行全量回访。

③省(区、市)发行服务机构应当在投诉结案后2个自然日内完成投诉判责工作。

④投诉预受理人员应当在分类整理的基础上,及时将客户投诉处理相关资料归档留存。

三、补费业务处理

1. 工作要求

(1)因客户原因(如虚假资料导致大车小标、状态名单、储值卡余额不足等)造成少交欠交通行费的,可通过补交业务进行补交。

(2)客户补交欠费后方能办理后续业务。

(3)发行服务机构应提供便捷的补交渠道。

2. 业务渠道

客户可以通过线上渠道和线下发行服务机构、自助服务终端办理。

3. 业务资料

客户可凭ETC卡或者车牌+车牌颜色或者客户名称+证件号办理补交。

4. 业务流程

(1) 线上补交

①客户登录线上渠道服务平台,选择进入补交界面。

②客户查询待补交记录并选定相应的支付方式。

③补交成功,系统向客户登记的联系方式发送补交成功提示信息,完成补交业务。

(2) 发行服务机构补交

①发行服务机构登录系统进入补交界面,查询待补交记录。

②收取客户补交资金并选择对应补交支付方式。

③生成补交凭证,完成补交业务。

(3) 自助服务终端补交

①客户登陆自助服务终端,选择进入补交界面。

②客户选择待补交记录并选定相应的支付方式。

③提示补交成功,生成补交凭证,完成补交业务。

四、误入 ETC 车道车辆引导

1. 入口 ETC 车辆引导

(1) 普通车辆误入入口 ETC 车道,系统产生报警并通知工作人员,后方无来车时,车道信号灯应切换为关闭状态,外场工作人员做好解释,在保证安全的条件下引导车辆倒出入口 ETC 车道,转人工车道处理。

(2) 普通车辆误入入口 ETC 车道,系统产生报警并通知工作人员,现场收费人员及时干预,后方有车或车辆无法倒车时,现场收费人员应人工抬杆引导车辆进入内广场靠边安全停车,人工车道插入车辆输车牌发卡处理。

2. 出口 ETC 车辆引导

(1) 普通车辆误入出口 ETC 车道,系统产生报警并通知工作人员,后方无来车时,车道信号灯应切换为关闭状态,外场工作人员做好解释,在保证安全的条件下引导车辆倒出出口 ETC 车道,转人工车道处理。

(2) 普通车辆误入出口 ETC 车道,系统产生报警并通知工作人员,现场收费人员及时干预,后方有车或车辆无法倒车时,现场收费人员应人工抬杆引导车辆至外广场靠边安全停车,人工车道插入车辆输车牌收费处理。

3. 注意事项

(1) 入口车道除一类蓝牌小货车外,所有货车必须进入入口货车称重检测车道检测,未进入检测车道的货运车辆,无称重数据货车入口 ETC 车道不抬杆并告警,收费人员需引导车辆至检测车道称重检测再驶入 ETC 车道。

(2) 入口超重、超高、超长、超宽等违规车辆,禁止驶入高速公路,收费人员人工劝返。

(3) 入口车辆掉头困难,可根据实际情况借用收费庭院场所,但须在工作人员的引导下进行掉头驶出。

(4)收费工作人员要做好自身安全防护,应配置统一的服装、反光背心、警示棒、口哨等防护用品,工作时应佩戴齐全。

五、漏逃费车辆处理

(一)改变车型(车种)逃费行为处理

1. 判定依据

发行系统、ETC 卡及 OBU 设备中写入的车型(车种)与车辆有效证件或公安交管信息登记的车型(车种)不符。

2. 证据文件

ETC 交易流水、入出口通行记录、ETC 门架通行记录、车辆通行图像信息、客户信息、车辆证件信息、公安交管车辆数据、通行轨迹数据等。

3. 处理办法

(1)现场发现处置
①大车小标、货车客标车辆按出口实际车型(车种)收费,已扣费的冲销流水补操作收费。
②收费现场对于有甩挂嫌疑车辆,应联系后台稽核或值机人员进行通行行程核实,按应车型(车种)收费。
③现场特情操作后,记录车辆信息,报收费站值班所务。
(2)稽核处理流程
①发行服务机构对各参与方发现的车型(车种)不符可疑车辆,应配合进行核查,并将核查结果进行反馈。
②高速公路经营管理单位对收费现场发现的车型(车种)不符可疑车辆,应组织现场核查;无法现场核查的应实时提交省级稽核管理单位进一步稽核;省级稽核管理单位无法确认的,通过部级系统发起协查工单。
③发行服务机构应对已发现的证据确实的车型(车种)不符车辆,立即下发状态名单,同时联系客户改写为正确的 OBU 信息。

(二)改变缴费路径逃费行为处理

1. 判定依据

路径缺失严重,入出口收费站、计费门架数据丢失,现场检查中发现的干扰收费设施等行为。

2. 证据文件

车辆通行图像信息、客户信息、公安交管车辆数据、通行轨迹数据等。

3. 逃费类型

(1) 屏蔽计费设备逃费,指通行车辆通过屏蔽或干扰收费公路收费、计费设施方式以缩短实际通行路径的逃费行为。可通过车牌或视频等方式还原车辆实际通行路径。

(2) 有入口无出口逃费,指在通行交易数据中显示有入口无出口的通行车辆,经核查确定为逃费的行为。收费公路经营管理单位应对稽核系统判定的"多次入口覆盖"车辆,进行重点标记跟踪稽核。

(3) 闯关逃费,指车辆跟车、插队、强行通过收费车道的逃费行为,可通过车牌、视频、车辆特征等信息追查车辆。

(4) 收费公路私开道口逃费,指车辆通过私开道口、服务区、施工区域驶入/出收费公路以达到少交、逃交通行费的行为。

(5) 换(倒)卡逃费,指通行收费公路的车辆通过"跑长买短、倒换通行介质"等方式达到少交、逃交通行费的行为。

4. 处理办法

(1) 现场发现处置

改变缴费路径嫌疑车辆核实车辆实际行驶路径,还原车辆实际通行路径收费处理。

(2) 稽核处理流程

① 高速公路经营管理单位发现路径异常、车牌不符、入口异常等可疑车辆时,应组织现场核查和加强事后稽核;特别是对稽核系统判定的"多次入口覆盖"车辆,进行重点标记跟踪稽核。需要其他稽核单位配合时,应发起协查工单。

② 发行服务机构对各参与方发现的车型(车种)不符可疑车辆,应配合进行核查,并将核查结果进行反馈。

(三) 利用优免政策逃费行为稽核

1. 判定依据

行为人采取不正当手段将应交费车辆假冒成绿色通道、抢险救灾、进行跨区作业的领有号牌和行驶证的联合收割机(包括插秧机)及其专用的运输车辆等通行费优免车辆;收费从业人员内外勾结将应交费车辆判定为免费车辆。

2. 证据文件

ETC、CPC卡入出口通行记录、车牌识别数据、ETC门架通行记录、车辆[车头、车尾(如有则提供)]抓拍图片、现场查验货物图片等。

3. 逃费类型

(1) 假冒鲜活农产品运输(绿色通道)车辆:指通行收费公路的绿通车辆经人工或系统查验不符合相关优免政策要求,认定为逃费的。

(2) 假冒抢险救灾、进行跨区作业的领有号牌和行驶证的联合收割机(包括插秧机)及其专用的运输车辆:指通行收费公路时经查验不符合抢险救灾或进行跨区作业的领有号牌和行驶证的联合收割机(包括插秧机)及其专用的运输车辆,认定为逃费的。

4. 处理办法

(1)现场发现处置

对利用优免政策逃费嫌疑车辆,收费现场工作人员应加大检查力度,及时发现逃费车辆。

(2)稽核处理流程

①高速公路经营管理单位应对享受通行费减免车辆和享受通行费优惠的车辆加强现场核查和事后稽核;特别是对多次出收费站后又即时掉头上收费站的鲜活农产品运输(绿色通道)车辆进行重点标记跟踪稽核。需要其他稽核单位配合时,应发起协查工单。

②发行服务机构对各参与方发现的集装箱、军警、邮政专用等可疑车辆,应配合进行核查,并将核查结果进行反馈。

(四) 其他少交、未交、拒交通行费行为稽核

1. 逃费类型

(1)U/J形行驶,指通过通行交易数据分析发现的多次 U/J 形行驶,经确认为逃费的。

证据文件:ETC、CPC 卡入出口通行记录、车牌识别数据、ETC 门架通行记录、车辆通行图像信息等。

(2)车牌不符,指通过现场或数据分析发现车辆 ETC 卡及 OBU 设备中写入的车牌号码、车牌颜色等与车辆实际情况不符,或车辆入出口车牌信息不匹配的。

证据文件:ETC、CPC 卡入出口通行记录、车牌识别数据、ETC 门架通行记录、车辆通行图像信息等。

(3)不可达(不合理)路径,指通过通行交易数据分析发现的车辆行驶路径不符合常规通行路径,且无法做出合理解释的车辆。

证据文件:ETC、CPC 卡入出口通行记录、车牌识别数据、ETC 门架通行记录、车辆通行图像信息等。

(4)一车多签(卡),指通过系统稽核或现场发现的同一辆车使用多个 OBU(多张 ETC 卡)通行收费公路的行为。

证据文件:ETC 交易流水、ETC 门架通行记录、车辆通行图像信息、客户信息、客户状态名单信息等、公安交管车辆数据、通行轨迹数据等。

(5)遮挡、套用号牌,无车牌,假车牌等通行行为,指车辆在通行收费公路时采用遮挡号牌、套牌、无牌或使用假牌方式少交、逃交通行费的行为。

证据文件:ETC、CPC 卡入出口通行记录、ETC 门架通行记录、车辆通行图像信息、车牌识别数据等。

2. 处理办法

(1)现场发现处置

改变缴费路径嫌疑车辆核实车辆实际行驶路径,还原车辆实际通行路径收费处理。

(2)稽核处理流程

①高速公路经营管理单位应对多次 U/J 形行驶的车辆加强现场核查和事后稽核,需要其他稽核单位配合时,应发起协查工单。

②高速公路经营管理单位应对多次车牌号码不符的车辆加强现场核查和事后稽核,需要其他稽核单位配合时,应发起协查工单。

③高速公路经营管理单位应对不可达和不合理的车辆加强现场核查,对多次行为或车牌不符等车辆要加强事后稽核,需要其他稽核单位配合时,应发起协查工单。

④高速公路经营管理单位应对一车多签(卡)车辆加强现场核查事后稽核,需要其他稽核单位配合时,应发起协查工单。

⑤高速公路经营管理单位应对车辆有遮挡、无牌行为、套用车牌或使用假牌行为时应加强现场核查事后稽核,需要其他稽核单位配合时,应发起协查工单。

⑥发行服务机构对各参与方发现可疑车辆,应配合进行核查,并将核查结果进行反馈。

第五节 特种车辆处理

一、特种车辆类别识别

(一)特种车辆

特种车辆指的是外廓尺寸、重量等方面超过设计车辆限界的及特殊用途的车辆。主要是指货车列车、大件运输车、集装箱车、抢险救援应急车和专项作业车。

(二)特种车辆的类别

1. 货车列车

(1)定义:货车列车是货车和牵引杆挂车或中置轴挂车的组合,也就是说货车列车包括牵引杆挂车列车和中置轴挂车列车。

(2)主要类别:全挂车、半挂车和中置轴挂车。

①全挂车,即指普通汽车后加挂一个全挂车厢,二者之间用挂钩连接。全挂车如图 2-1-6 所示,注意:该车禁止驶入高速公路。

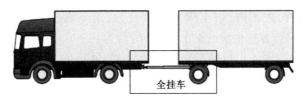

图 2-1-6 全挂车示意图

②半挂车,是车轴置于车辆(当车辆均匀受载时)后面,并且装有可将水平和垂直力传递到牵引车的联结装置的挂车,如图 2-1-7 所示。

图 2-1-7　半挂车示意图

③中置轴挂车,即车轴位于车身重心中央,脱离牵引车时无法独立支撑自身重量。中置轴挂车主要由车厢、车桥、牵引装置组成,如图 2-1-8 所示。

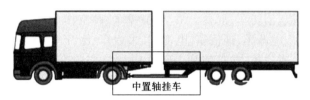

图 2-1-8　中置轴挂车示意图

2. 大件运输车

(1)定义:大件运输车辆是指载运不可解体物品的超限运输车辆。

(2)基本要求:大件运输车辆应当依法办理有关许可手续,采取有效措施后,按照指定的时间、路线、速度行驶公路。未经许可,不得擅自行驶公路。

(3)其他要求:《超限运输车辆行驶公路管理规定》第十条,车货总高度从地面算起超过 4.5 米,或者总宽度超过 3.75 米,或者总长度超过 28 米,或者总质量超过 100000 千克,以及其他可能严重影响公路完好、安全、畅通情形的,还应当提交记录载货时车货总体外廓尺寸信息的轮廓图和护送方案。护送方案应当包含护送车辆配置方案、护送人员配备方案、护送路线情况说明、护送操作细则、异常情况处理等相关内容。

3. 集装箱车

(1)定义:是指用以运载可卸下的集装箱的专用运输车辆。

(2)基本要求:运输的集装箱箱体尺寸、重量要符合国家标准《系列 1 集装箱　分类、尺寸和额定质量》(GB/T 1413—2023)的相关规定,且集装箱箱体标记要符合国家标准《集装箱代码、识别和标记》(GB/T 1836—2017)的相关规定。

4. 抢险救援应急车(以浙江省为例)

(1)定义:是指应急响应期间参加抢险救援任务的车辆。

(2)对象类别:

①矿山、危险化学品、森林消防、防汛抗旱、地质灾害等专业救援队伍。

②在民政部门登记注册的社会应急救援队伍。

③公路、水路、电力、通信、供水、燃气等专业抢险队伍。

④因故未能办理地方牌照或不具备路面单独行驶要求的特殊工程抢险车辆、救援改装车辆。

⑤临时征用用于运送救灾物资、装备、人员的社会应急车辆。

⑥参与应急救援的各级政府和部门相关人员。
⑦参与应急救援的专家。
⑧其他经审核同意允许参加抢险救援的人员。

(3)凭码通行。保障对象车辆途经收费公路收费站,原则上通行人工通道,收费站扫码核验后予以快速通行。

5.专项作业车

(1)定义:是指装置有专用设备或器具,在设计和制造上用于工程专项(包括卫生医疗)作业的汽车,如汽车起重机、消防车、混凝土泵车、清障车、高空作业车、扫路车、吸污车、钻机车、仪器车、检测车、监测车、电源车、通信车、电视车、采血车、医疗车、体检医疗车等,但不包括装置有专用设备或器具而座位数(包括驾驶人座位)超过9个的汽车(消防车除外)。专项作业车的规格分为重型、中型、轻型、微型,具体按照载货汽车的相关规定确定。

(2)车型分类及轴限(表2-1-4)。

车型分类及轴限表　　　　　　　　　　表2-1-4

类别	专项作业车	轴限(t)
1类	二轴,车长小于6m且最大允许总质量小于4500kg	26
2类	二轴,车长不小于6m或最大允许总质量不小于4500kg	26
3类	三轴	39
4类	四轴	52
5类	五轴	55
6类	六轴及以上	55

二、特种车辆业务处理

(一)货车列车业务处理

1.入口操作(图2-1-9)

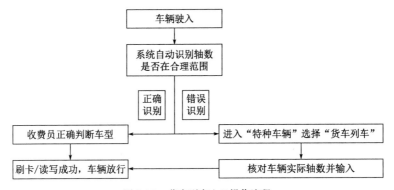

图2-1-9　货车列车入口操作流程

2.出口操作

出口按普通车辆流程操作。

(二)大件运输车辆处置

1.入口操作(图2-1-10)

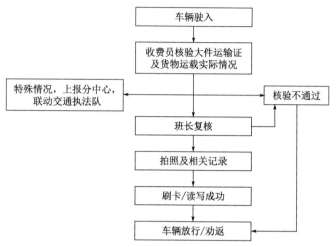

图2-1-10 大件运输车辆入口操作流程图

2.出口操作

出口按普通车辆流程操作。

(三)抢险救援应急车处理

1.入口处置流程

入口按普通车辆流程操作。

2.出口处置流程(图2-1-11)

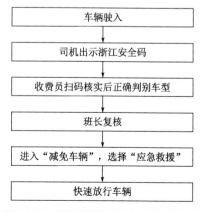

图2-1-11 抢险救援应急车出口处置流程图

(四)专项作业车处理

1. 入口处置流程(图2-1-12)

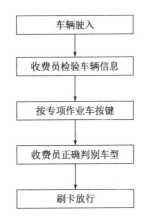

图2-1-12 专项作业车入口处置流程图

2. 出口操作

出口按普通车辆流程操作。

第二章 清分结算

本章介绍了交易对账、资金结算、交易清分等通行费清分结算业务内容。

第一节 交易对账

一、交易对账的概念

交易对账指核对通行费应收未收交易,各参与方应积极开展交易对账工作,及时发现联网收费运营管理和联网收费系统中存在的问题,不断提升全网运营和服务水平。交易对账包括部级对账工作和省级对账工作,部级对账工作范围主要包括参与部级清分、拆分的各类交易,省级对账工作范围包括所有涉及本省的 ETC 交易和其他交易。

二、通行费补费和退费

通行费补费和退费是清分结算和交易对账的重要组成部分,也是收费及监控员经常接触到的日常工作。

(一)通行费补缴

因客户原因(如大车小标、状态名单、储值卡余额不足等)产生通行费欠费的,客户应补缴通行费,客户可通过线上或线下办理补缴业务,ETC 发行服务机构、高速公路服务方应做好有关服务。

通行费补缴分为收费站配合补缴和客户自主补缴两类。

1. 收费站配合补缴

案例一:客户王先生驾车行驶至高速公路收费站,收费系统提示"补缴名单",收费站工作人员应主动将客户车辆引导至安全区域,通过部级"通行费补费"App 查询,选择补缴记录,输入补缴人姓名、手机号及验证码、操作人姓名等信息,向客户出示"补费码",客户扫描二维码完成通行费的补缴。

2. 客户自主补缴

案例二：客户王先生驾车行驶至高速公路收费站，收费系统提示"补缴名单"，收费站工作人员应主动将客户车辆引导至安全区域，收费站工作人员协助驾驶人搜索微信小程序"通行费补费"添加车辆，查询并选择相应的补费记录，完成通行费的补缴。

(二) 通行费退费

若客户发起多缴通行费的投诉，经核实后应予以退费。在确认退费后，发行服务机构应在2个自然日内完成退费，涉及金融机构的应协调金融机构在2个工作日内完成退费。

通行费退费分为收费站配合退费和客户投诉退费两类。

1. 收费站配合退费

案例一：客户李先生向收费站反映驾驶绿色通道车辆通行高速公路未享受免费政策。收费站工作人员应协助李先生在微信搜索"中国ETC服务"，若李先生尚未实名认证，协助其完成实名认证。收费站工作人员应协助李先生查询查验记录，符合退费条件的，完成"退费申请"。若查验记录无对应查验信息，收费站工作人员应协助李先生在小程序中上报退费申请。

2. 客户投诉退费

案例二：客户赵先生拨打全国ETC服务监督热线95022，反映驾驶绿色通道车辆通行高速公路未享受免费政策。李先生应根据客服语音提示，提供车牌、ETC卡号、办理ETC留存电话、车辆出站缴费金额等有关信息，生成退费工单，核实情况后进行退费。

第二节 资金结算

一、资金结算规则

1. 通行费清分结算的概念

通行费清分结算，主要包括通行费数据清分和资金结算两个过程。通行费数据清分是清分结算管理和参与机构将高速公路通行费计费或收费记录进行确认、汇总、整理、分类，并将通行费分配至各通行路段的业务；资金结算是清分结算管理和参与机构根据清分统计结果进行资金收付的业务。

2. 通行费清分结算的规则

2020年1月1日，全国高速公路取消省界收费站，实现全国联网收费。实现全国联网收费后，全国统一了通行费清分结算规则，下面简要介绍一下主要规则。

(1) 清分结算业务采用部省两级模式。部联网中心、省中心及ETC发行方是清分结算的主要参与单位。

(2) 清分结算业务包含通行交易清分结算和拓展应用交易清分结算。其中通行交易清分结算包括ETC和MTC通行交易拆分、退费补交清分、交易对账和资金结算。拓展应用交易清分结算包括ETC拓展服务交易清分、退费补缴清分和资金结算。资金结算采用轧差结算形式。清分结算的结果确认、资金归集及划拨工作每工作日进行。

二、轧差结算规则

1. 轧差结算的适用范围

跨省通行车辆所产生的通行费,需要纳入轧差结算范围,主要包括以下3类:
(1)本省发行方发行的ETC车辆,行驶路径包含非本省路径;
(2)外省发行方发行的ETC车辆,行驶路径包含本省路径;
(3)MTC车辆的行驶路径既包含本省路径,又包含其他省份路径。

2. 轧差结算示例

跨省通行车辆所产生的通行费结算由部联网中心负责,部联网中心将跨省交易进行分省拆分,本省拆入的通行费与本省拆出的通行费形成差额。差额为正的省份,省中心负责将差额资金划转至部通行费汇缴账户,差额为负的省份,部联网中心负责将差额资金划转至省中心通行费汇缴账户。部联网中心下发的《跨省轧差结算通知书(样表)》参见表2-2-1,每日由部联网中心下发至各省中心,各省中心按照通知书中省轧差总额进行结算。

跨省轧差结算通知书(样表) 表2-2-1

结算日期:××××年××月××日 单位:元

参与方	ETC通行交易拆分		ETC拓展应用		多省其他交易省际拆分		退费补交		交易对账		总结算资金		参与方轧差总额	省轧差总额
	付款	收款	付款	收款	付款	收款	付款	收款	付款	收款	付款	收款		
某省中心	0.00	60.00	0.00	0.14	9.00	10.00	0.07	0.09	0.10	0.15	9.17	70.38	−61.21	−25.10
某省发行方	36.00	0.00	0.12	0.00	0.00	0.00	0.00	0.01	0.00	0.00	36.12	0.01	36.11	

注:总结算资金付款=各项目付款总和,总结算资金收款=各项目收款总和;参与方轧差总额=总结算资金付款−总结算资金收款;省轧差总额=参与方轧差总额(某省中心)+参与方轧差总额(某省发行方)。

三、差异化收费

近年来,为提高高速公路网通行效率和服务水平,促进物流降本增效,国家鼓励探索研究和推广高速公路差异化收费。

(一)高速公路差异化收费的原则

探索、研究和推广高速公路差异化收费,应坚持以下原则:

1. 政府引导、合力推动

突出政府引导作用,加强顶层设计和沟通协调,引导高速公路经营管理单位自主积极参与,协同科学高效推广差异化收费,不断提升公路网资源综合利用效率。

2. 因地制宜、分类施策

鼓励各地因地制宜、因路制宜,深入分析研究测算,分类精准施策,在不削弱高速公路偿债能力的基础上,探索实施适合本地特点的差异化收费模式和配套政策措施,充分发挥调流、降费、提效的功能,努力实现多方共赢。

3. 改革创新,完善机制

着力推进收费公路制度和管理服务创新,强化联网收费系统技术支撑,探索建立收费标准动态调整机制,简化审批流程,强化政策引导,不断优化完善高速公路差异化收费长效机制。

(二)高速公路差异化收费的分类

高速公路差异化收费主要分为以下6类:

1. 分路段差异化收费

在普通国省干线公路或城市道路拥堵严重但平行高速公路交通流量较小的路段、平行高速公路之间交通量差异较大的路段以及交通量明显低于设计能力的路段,实施灵活多样的差异化收费,利用价格杠杆,均衡路网交通流量分布,提高区域路网整体运行效率,促进区域物流运输降本增效。

2. 分车型(类)差异化收费

强化技术创新和管理创新,结合实际情况,对不同车型(类)普通货车或国际标准集装箱运输车辆、危险货物运输罐式车辆等专用运输车辆实施差异化收费,提高专业运输效率,支持物流运输转型升级,促进实体经济发展。

3. 分时段差异化收费

针对交通量波峰波谷明显、承担较多通勤功能的高速公路路段,在不同时段执行差异化的收费标准,引导客、货运车辆错峰出行,缓解高峰时段交通拥堵,均衡路网时空分布,提升路网通畅水平。

4. 分出入口差异化收费

通过大数据分析论证,重点针对邻近港口和大型工矿企业的高速公路出入口、交通量差异较大的相邻平行路段、城市周边高速公路项目等特定区间、特定出入口实施分出入口差异化收费,扩大精准调流降费的实施效果。

5. 分方向差异化收费

针对资源省份货物单向运输特征明显的高速公路,可对上行方向和下行方向实施差异化收费,利用价格杠杆,引导车辆科学合理地使用公路资源。

6. 分支付方式差异化收费

进一步完善ETC电子支付优惠模式,通过加大ETC电子支付优惠力度,鼓励引导车辆安装使用ETC不停车快捷通行高速公路,提高路网通行效率,促进物流提质增效。

（三）高速公路差异化收费的查询与统计分析

一般以省为单位选取符合条件的路段组织实施高速公路差异化收费,按照差异化收费的要求,联网收费系统应用软件相应地进行升级匹配。省中心应组织开发差异化收费查询与统计软件或报表,部署在省中心及有关路段分中心,并组织培训,以满足省中心及有关路段差异化收费查询与统计需求。实施差异化收费路段的收费及监控员能够在分中心完成本路段差异化收费的查询与统计。

高速公路差异化收费实施一定时间,联网收费系统积累了一定的数据资源,省中心应有针对性地组织开展差异化收费实施效果评估,为差异化收费的推广积累经验。

第三节　交 易 清 分

一、ETC 通行交易清分流程

1. ETC 通行交易数据上传

各省须保证收费站入、出口 ETC 交易数据、门架 ETC 交易数据及时上传省中心,并通过省中心及时上传部联网中心,避免出现逾期数据。

2. ETC 通行交易清分

各省 ETC 通行交易数据上传至部联网中心后,部联网中心每工作日进行清分。省中心工作人员登录部清分结算业务系统,查看部联网中心当日的清分通知书,并进行核对确认。清分通知书包括 ETC 通行交易清分通知书、ETC 通行交易拆分通知书以及其他清分通知书。

其中,ETC 通行交易清分通知书是以本省为出口省份的 ETC 跨省交易数据,省中心统计数据报表并和部联网中心数据报表进行核对确认。ETC 通行交易拆分通知书是部联网中心根据本省上传的门架交易数据和出口交易数据拆分给本省的通行费金额,省中心统计数据报表并和部联网中心的数据报表进行核对确认。

二、交易信息证据

各省联网收费系统应用软件应具备车辆本省通行路径查询功能模块,软件模块应包含入、出口及门架交易记录、车辆抓拍图片等信息。收费及监控员可以在分中心、收费站通过车牌号、ETC 卡号、OBU 编号、CPC 卡号、通行时间、入口收费站、出口收费站、门架编号等信息查询保存交易信息。

第四节　清分结算业务

一、省内清分结算业务范围

省内发行方发行的 ETC 车辆,行驶路径全部在省内(入、出口收费站均在省内),或 MTC

车辆行驶路径全部在省内(入、出口收费站均在省内),以上车辆所产生的通行费与其他省份无关,不属于部省清分轧差范围,由本省省中心负责通行费交易的拆分。

二、车道通行费收取方式

利用通行介质与主线安装的 ETC 门架,以及收费站共同来完成通行费的累计与收取。车辆在出口收取通行费,主要是按照通行介质内累计的通行费来收取。如果通行介质故障或在其他异常情况下,卡内累计的通行费与实际不符,会调取省、部在线计费服务,计算车辆全程通行费,在线计费服务返回的金额正确则按照在线计费结果收取。在线计费异常无法按照实际通行费时,需要按照两站点间可达最小费额路径来收取通行费,最小费额路径费率由部联网中心根据各省计费参数统一计算,以理论上可达的最小通行费路径收取车辆通行费。

(一)按照通行介质计费收取

利用通行介质(ETC、CPC)在行驶过程中与收费站车道、ETC 主线门架等进行数据交互,将通过所有收费单元的通行费逐渐累计在通行介质内,正常情况下累计的结果与车辆实际行驶路径相符,即使多个 ETC 门架未产生正常交易,也可以利用拟合方法对车辆通行费进行累加,当前,绝大多数车辆是按照此方法进行收费。

如图 2-2-1 所示,车辆由收费站 301 驶入高速公路,行驶线路 1,由收费站 201 驶出。当车辆进入 301 收费站时,收费车道在通行介质内计入车辆基本信息,如车牌号码、车型、入口站点、入口时间等信息,同时将该站点匝道费用写入通行介质。

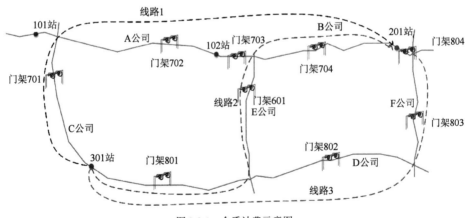

图 2-2-1　介质计费示意图

车辆驶入主线,经过 ETC 门架 701、702、703、704,经过每个门架时,均累计车辆在这个收费单元的通行费,直至出口 201 站,201 站出口先累计本站匝道通行费,累计后获取车辆全程通行费(应收),按照计费原则(取整、四舍五入等)计算实收通行费,并收取现金或在 ETC 卡内扣除。

车辆在出口时累计通行费为 28.5 元,行驶里程为 55km(表 2-2-2)。按照现金缴费 29 元,按照 ETC 缴费 27.08 元。

线路1通行费计算　　　　　　　　　　　表2-2-2

车辆行驶路径	行驶里程(km)	收费标准(元/km)	累计应收通行费(元)
301收费站(C公司)	0	0.50	0.00
门架701(C公司)	15	0.50	7.50
门架702(A公司)	20	0.50	10.00
门架703(B公司)	20	0.55	11.00
201收费站(B公司)	0	0.55	0.00
合计	55		28.50

注：为简便计算，所有收费站匝道里程按0计算。

(二)按照在线计费收取

若车辆在出口时通行介质内计费异常(累计计费过大或过小，各省判断阈值不同，各省按照实际情况确定)，那么卡内计费不可用，需要调取省、部在线计费。

在线计费即实施统计车辆实际行驶路径，按照实际路径重新计算车辆实际通行费，由于该计算需要大量计算资源，当前并不是每辆车都在出口调取在线计费服务，仅在介质计费异常时使用，当前在线计费的比例大约为2%。

调取在线计费得到的通行费的结果应与实际行驶路径一致，即现金车辆实收29元，ETC车辆实收27.08元。

(三)按照兜底计费收取

兜底计费是在介质计费失败、同时在线计费调取失败的情况下使用。兜底计费是利用查表法按照两个站点之间的可达最小通行费路径进行计算。兜底计费费率表由部联网中心定期制作，下发各省，各省下发收费站或车道使用。各站的兜底计费费率表均以本站为出口，全国所有高速公路收费站为入口，包括客车4种车型、货车6种车型、专项作业车6种车型的费率。

假如上面案例中车辆在出口时调取了兜底计费，会显示线路1费用，分为现金车和ETC车辆的费率，其中现金车按29元，ETC车辆按27.08元。如果车辆行驶线路2或者线路3，调取的结果仍旧是线路1的通行费。

兜底使用率较低，按照部联网中心要求各省调取兜底计费的概率不应大于万分之一。

三、车辆通行费拆分原则

车辆通行费拆分原则和方法是按照车辆通行费收取方式进行相应拆分。如按照通行介质计费收取，则按照通行介质确定的路径拆分；如按照在线计费收取，则按照在线计费确定的路径拆分；如按照兜底计费收取，则按照兜底计费确定的路径拆分。

第三章 预约通行服务

本章主要涉及鲜活农产品运输车辆预约服务和跨区作业联合收割机(插秧机)运输车辆预约服务。

第一节 鲜活农产品运输车辆预约服务

一、鲜活农产品运输车辆查验

(一)车辆查验工作要求

(1)收费站查验点使用查验终端设备对鲜活农产品运输车辆进行查验,进行查验时,原则上应不少于2人完成检查及确认工作。

(2)如车辆已预约,先使用查验终端设备获取车辆预约信息后进行查验。

(3)对绿通车辆应全方位、多点位进行查验,对车辆前、后、两侧及车厢顶部(封闭式车厢检查车厢内部)进行详细查验。

(4)人工查验时应对车辆进行拍照,拍照内容应包括但不限于行驶证(正副本)、车辆车头、车尾、车侧照、货物照片。

(5)人工查验需按车辆货厢封装类型进行查验拍照。

①敞篷货车(平板式、栅栏式):需拍摄行驶证照片、车头、车侧、车尾、货物照片。

②普通货车(篷布包裹式):需拍摄行驶证照片、车头、车侧、车尾、货物照片。

③厢式货车(封闭货车):需拍摄行驶证照片、车头、车侧、车尾、货物照片,针对可疑车辆需要卸下部分货物查看车厢内部情况并取证。

④罐式货车:需拍摄行驶证照片、车头、车侧、车尾、运单及箱体标识照片。

⑤特殊结构货车(水箱式):需拍摄行驶证照片、车头、车侧、车尾、水箱内货物照片。

(二)车辆容积率计算

合格鲜活农产品运输车辆为整车合法装载运输全国统一的《鲜活农产品品种目录》内产品的车辆。"整车合法装载运输"指车货总重和外廓尺寸均未超过国家规定的最大限值且所载鲜活农产品应占车辆核定载质量或车厢容积的80%以上、没有与非鲜活农产品混装等行为。

整车合法装载容积判定及计算：
(1)普通货车：以车辆车厢长、宽、高计算总容积。
(2)仓栅式货车：以车辆车厢栏板长、宽、高计算总容积。
(3)厢式货车(封闭货车)：以车辆货厢的总容积，判断是否合格。
(4)敞篷货车(平板式、栅栏式)：以本车长、宽以及比照同轴型普通货车车厢高度计算的总容积，判断是否合格。
(5)罐式货车：运输鲜奶等罐式车辆，如载重不符合标准，依据载重计算容积(液体体积)是否合格。车主改装的罐式车辆，无罐体容积的有效证明，按照载重标准确定是否免费(注：正常牛奶的密度平均为$1.030kg/dm^3$)。
(6)特殊结构货车(水箱式)：装运的水体中载运有可见活动水产品较多的，视同为整车装载。对《鲜活农产品品种目录》范围内不同鲜活农产品混装的车辆，比照整车合法装载鲜活农产品车辆执行。对《鲜活农产品品种目录》范围内的鲜活农产品与范围外的其他鲜活农产品混装且混装的其他鲜活农产品不超过车辆核定载质量或车辆容积的20%的车辆，比照整车合法装载鲜活农产品车辆执行。

混装有放蜂相关的临时板房、灶具等生活必备用具的转地放蜂车辆，视同整车装载。

二、预约车辆查验

(一)车辆预约流程

微信搜索"中国ETC服务"小程序，点击进入小程序主界面，选择"预约通行"，进入"预约车种选择"界面进行预约。ETC车辆鲜活农产品运输车辆预约流程图如图2-3-1所示。

(二)预约车辆查验

同鲜活农产品运输车辆查验方法。

三、预约车辆特情业务处理

预约车辆特情包括已预约但省中心或车道未收到预约信息、已预约但查验结果未在自交易发生后6h内上传、已预约但中途变更出口省份等。

发生特情时，车辆通行高速公路如按正常货车计费扣费的，查验结果合格车辆，车辆可通过预约平台小程序或部、省客服中心申请退费。

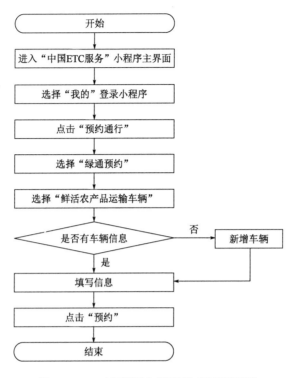

图 2-3-1　ETC 车辆鲜活农产品运输车辆预约流程

第二节　联合收割机(插秧机)运输车辆预约服务

一、联合收割机(插秧机)运输车辆查验

(一)运输车辆查验工作要求

(1)收费站查验点使用查验终端设备对跨区作业联合收割机(插秧机)运输车辆进行查验,进行查验时,原则上应不少于2人完成检查及确认工作。

(2)如车辆已预约,先使用查验终端设备获取车辆预约信息后进行查验。

(3)查验时应对车辆进行拍照,拍照内容应包括但不限于行驶证(正副本)、车辆车头、车尾、车侧、货物照片。

《联合收割机(插秧机)跨区作业证》(以下简称《作业证》)确保信息清晰、真实。

车头照:保证车头完整、车牌号清晰。

车尾照:保证车尾完整、车牌号清晰。

装载情况:准确反映联合收割机(插秧机)装载情况,并能证明与运输车辆车牌号的对应关系。

(二)运输车辆免费判断标准

1. 合格运输联合收割机(插秧机)车辆判断标准

(1)持有省级农机、交通部门和县级农机管理部门加盖公章的《作业证》且在有效期内。
(2)联合收割机(插秧机)号牌与《作业证》登记信息一致且无涂改。
(3)收割机运输车辆车货总质量和外廓尺寸均未超过国家规定的最大限值。
(4)除装载联合收割机(插秧机)及其常用必备配件外,未装载其他货物。

2. 不合格运输联合收割机(插秧机)车辆判断标准

(1)《作业证》上省级农机、交通部门和县级农机管理部门公章不清晰或不全,以及未在有效期内的。
(2)《作业证》登记信息与当前运输的联合收割机(插秧机)未对应或《作业证》有涂改。
(3)车货总质量(由出口负责认定)或外廓尺寸超过国家规定的最大限值。
(4)联合收割机未悬挂正式号牌。
(5)运输除联合收割机(插秧机)必要配件以外,混装其他物品的。

二、联合收割机(插秧机)运输车辆特情业务处理

同预约车辆特情业务处理流程。

第四章 公路监控

本章主要介绍了收费、道路、隧道及特大桥梁的监控及跟踪,包括异常车辆及情况抓拍图像的检索、道路异常情况的监控跟踪与处置。

第一节 收费监控

一、收费行为监督

1. 督促收费员收费业务

(1)协助收费员做好特情车辆处理。

(2)及时记录上级的指令和指令的落实情况,认真记录通知事项、通知时间、通知人。

(3)加强对监督投诉电话的管理,无论白天还是夜间,认真受理投诉情况,将投诉人的姓名、投诉内容、车牌号码、联系电话、工作单位认真记录清楚,并及时向值班人员报告。

(4)做好当班特情审核,汇总操作失误情况,及时向上级反馈。

2. 督促收费员行为规范

(1)督促收费员按规范的上下班交接程序逐一交接,利用电视监控系统和收费监控系统,保证各收费员正确无误地输入"班次",读写"身份卡"。

(2)督促收费员按照着装要求,统一着装。

(3)查看收费员证、监督卡是否摆放到位,收费员收费时是否面对驾驶人。

(4)利用监控、对讲系统,监督收费员文明用语,及时制止收费员与机动人员闲聊。

(5)根据收费情况,监督收费员遵守工作纪律。

(6)对以上检查内容,及时记录。

二、车队、优免车辆操作

1. 政策性免费车辆判别依据

(1)免费车辆按照《收费公路管理条例》及属地高速公路营运管理办法等相关规定进行判别。

(2)鲜活农产品运输车辆按照国家关于绿色通道相关政策予以免费放行。

(3)其他免费车辆按照属地主管部门政策性文件执行。

2. 重大节假日七座及以下小型客车免费放行管理

根据国务院发布的《重大节假日免收小型客车通行费实施方案》规定:免费通行的时间范围为春节、清明节、劳动节、国庆节四个国家法定节假日,以及当年国务院办公厅文件确定的上述法定节假日连休日。免费时段从节假日第一天00:00开始,节假日最后一天24:00结束(普通公路以车辆通过收费站收费车道的时间为准,高速公路以车辆驶离出口收费车道的时间为准)。免费通行的车辆范围为行驶收费公路的7座以下(含7座)载客车辆。免费通行的收费公路范围为符合《中华人民共和国公路法》和《收费公路管理条例》规定,经依法批准设置的收费公路(含收费桥梁和隧道)。

重大节假日7座及以下小型客车免费放行站场管理要求如下:

(1)按照要求设置免费通行提示标志牌、车辆分流标志牌及免费通行专用车道标志牌,设置专用车道,优先考虑顶篷有LED(发光二极管)显示屏的车道,并按规范要求设置显示内容,视现场需要设置限高装置规范车辆通行。

(2)根据上级的通知,执行免费放行的通行卡运作模式、现场操作模式,并根据现场情况做好交通诱导、分流、指引、管控和数据上报工作,全力保障收费现场秩序与安全。

(3)严格执行国家、省(区、市)主管部门政策精神,不能扩大或缩小免费通行车型范围及免费放行时段,对因政策执行不力、现场管控不当引起的不良事件要予以追责。

三、入口超限管理

依据《交通运输部办公厅关于进一步规范全国高速公路入口称重检测工作的通知》(交公路明电〔2019〕117号)以及属地交通运输主管部门文件要求,禁止违法超限超载车辆驶入高速公路。

依据《交通运输部公安部关于治理车辆超限超载联合执法常态化制度化工作的实施意见(试行)》(交公路发〔2017〕173号)规定的《公路货运车辆超限超载认定标准》《汽车、挂车及汽车列车外廓尺寸、轴荷及质量限值》(GB 1589—2016)、《超限运输车辆行驶公路管理规定》(交通运输部〔2016〕62号)及相关政策文件要求,对违法超限超载车辆进行劝返。

第二节 道路监控

一、异常车辆抓拍图像检索

随着高速公路门架系统投入使用门架系统对每一辆车的通行图片进行抓拍,同时通过与通行卡数据关联,可还原车辆的行驶轨迹。

只要输入车牌或通行卡卡号任意一项信息,便可查询到该车的详细信息,如车辆出入口图片、入口信息、出口信息、行驶轨迹、扣费情况等。

二、道路异常情况的监控跟踪

1. 路面发生突发事件的常规处置流程

高速公路交通监控工作所面临的突发事件情况不一,处置的具体方案也不尽相同。这里所说的突发事件包括交通事故、异常停车、拥堵、火灾、通航桥碰撞、恶劣天气、行人、非机动车、摩托车、围堵事件。总的来说,路面突发事件有一套相对固定的处置思路,大致如下:

(1)监控员接到突发事件报告后,注意问清情况,详细记录事件发生时间、涉及路段、事件类型、事件可能造成的后果、是否有人员受伤、是否需要实施交通管制、需要何种清障设备救援、是否需要相邻路段单位协发交通信息发布等情况,并对通话内容进行录音。如监控员巡查发现,应通过摄像枪了解车牌信息,通过交警执法部门联系车主,询问情况及是否需要救援。

(2)监控员根据相关信息,通过路面摄像枪寻找突发事件准确位置,并调整摄像枪焦距,及时关注和了解事件发展情况。

(3)监控员根据有关信息,及时将事件情况通报交(巡)警、路政等相关处置单位。

(4)突发事件处置需实施交通管制的,应立即协调交(巡)警、路政、相关管理单位组织实施。

(5)突发事件处置期间,应在相关路段的可变信息标志、可变限速标志上发布相关警示信息。

(6)突发事件现场未恢复正常通车条件期间,应定时与现场人员联系,及时了解最新情况,及时更新处置信息并向领导汇报,应实时分析现场处置情况,提出合理处置建议。

(7)当突发事件现场达到恢复正常通车条件后,应及时与交(巡)警、路政等部门协调解除交通管制措施。若同意解除管制恢复正常通车,应及时协调相关部门组织实施,并将情况向有关领导汇报;如需采取借道行驶,应及时协调相关部门组织实施借道通行,并将情况向有关领导汇报,持续关注事件处理情况,直至恢复正常通行。

(8)当现场恢复正常通车条件后,应及时报告有关部门、领导,撤除可变信息标志、可变限速标志上的相关信息。牵涉相邻路段单位的,应及时协调撤除警示信息。

2. 危险化学品事故处置

危险化学品主要是指易燃、易挥发、易爆、易污染、有毒或有辐射的化学工业产品。

（1）监控员在接到事故报警后应保持冷静，尽可能详细地向当事人询问事故地点、事故所在车道及方向、事故发生时间、危化品类型及毒性、是否发生泄漏、车辆有无发生火灾、车型、车牌、事故原因、人员伤亡情况、道路堵塞情况等信息，并对通话内容进行录音备查。

（2）监控员应及时通知事故所在地交（巡）警、路政、消防等相关单位，按照公安交警部门提出的交通管制指令，组织传达落实。

（3）当危化品事故所在路段已经形成严重交通堵塞或危化品车事故处理要求必须立即实施交通管制时，监控中心值班人员应通知关联收费站关闭入口，同时在事故路段的可变信息标志上发布信息提醒提前绕行。当事故处理可能需要相邻高速公路配合共同实施交通管制措施的，监控中心应及时通知相邻路段监控中心做好准备。

若危化品事故未造成交通堵塞且危化品事故处理对交通未产生影响的，则应在事故路段的可变信息标志上发布相应的警示信息。

（4）事件处理期间，监控中心必须时刻关注事态的发展情况，及时向领导汇报新进展、新情况，直至事件处理完毕恢复正常通行。

第三节　隧道及特大桥梁监控

一、隧道异常情况的监控跟踪

（一）隧道监控异常情况

常见的隧道异常事件有交通事故、火灾、交通拥挤、设备故障及自然灾害等。

（二）隧道监控异常事件工作内容

（1）高速公路隧道实行全程监控，发现隧道内异常情况，监控员要立即更改隧道车道控制标志信息。同时在相应的可变信息标志上发布事故信息提醒驾驶人注意。

（2）根据影响程度，向相关可变信息标志下发车道禁止通行信息。

（3）要立即将异常情况、发生时间、地点、现场堵塞情况报交警和路政。同时利用隧道广播系统，引导驾驶人做好安全措施。

（4）如现场交通堵塞、中断，根据交警的要求，监控员通知相应的收费站分流，更改相应可变信息标志信息，引导车辆正确行驶。

（5）异常事件处理完毕，监控员通过电话、短信等进行事故信息反馈工作，同时在相应信息填报系统中填写事故结束信息，做好事件的详细记录。

二、特大桥梁异常情况的监控跟踪

（一）特大桥梁监控异常情况

特大桥梁异常情况包括：

(1) 桥梁结构物异常事件；

(2) 交通事故，包括一般事故、拥堵事件、异常停车、车辆(人员)坠桥事故、危化品泄漏、火灾等；

(3) 船只碰撞桥墩事故、桥下空间异常。

(二) 特大桥梁监控异常事件工作内容

(1) 发现桥梁异常，监控员要立即了解事件基本情况，将异常情况、发生时间、地点、现场堵塞情况报交警和路政前往处置。

(2) 及时更改桥梁车道控制标志信息，同时在事故前端的主线可变信息标志上发布事故信息提醒驾驶人注意安全，谨慎驾驶。

(3) 如现场交通堵塞、中断，根据交警的交通管制要求，监控员应通知相应的收费站分流，更改相应可变信息标志信息，引导车辆正确行驶，达到公路交通阻断信息报送条件时，要在相应的信息填报系统中填写事件信息提交上报。

(4) 异常事件处理完毕，监控中心通过电话、短信、书面等进行事故信息反馈工作，同时在相应信息填报系统中填写事故结束信息，做好事件的详细记录。

第五章

路况信息采集与处理

本章主要介绍了道路运营信息的发布,交通量和通行费的统计,客户投诉处理和顾客回访,调度指挥的处理流程。

第一节　信息采集与发布

一、道路运营信息

道路运营信息是指公路的交通运营和道路管理方面所产生的各种数据和信息,主要分为以下类型:

(一)计划性信息

计划性信息是指由于公路养护施工(指路基路面、桥涵、隧道、公路渡口、公路绿化与环境保护、交通工程及沿线设施等养护施工)、改扩建施工、重大社会活动等计划性事件,导致高速公路(含收费站、服务区)处于公路交通阻塞或中断状态的事件信息。

(二)突发性信息

突发性信息是指由于自然灾害(包括地质灾害、地震灾害、气象灾害等)、事故灾难(交通事故、危化品泄漏、车辆故障、涉桥事故、涉隧事故等)、社会安全事件、临时性抢修施工以及其他原因引发的突发性事件,导致高速公路(含收费站)处于公路交通阻塞或中断状态的事件信息,或在公路网范围内发生严重影响路网运行与公众出行的突发类阻塞信息。

(三)其他信息

其他与公众出行密切相关的重要信息,包括但不限于气象信息、收费站、服务区使用情况等、路网变化(新开通路段)、交通安全提醒、其他与公众出行相关的事项等。

二、道路运营信息发布

(一)信息核实

道路运营信息的核实需要综合利用各种技术手段和人工核查的方式,确保道路运营信息的准确性、及时性和完整性。

1. 实时收集与比对

监控中心通过门架系统、视频监控等手段,实时收集道路运营信息。通过对实时数据的比对,例如车流量、车速等数据的横向和纵向比对,发现异常路况。

2. 多种信息融合

道路运营信息不仅来源于路面实时监测系统,还来源于驾驶人、乘客甚至社交媒体等途径。可以通过数据融合技术,将多种来源的信息进行融合,提高道路运营信息的准确性和可信度。

3. 核查与更新

监控中心应对收集到的道路运营信息进行核查和更新。

4. 核查与修正

为了确保道路运营信息的准确性,监控中心还应通过电话询问、现场巡检等方式进行核查,对道路运营信息进行修正和补充。

(二)信息编辑

道路运营信息主要供相关人员进行判断和决策,应达到以下要求:

1. 简明扼要

重点突出,简洁明了,避免使用过多的术语和复杂的句子结构。

2. 准确无误

信息内容必须准确无误,包括时间、地点、道路名称、交通管制措施等信息。

3. 遵循事实客观原则

信息必须基于事实、客观描述,避免夸大或主观臆断,还要避免使用带有感情色彩的词汇,以免误导受众。

4. 及时更新信息

信息有变化或进展时,要第一时间对其进行更新和发布,以保证信息的及时性和准确性。

5. 使用合适的图片和视频

选择合适的图片和视频可以增强道路运营信息的表现力,提高受众的阅读体验。要避免使用模糊不清或与路况无关的图片和视频。

6. 发布关键信息

重点发布关键信息,例如拥堵时间、地点、事故原因等,可同时发布建议绕行提示信息。

(三) 信息审核

应对信息的真实性、合规性、时效性进行把控,避免信息失真(信息错漏、路况及管制措施不全、未及时更新或结束路况、语病别字、描述不清、语义矛盾等),监控中心初步审核后,应按信息发布流程要求逐级审核。

(四) 信息发布

1. 信息发布途径

(1)可变信息标志

可变信息标志是为社会公众提供实时路况服务信息最直接的手段,发布的信息主要有:

①重要路况信息,如计划性事件或突发性事件引起公路交通中断、间断放行(封路)、分流,或封闭收费站(服务区)出入口等。

②一般路况信息,如遇车流高峰或其他异常事件,养护专项工程、事故点、故障车现场、收费站出现的行车缓慢及暴雨、台风、冰雪、大雾等恶劣天气信息(虽未造成交通阻塞中断,但影响高速公路行车安全,需预警提示),安全提醒信息等。

③运营管理信息与运营管理密切相关的重大信息,如绿色通道、拒超等信息。

④交警部门业务信息,如违章(超速、违章停车、遮挡号牌)等信息。

(2)交通运输部路况信息管理系统

公路交通阻断信息采集与报送应依托"交通运输部路况信息管理系统"实现。部路网中心及各省级公路交通阻断信息牵头负责单位(部门)通过"中国公路信息服务网"或省级公路出行信息服务平台向社会公众发布路况信息,主要发布以下信息内容:

①计划类阻塞信息:由于公路养护施工、改扩建施工、重大社会活动等计划性事件,导致高速公路(含收费站、服务区)和普通国省干线公路处于公路交通阻塞状态的事件信息。

②计划类中断信息:由于公路养护施工、改扩建施工、重大社会活动等计划性事件,导致高速公路(含收费站、服务区)和普通国省干线公路处于公路交通中断状态的事件信息。

③突发类阻塞信息:由于自然灾害(包括地质灾害、地震灾害、气象灾害等)、事故灾难(交通事故、危化品泄漏、车辆故障、涉桥事故、涉隧事故等)、社会安全事件、临时性抢修施工以及其他原因引发的突发性事件,导致高速公路(含收费站、服务区)和普通国省干线公路处于公路交通阻塞状态的事件信息。

④突发类中断信息:由于自然灾害(包括地质灾害、地震灾害、气象灾害等)、事故灾难(交通事故、危化品泄漏、车辆故障、涉桥事故、涉隧事故等)、社会安全事件、临时性抢修施工以及其他原因引发的突发性事件,导致高速公路(含收费站)和普通国省干线公路处于公路交通中断状态的事件信息,或在公路网范围内发生严重影响路网运行与公众出行的突发类阻塞信息。

注:突发类信息内容包含但不限于前款规定的信息,突发类阻塞信息和突发类中断信息根据事件发展和恢复,信息类型可以转换。

(3) 媒体

媒体是能够传达、传递信息和新闻的各种渠道和工具,具有接收面广、信息发布及时、形式活泼等特点,是可变信息标志的重要补充。

2. 信息发布规范

(1) 可变信息标志发布规范

可变信息标志发布的信息须具有时效性,以提高交通诱导的效能,确保公众行车安全和知情权。应密切跟进事件进展,及时更新、删除过期或失效信息。

①交通事件类的信息发布(结束)顺序以事件发生点为中心,按"先近后远"原则逐一发布。

②如果同时有多条道路运营信息需要发布,应根据信息级别、重要性、影响范围、紧急程度,保证优先级高的信息及时发布。

③如果信息内容较多,对于优先级相同且事件性质类似的信息,在意思表达清晰的前提下,可根据可变信息标志的容纳字数,将有关内容优化组合成一条进行发布,尽量为公众提供更全面的道路运营信息。

(2) 公路交通阻断信息报送要求

①计划类阻断信息报送。

根据《公路养护工程管理办法》规定,在发生 3 日前,按照"谁管养、谁负责""审批后即发布"的原则,应及时上报。施工起止时间、影响范围、处置措施等信息发生变更的,应及时上报。涉及重大节假日、重大活动及前后范围内的计划类阻断信息上报时应附具体工作方案。

②突发类阻塞信息报送。

引发高速公路(含收费站、服务区)处于阻塞状态拥堵超过 2km、主线收费站排队长度超过 500m 且持续时间较长的突发类阻塞信息,应及时上报并附具体处置措施,最晚不迟于事件发现后 30min 内完成上报;引发普通国省干线公路处于阻塞状态拥堵超过 5km、主线收费站排队长度超过 1km 且持续时间较长的突发类阻塞信息,应及时上报并附具体处置措施,最晚不迟于事件发现后 1h 内完成上报。

引发高速公路(含收费站、服务区)处于阻塞状态拥堵未超过 2km 但对路网运行造成较大影响的突发类阻塞信息,应及时上报,最晚不迟于事件发现后 30min 内完成上报;引发普通国省干线公路处于阻塞状态拥堵未超过 5km 但对路网运行造成较大影响的突发类阻塞信息,应及时上报,最晚不迟于事件发现后 1h 内完成上报。

③突发类中断信息报送。

引发高速公路(含收费站)处于中断状态或严重阻塞状态的突发类中断信息,应及时上报并附具体处置措施,最晚不迟于事件发现后 30min 内完成上报;引发普通国省干线公路处于中断状态或严重阻塞状态的突发类中断信息,应及时上报并附具体处置措施,最晚不迟于事件发现后 1h 内完成上报。

④因抢修作业、临时性施工养护等需要临时实施交通管制或封闭的,应及时上报,最晚不迟于实施交通管制或封闭 30min 内完成上报。

⑤公路交通恢复信息应在交通恢复正常运行 30min 内完成上报。

⑥事件现场不具备网络条件的,应当通过其他方式将事件发生的时间、地点、概况等主要

信息上报,并及时补报。因其他原因未能及时上报的,应及时补报。

⑦公路交通阻断信息因信息掌握不全面或无法及时获取全部信息,可在规定时限内将事件发生时间、地点、概况等主要信息先行上报,并及时更新。

⑧公路交通阻断信息在某路段内间断式发生或恢复、或事件基本情况发生变化(影响范围、里程桩号、路产损失等调整)、或阻断原因发生变化(引发原因、事件类型发生变更等)、或处置措施发生变化(管制措施和疏导方案等更改)以及恢复情况变化(抢通便道、部分恢复通行、全部恢复通行等),应按照时序逐段逐次报送并最终报送恢复信息。

3.信息发布示例

(1)可变信息标志板示例

①前方××抢险施工(或实施交通管制),道路封闭,请从××站出。

②前方××事故(事件原因),请从××站出。

③××隧道火警封闭,请从××站出。

④前方××施工,请减速慢行。

⑤××服务/停车区封闭施工,请到××服务/停车区。

⑥××站阻塞,请从××站出。

⑦控制车速,保持车距。

⑧雨天路滑,控距降速亮尾。

(2)交通运输部路况信息管理系统

①计划性事件示例

发生/发展格式:××时间起,×××(国家/省公路编号,由字母及数字组成)××高速公路(如位于隧道应注明)往××方向K××至K××或××站或服务(停车)区(A站至B站路段)实施××交通管制措施,进行××养护施工(或重大活动),采取的交通疏导措施、线行方案,预计恢复时间××××年××月××日××:××。

结束格式:××时间起,×××(国家/省公路编号,由字母及数字组成)××高速公路(如位于隧道应注明)往××方向K××至K××或××站或服务(停车)区(A站至B站路段)实施××交通管制措施,进行××养护施工(或重大活动),采取的交通疏导措施(如有);××××年××月××日××:××施工结束,交通恢复正常。

②突发性事件示例

发生/发展格式:事件发生(发现)时间,×××(国家/省公路编号,由字母及数字组成)××高速公路(如位于隧道应注明)往××方向K××或××站或服务(停车)区(A站至B站路段)发生交通事故(或车流增大,其他突发情况),现场交通状况(交通中断、或××车道可缓慢通行,以及其他影响),所采取的各种交通管制、疏导措施、绕行方案,事件仍在进行中。

结束格式:事件发生(发现)时间,×××(国家/省公路编号,由字母及数字组成)××高速公路(如位于隧道应注明)往××方向K××或××站或服务(停车)区(A站至B站路段)发生交通事故(或车流增大,其他突发情况),现场交通状况(交通中断、或××车道可缓慢通行,以及其他影响),所采取的各种交通管制、疏导措施;××××年××月××日××:××事件处理完毕,交通恢复正常。

第二节　统计与分析

一、交通量统计

(一)交通量调查及数据采集

1. 交通量的定义

交通量是指单位时间内通过道路或车道某一地点、某一断面或某一条车道的交通实体的数量,亦称交通流量。

2. 交通量的分类

交通量可以分类为机动车、非机动车和行人交通量;机动车分为客车和货车,其中又分为大型车、中型车、小型车以及摩托车;非机动车分为自行车、兽力车和人力车。

3. 交通量调查的步骤

(1)调查时间

①连续式交通量观测必须全年365d、每天24h不间断地进行,并以每小时为一时段,由整点到整点观测记录。

②间隙式交通量观测的时间要求如下:

a. 国道、省道和其他行政等级高速公路,每个月间隙式交通量观测次数不应少于两次;县道,每个月间隙式交通量观测次数不应少于一次;乡道和专用公路,每个季度间隙式交通量观测次数不应少于一次。

b. 观测日要避开法定节假日、不良气候、地方性集会等交通量异常日期。具体观测日期由省级主管部门确定。

c. 每次观测的时间一般为7:00时至次日7:00时24h。当日19:00时至次日7:00时夜间交通量占昼夜交通量的比例不超过5%时,观测时间可调整为7:00时至19:00时12h,但计算日交通量时要计入推算的夜间交通量。对于同一观测年度内的同一观测站点,其观测时间应一致。

(2)观测记录内容

观测的原始记录应注明观测路段所在的路线编号、调查站编号、调查站名称、调查站里程桩号、观测路段代表长度、观测路段起讫点名称、观测路段起讫点桩号、观测日期及天气情况。原始记录的车辆数均为自然车辆数。

(3)观测记录方式

连续式交通量观测、记录必须采用自动调查设备。

当昼夜交通量小于2000辆(自然数,下同)时,间隙式交通量观测可采用人工记录的方法;当昼夜交通量超过2000辆时,间隙式交通量观测宜采用全自动、半自动调查设备观测。

（4）观测记录质量控制

对连续式调查站的观测记录应及时自检、互检或抽样检查。每小时机动车及各车型观测的误差率应控制在2%以内。

当采用人工观测、半自动观测方法时,间隙式调查站的每小时机动车及各车型数量统计误差率应小于5%;当采用全自动观测方法时,每小时机动车及各车型数量统计的误差率应小于2%。

4. 交通量调查计数方法

交通量的调查是在固定地点、固定时段内的车辆数量调查。调查方法有人工计数法、浮动车法、机械计数法、摄影法等。高速公路常用的有交通流量计数法、交通卡口数据提取法。

（二）交通量信息的收集整理和统计

交通量观测时须根据调查的目的和用途,区分不同车种,分别记录,以便利用换算系数换算成统一的标准车。

根据交通运输部的统一规定,目前我国在进行公路交通量调查时常将车辆划分为11种类型(小型载货汽车、中型载货汽车、大型载货汽车、特大型载货汽车、拖挂车、集装箱车、小型客车、大型客车、摩托车、拖拉机、非机动车),具体分类和标准及折算系数,各省(区、市)之间可能略有不同。

1. 连续式观测数据统计与分析

（1）月汽车小时交通量统计

每个日历月结束后,应及时根据每日的观测记录,对全月汽车交通量及机动车交通量的小时交通量变化情况进行统计。

（2）年交通量的统计分析

在月交通量统计的基础上,应对全年各类车型的交通量自然车累计数及标准车当量累计数进行统计,分别计算各类车型自然车及标准车当量的年平均日交通量(AADT)。

（3）交通流特征分析

在交通量观测、统计的基础上,应按以下要求,对各交通量观测路段的交通流特性进行分析、计算。

①交通量构成

每月及每年应对各交通量观测路段的交通量构成进行分析。各路段的交通量构成可以用每月及每年各类车辆累计数占全部车辆累计数的百分比表示,也可用各类车辆月平均日交通量及年平均日交通量占全部车辆合计的月平均日交通量及年平均日交通量的百分比表示。

汽车交通量的构成以各类车辆自然车辆数占汽车交通量自然车辆合计数的百分比表示。

②交通量昼夜系数

各调查站应对每月及每年相应的观测路段的昼间汽车交通量占昼夜汽车交通量的比例进行分析计算。昼间交通量指7:00时至19:00时的12h交通量。

③交通量周日、月不均匀系数

对于每一个连续式交通量观测路段,应分析汽车交通量的周、月不均匀系数。

2. 间隙式观测资料分析

①每小时交通量及日交通量分车型、分小时进行记录、统计。对于12h观测资料,应将12h交通量换算为24h交通量。

②每个观测月结束后,对各调查站的月交通量进行整理、统计。

③每年的交通量观测结束后,对各调查站的年交通量进行整理、统计。

二、通行费统计

1. 公路通行费

公路通行费是指对行驶公路的车辆收取的通行费用。

根据《收费公路管理条例》有关规定,车辆通行费的收费标准,应当依照价格法律、行政法规的规定进行听证,并按照下列程序审查批准:

(1)政府还贷公路的收费标准,由省、自治区、直辖市人民政府交通主管部门会同同级价格主管部门、财政部门审核后,报本级人民政府审查批准。

(2)经营性公路的收费标准,由省、自治区、直辖市人民政府交通主管部门会同同级价格主管部门审核后,报本级人民政府审查批准。

不同类型的公路通行费标准也会因地区和政策的不同而有所差异。

2. 通行费数据的采集

车辆通过收费站时,收费系统会记录车辆的信息,如车型、车牌号码、行驶里程等,并根据预设的收费标准和优惠政策计算通行费用。

高速公路车辆通行费数据的采集具体如下:

(1)在收费站通过收费系统记录下车辆的进出时间及识别信息等;

(2)利用数据同步和交互功能,将数据信息上传到上一级的数据中心;

(3)通过数据中心对数据信息进行处理和统计分析;

(4)统计出来的结果最终由收费结算中心完成对整个区域车辆的通行费的统计、分析和核查。

通行费数据的来源有收费站和通行费区域清分中心两方面,前者为清分前数据,后者为清分后数据,均可通过收费系统传送。

3. 通行费数据的统计与分析

通行费数据的统计与分析是高速公路运营管理中的重要环节。通过对通行费数据进行统计和分析,可以为高速公路的运营管理和决策提供有力支持。

(1)通行费收入统计:统计一定时间内通行费的总金额、车辆通行次数、平均每辆车缴费金额等。同时,可以按照车型、时间、路段等不同维度进行分类统计。

(2)通行费结构分析:分析通行费收入的结构,包括车辆类型、行驶里程、出口和入口等影响因素。通过结构分析,可以了解各类车辆的通行特点和缴费情况,为优化高速公路运营管理提供参考。

(3)收费标准与优惠政策分析:分析收费标准与优惠政策的实施效果,比较不同路段、不同时间的收费水平,评估优惠政策对提高道路通行效率的作用。

(4)通行费与交通运输量关系分析:研究通行费与交通运输量之间的相互关系,分析车辆通行量与通行费收入之间的相关性,为预测未来交通运输量和制定合理的收费政策提供依据。

(5)异常情况分析:针对异常情况进行统计分析,如车辆逃费、拥堵等情况,分析其原因和影响范围,提出相应的解决方案和管理建议。

(6)数据对比与趋势分析:比较不同年度、不同季度、不同路段的通行费数据,分析其变化趋势和影响因素,预测未来发展趋势,为高速公路运营管理和决策提供数据支持。

第三节 出行服务

一、服务内容和类别

收费公路经营管理单位在监控(客服)中心设置24h客户服务热线,实行人工座席服务,负责客户服务业务的受理、初步沟通与信息收集、业务流转、跟进催办处理进展和备存相关资料的工作。

客户可以通过客户服务热线对收费服务、路政服务、路产养护和服务(停车)区服务等进行投诉举报、信息咨询、意见建议。

二、服务技能要求

(1)熟悉所在地区及周边路网情况,能够解答公众出行咨询。
(2)熟悉高速公路相关行业法律法规及各类业务知识,能够回答收费政策咨询和投诉。
(3)熟悉收费公路经营管理单位的各项业务规定及受理流程。
(4)熟悉客户服务管理、路况信息管理系统及相关收费、监控系统。

三、服务受理范围

(1)监控(客服)中心直接受理客户对本路段提供的收费服务、路政服务、路产养护及服务(停车)区服务等业务领域进行的相关投诉举报、信息咨询、意见建议。

(2)涉及跨路段营运单位,或受理营运单位不能单独完成客户服务业务处理的,可请客户致电联网收费投诉服务热线提请需求。

(3)涉及ETC客户服务业务的,向客户做好解释说明,请客户直接拨打ETC服务热线。

(4)涉及非本单位管辖范围、责任划分部分的(如相邻或邻省路段,交警、消防等相关单位),向客户做好解释说明。

四、客户投诉处理和顾客回访流程

1. 受理与流转

（1）接到客户服务业务，先判断是否属本单位管辖或服务范围，不属于范围内的做好解释记录，属于范围内的，与客户确定个人信息、车辆信息、客户服务需求类型等基本情况，做好初步的解释沟通，明确客户服务需求。

（2）客户反馈咨询法律法规或文件已明确的客户服务业务，能即时协调解释，或不需进一步核实调查的，即时核实调查，明确答复，不进入流转处理程序。协调解释未果或需进一步确认具体情况的，按流转程序处理。

（3）在流转处理上，按本单位部门分工职责，结合客户服务业务的内容和性质，明确对口流转的业务责任部门。

2. 资料采集

（1）根据客户服务业务处理需求，向客户和当事人采集、核准有关事件基本情况的信息。具体采集要素如下：客户信息、车辆信息、客户服务需求类型、事件发生时间及地点、事件经过及诉求、涉事人员信息或特征、卡票款信息、意见建议等有利于核实调查的内容。

（2）根据客户和涉事人员提供的信息，下载备存事件经过涉及的监控视频录像、电话（亭内）录音、出入口流水、车道日志、抓拍图片、门架路径等影音资料，以电子格式存档。

（3）客户服务业务采集备存的资料应完整、准确、规范，确保对事件的核实调查、分析处理起到决定性作用。

3. 核实处理

（1）处理客户服务业务应秉承"实事求是、有诉必处、有询必答、有查必果、有错必纠"的原则，并做到"五个不放过"：即事件原因不查明不放过、事件责任不落实不放过、事件责任人不处理不放过、改进措施不落实不放过、警示教育不到位不放过。

（2）客户服务业务的处理，可根据实际情况和客户便捷需求，采取电话交谈、网络在线平台回复等形式与客户联系协商解决办法。电话交谈的，原则上应使用具备录音功能的电话。

（3）客户投诉应在规定的处理时限内完成核实调查，向客户做好合理解释，将初步处理意见、解决方案等反馈客户，协商确定最终解决办法。

（4）由于不可抗力因素影响需延长处理时间的，要联系客户做好解释说明，告知回复时间，并将情况报受理流转部门。

（5）客户服务业务处理应做到事实认定清楚，处理依据充分，准确认定处理界定标准，力求事件完整、准确。

4. 顾客回访与满意度调查

客户投诉处理完毕或客户撤销投诉的，应致电联系客户回访，听取客户意见和评价，确认客户服务业务得到妥善处理，并进行客户满意度调查。

第四节 调度指挥

一、调度指挥概述

(一)调度指挥的定义

调度指挥是指遇到突发事件或紧急情况时,为了应对和解决这些事件而进行的调度指挥,其目的是尽快恢复交通的正常运行,减少对人员、财产和环境的影响。

在进行调度指挥时,需要利用各种信息来源和技术手段,如监控系统、报警系统、应急通信系统等,对突发事件进行监测、预警和响应。同时,调度指挥需要与相关部门和机构进行密切合作,如公安、消防、医疗等。在紧急情况下,需要迅速启动应急预案,调动各种资源进行处置和救援。在处置过程中,需要对现场进行评估和分析,及时调整调度方案和应急措施,以适应实际情况的变化。

(二)调度指挥的内容

1. 监控预警

通过各种传感器、摄像头等设备对路况进行实时监控,及时发现异常情况,如交通事故、道路损坏、自然灾害等。一旦发现紧急情况,通知应急处置部门启动相关预警机制,通知相关部门和人员迅速响应。

2. 资源调度

应急指挥中心需要根据现场情况迅速调度各种资源,包括救援队伍、医疗物资、应急设备等。

3. 交通管制

在紧急情况下,需要对受影响的区域进行交通管制,包括封闭道路、分流车辆、疏导交通等。

4. 信息共享

应急指挥中心需要及时与相关部门和人员保持沟通,共享实时信息,包括现场情况、处置进展、资源分配等。

5. 决策支持

应急指挥中心需要根据现场情况及时做出决策,包括调整处置方案、调用特殊资源等。通过数据分析和专家建议,为决策提供准确的信息支持。

6. 事后处理

在应急处置结束后,需要进行事后处理,包括清理现场、修复设施、调查原因等。

二、调度指挥处理流程

1. 接警与响应

应急指挥中心接收到突发事件报告后,根据事件类别和分级启动应急预案,组织各相关部门和人员迅速响应。

2. 现场勘查与信息收集

应急人员到达现场后,对突发事件进行现场勘查,收集相关信息,包括伤亡情况、道路状况、车辆信息等。

3. 制定救援方案

根据现场情况和应急指挥中心的要求,制定相应的救援方案,包括救援方式、救援力量分配、救援时间等。

4. 协调与调度

协调应急处置部门,确保资源的合理分配和高效利用。同时,根据现场情况和救援方案,对应急处置部门和人员进行调度。

5. 实施救援行动

应急处置部门根据指令要求,迅速展开救援行动,包括现场控制、人员疏散、医疗救助、工程抢险等。

6. 实时监控与调整

应急指挥中心对救援行动进行实时监控,根据现场情况和反馈信息,及时调整救援方案和调度计划,确保救援工作的顺利进行。

7. 结束与总结

当救援行动结束,应急指挥中心组织相关部门和人员进行总结评估。

第六章

稽核管理

本章主要介绍了业务稽核、名单追缴、通行费追缴和费率管理的内容。

第一节 业务稽核

一、逃费证据资料提交

收费公路经营管理单位发起稽核追缴时,应清晰描述车辆欠费行为和补费原因,逐一上传相关追缴通行流水涉及的入出口通行图片(闯关车或通行图片丢失的可上传相关录像信息)、交易流水等信息,如表2-6-1所示。

逃费证据资料提交要求　　　　　　　　　　　　　　　　表2-6-1

一级	二级	证据提交要求
改变车型 (车种)逃费	货车改客车	车辆通行图像、交易流水(或通行凭证)、客户发行信息(办理资料、车辆相关证件资料、车辆实际图片)、清晰的备注说明等
	大车小标	车辆通行图像、交易流水(或通行凭证)、客户发行信息(办理资料、车辆相关证件资料、车辆实际图片)、清晰的备注说明等
	甩挂逃费	车辆通行图像、交易流水(或通行凭证)、清晰的备注说明等
改变缴费 路径逃费	屏蔽计费设备	车辆通行图像、交易流水(或通行凭证)、清晰的备注说明等
	有入无出	车辆通行图像、交易流水(或通行凭证)、清晰的备注说明等(换卡车,应追踪逃费相关另外一台车辆的记录)
	闯关逃费	车辆出口闯关通行图像(录像)、入口通行图像、交易流水(或通行凭证)、清晰的备注说明等
	私开道口	车辆入口通行图像、交易流水(或通行凭证)、清晰的备注说明等。宜提供沿线设施缺口违规通行图像等

续上表

一级	二级	证据提交要求
改变缴费路径逃费	倒换卡	显示未固定安装的ETC车辆抓拍图片或ETC设备与车辆不符的通行图片、客户发行信息(办理资料、车辆相关证件资料、车辆实际图片)、交易流水(或通行凭证)、清晰的备注说明等
	网内循环行驶(超时停留)	车辆通行图像、交易流水(或通行凭证)、清晰的备注说明等
利用优免政策逃费	假冒鲜活农产品运输(绿色通道)车辆	车辆通行图像、交易流水(或通行凭证)、查验计费/免费信息、查验货物图片、车辆证件资料、不合格证据资料、清晰的备注说明等
	假冒抢险救灾、进行跨区作业的领有号牌和行驶证的联合收割机(包括插秧机)及其专用的运输车辆	车辆通行图像、交易流水(或通行凭证)、查验计费/免费信息、查验货物图片、车辆证件资料、不合格证据资料、清晰的备注说明等
其他逃费	U形行驶	车辆通行图像、交易流水(或通行凭证)、证明U形未计费的其他信息、清晰的备注说明等
	J形行驶	车辆通行图像、交易流水(或通行凭证)、证明J形未计费的其他信息、清晰的备注说明等
	车牌不符	车辆通行图像、交易流水(或通行凭证)、清晰的备注说明等
	不可达(不合理)路径	车辆通行图像、交易流水(或通行凭证)、清晰的备注说明等
	一车多签(卡)	车辆通行图像、交易流水(或通行凭证)、相关的所有ETC设备的发行信息、清晰的备注说明等
	遮挡车牌	车辆通行图像、交易流水(或通行凭证)、清晰的备注说明等。宜提供可证明为此车的遮挡车牌照片
	套用车牌	车辆通行图像、交易流水(或通行凭证)、清晰的备注说明等
	无车牌	车辆通行图像、交易流水(或通行凭证)、清晰的备注说明等
	移动OBU	显示未固定安装的ETC车辆抓拍图片或ETC设备与车辆不符的通行图片、交易流水(或通行凭证)、客户发行信息(办理资料、车辆相关证件资料、车辆实际图片)、清晰的备注说明等
	多次出口丢卡	车辆通行图像、交易流水(或通行凭证)、清晰的备注说明等
	多次入口信息覆盖	车辆通行图像、交易流水(或通行凭证)、清晰的备注说明等

二、车辆实缴通行费与行驶路径查询和比对

1. 车辆实缴通行费与行驶路径查询

登录系统→"部站"→"通行交易查询"→"出口通行查询"获取车辆通行交易数据后,点击通行流水号链接进入通行信息页面,该页面"出入口数据"下的"总交易金额(元)"一栏可查询车辆实缴通行费,"门架交易数据"查询已交易的明细门架数据,"车辆识别数据"查询行驶路径、途经的明细门架数据。

2. 车辆实缴通行费与行驶路径比对

实缴通行费与行驶路径的比对即"门架交易数据"与"车辆识别数据"的比对。通过"门架交易数据"与"车辆识别数据"的比对,找出有车辆识别数据但未交易的门架名称数据,再通过"费用复核"页面的"添加"功能添加未交易收费单元后与实际行驶路径收费单元一致,点击"计费"计算应收通行费,将计算结果与实缴通行费进行比对。

三、复合通行卡通行异常处理

1. 复合通行卡通行异常类型

复合通行卡通行异常可能是人员操作不规范、系统或设备异常、车辆逃费导致,主要包括出入口车牌不一致、出入口车型不一致、无效入口站编码、无入口信息、无卡、损坏卡等。

2. 复合通行卡通行异常处理

收费公路经营管理单位应每天对所辖路段产生的复合通行卡通行异常进行稽核,针对高频的异常车牌应重点稽核。可通过部级稽核系统比对车辆入出口图片、门架牌识图片及流水、计费流水、车道日志等开展稽核,核实为人员操作不规范、系统或设备异常的发起内部稽核工单整改;核实为车辆逃费(倒换卡、故意损坏卡、丢卡、谎报入口逃费等)的发起追缴工单。复合通行卡通行异常处理流程图如图 2-6-1 所示。

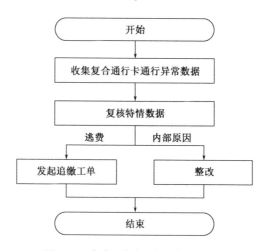

图 2-6-1 复合通行卡通行异常处理流程

四、入口货车稽核处理

入口货车稽核主要是核查人员操作不规范、货车使用客车 OBU 从入口 ETC 专道上高速公路逃避称重检测、货车使用与实际车辆信息不相符的 OBU 驶入高速公路等违规行为,可通过入口混合车道超载信息核查、货车未经有效称重检测驶入高速公路核查、大件运输车复核、货车使用客车 OBU 通行入口 ETC 专用车道核查等四方面核对入口车种、车型、车牌等信息是否一致。

1. 入口混合车道货车超载信息核查

筛选入口超载流水后,通过部级稽核系统等系统查询抓拍图片、车道日志、计费流水和回放录像,核对入口车种、车型、车牌是否一致,核实为人员操作不规范的通知收费站整改,核实为发卡员内外勾结私放超载车辆驶入高速公路的,按贪污作弊行为处理。

2. 货车未经有效称重检测驶入高速公路核查

筛查入口货车重量为零值或小于空载参考阈值的流水后,通过部级稽核系统等系统关联查询入出口抓拍图片、车道日志和回放录像,核实为人员操作不规范的通知收费站整改;若为称重检测误差的,及时上报检修。

3. 大件运输车复核

筛查入口为大件运输车的流水,通过部级稽核系统等系统查询抓拍图片、车道日志和回放录像,检查车辆载运大件货物时的超限运输许可证号、通行路线、货物名称、称重检测数据等,若与申报审批记录不相符,进一步核查入口查验过程是否规范,并按相关规程处置。

4. 货车使用客车 OBU 通行入口 ETC 专用车道核查

部分货车为逃避入口称重检测,可能违规使用客车 OBU 从入口 ETC 专用车道上高速公路。

针对此类货车,后台主要通过建立稽核模型进行筛查,即将通行入口 ETC 专道的 OBU 车型为一型客车和二型客车、车牌识别颜色为黄牌、OBU 车牌与识别车牌不一致等字段条件建立稽核模型,筛选出大于等于 3 次的高频车牌异常数据,再通过部级稽核系统等系统查询抓拍图片、车道日志、计费流水和回放录像进行复核,核实为货车使用客车 OBU 通行入口 ETC 专用车道的,按流程发起稽核工单,并及时报相关执法部门处理。

五、鲜活农产品运输车辆、跨区作业联合收割机(插秧机)运输车辆稽核管理

(一)查验标准

1. 鲜活农产品运输车辆查验标准

(1)合格鲜活农产品运输车辆判断标准

合格鲜活农产品运输车辆为整车合法装载运输全国统一的《鲜活农产品品种目录》内产品的车辆。

①"整车合法装载运输"指车货总质量(由出口负责认定)和外廓尺寸均未超过国家规定的最大限值且所载鲜活农产品应占车辆核定载质量或车厢容积的 80% 以上、没有与非鲜活农产品混装等行为。

②对《鲜活农产品品种目录》范围内不同鲜活农产品混装的车辆比照整车合法装载鲜活农产品车辆执行。

③对《鲜活农产品品种目录》范围内的鲜活农产品与《鲜活农产品品种目录》范围外的其他鲜活农产品混装且混装的其他鲜活农产品不超过车辆核定载质量或车厢容积的20%的车辆,比照整车合法装载鲜活农产品车辆执行。

④混装与放蜂相关的临时板房、灶具等生活必备用具的转地放蜂车辆,视同整车装载。

(2)不合格鲜活农产品运输车辆判断标准

①车货总质量(由出口负责认定)或外廓尺寸超过国家规定的最大限值。

②运载货物不属于《鲜活农产品品种目录》范围。

③运载货物属于水产品、瓜果、蔬菜、肉、蛋、奶等深加工产品。

④运输冷冻发硬、腐烂、变质有异味农产品的车辆。

⑤装载鲜活农产品未达到车辆核定载质量和车厢容积的80%以上。

⑥混装非鲜活农产品的。

⑦混装《鲜活农产品品种目录》范围外的鲜活农产品超过20%。

⑧假冒鲜活农产品运输车辆,承运人主观上存在逃费动机,利用符合免费政策要求的农产品掩盖、围挡、混装深加工农产品及非农产品,企图蒙混过关。

⑨未提供行驶证原件、提供的国家政务服务平台或地方政府政务平台的电子证件无法确定核定载质量或行驶证过期的车辆。

⑩行驶证标注"仅可运送不可拆解物体"的车辆。

2.跨区作业联合收割机(插秧机)运输车辆查验标准

(1)合格跨区作业联合收割机(插秧机)运输车辆判断标准

①所载联合收割机(插秧机)均持有省级农机、交通部门和县级农机管理部门加盖公章的《作业证》且在有效期内。

②联合收割机(插秧机)号牌均与《作业证》登记信息一致且无涂改。

③收割机运输车辆车货总质量(由出口负责认定)和外廓尺寸均未超过国家规定的最大限值。除装载联合收割机(插秧机)及其常用必备配件外,未装载其他货物。

(2)不合格跨区作业联合收割机(插秧机)运输车辆判断标准

①无《作业证》,《作业证》上省级农机、交通部门和县级农机管理部门公章不清晰或不完整,以及未在有效期内的。

②《作业证》登记信息与当前运输的联合收割机(插秧机)未对应或《作业证》有涂改。

③车货总质量(由出口负责认定)或外廓尺寸超过国家规定的最大限值。

④联合收割机(插秧机)未悬挂正式号牌。

⑤运输除联合收割机(插秧机)必要配件以外,混装其他物品的。

⑥未提供行驶证原件、提供的国家政务服务平台或地方政府政务平台的电子证件无法确定核定载质量或行驶证过期的车辆。

(二)稽核管理要求

收费公路经营管理单位应建立完善的内部监管机制及所辖收费站查验结果复核机制,全力做好防贪堵漏工作。鲜活农产品运输车辆、跨区作业联合收割机(插秧机)运输车辆稽核主要包括优免车辆操作规范性稽核、优免政策执行稽核及假冒优免车辆稽核。

(三)假冒优免车辆稽核

收费公路经营管理单位应对按规定采集的免费车辆交易数据及其相关查验数据,与相应优惠免费政策、车辆实际通行情况进行比对分析,筛选出疑似逃费车辆,再通过部级稽核系统核查车辆通行信息、行程轨迹、入出口及门架图片以及查看录像等方式进一步确认车辆是否逃费。

1."孪生"车辆易牌换卡假冒绿通逃费稽核

(1)逃费原理

A车为装载普通货物的货车,B车为协助A车逃费的可享受免费政策的绿通车辆。A车和B车是同型号车辆即"孪生"车辆,通过互换牵引车车牌、通行介质和行驶证的方式,利用"绿色通道"政策双车协作逃费,逃费车辆作案示意图如图2-6-2所示。

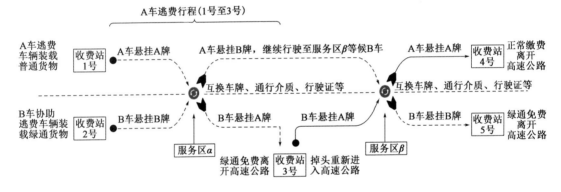

图2-6-2 逃费车辆作案示意图

①A车由收费站1号进入高速公路,B车由收费站2号进入高速公路,两车约定在α服务区会合,并互换牵引车车牌、通行介质及行驶证等。

②互换完毕后,悬挂B车车牌的A车继续行驶至下一个约定会合的β服务区,悬挂A车车牌的B车选择一个位于α、β服务区之间的收费站3号,通过绿通查验后免费驶出高速公路。

③悬挂A车车牌的B车由收费站3号(或者相邻的其他收费站)重新进入高速公路,并前往β服务区与A车会合,再次互换车牌、通行介质及行驶证等。

④互换完毕后,A车由收费站4号正常缴费驶出高速公路,B车由收费站5号继续通过绿通查验后免费驶出高速公路。

通过以上流程,A车实际行程为收费站1号至收费站4号,但只缴交了收费站3号至收费站4号的通行费;B车则全程利用绿通政策免费通行高速公路,即A车少缴了收费站1号至收费站3号的通行费,达到"跑长买短"的逃费目的。

（2）行为特征

①嫌疑绿通逃费车一般在出口收费站附近的服务区存在超时停留情况。

②免费绿通车辆驶出高速公路后在车辆无故障、卸货、加水等情形下，短时间内调头领卡重上高速公路。

③绿通减免金额较大，通常为跨省通行。

④因车牌、通行介质、行驶证均统一互换，出口流水不会出现车牌不符、车型不符等特情信息，但入出口重量一般存在重量差。

（3）稽核方法

①建立"服务区疑似易牌换卡假冒绿通车"稽核模型，对异常绿通车辆作初步筛查。

模型主要原理是根据出口有重量差且 30min 内重上高速公路的跨省通行嫌疑绿通车，且在服务区有停留行为，主要步骤如下：

步骤一：建立出口重量差 1000kg 以上嫌疑绿通车虚拟表：根据需要添加"绿通车、重量差绝对值大于 1000kg、通行省份大于 1、出口 30min 内调头重上高速公路"等字段条件对出口ETC 交易和出口其他交易中的绿通车辆流水进行筛查，建立嫌疑绿通车虚拟表。

步骤二：建立服务区超时车虚拟表：根据服务区前、后的门架（含下高速公路匝道门架）数据筛查在服务区有停留过的车辆。

步骤三：将以上两个虚拟表进行匹配筛查，初步选出嫌疑绿通逃费记录。

②依托部级稽核系统，对筛查出的嫌疑绿通逃费记录进行复核，核查车辆通行信息、行程轨迹、入出口及门架图片（核查车辆外观是否一致，包括但不限于车脸、车头物品摆放、年检标志粘贴位置等）、货箱、货物等，确认逃费车辆并提取证据，发起追缴工单。

2.跨区作业联合收割机（插秧机）运输车辆稽核

（1）逃费原理

跨区作业联合收割机（插秧机）运输车辆将可以免费通行的联合收割机（插秧机）的合法《作业证》套用在没有《作业证》的联合收割机（插秧机）上，借此达到减免高速公路通行费的目的。

（2）稽核方法

①证件核实，即后台稽核需对《作业证》、行驶证的真实性和有效性进行核实。行驶证印有号牌号码及发证日期，副页印有检验合格日期。《作业证》正面为中华人民共和国农业农村部印制的当年联合收割机插秧机跨区作业证；背面印有机主姓名、电话、联合收割机号牌及插秧机发动机号，一机一证，盖有省级农机、交通部门和县级农机管理部门的公章。

②证证比对，比对《行驶证》与《作业证》信息；证牌比对，比对《行驶证》《作业证》与机号牌、铭牌信息。证牌比对一致，则为合法跨区作业联合收割机的，可以给予免费通行，反之则为假冒联合收割机，不符合国家免费惠民政策，需缴费通行。

③《作业证》反面右上方印有唯一对应的二维码，通过手机扫描可查验《作业证》信息及是否有效。若扫描后显示"作业证信息有效"，则该《作业证》为有效作业证，再将扫描出的信息与两证两牌核对无误后，可判定为合法跨区作业联合收割机（插秧机）给予免费放行；若为无效作业证，则需缴费通行。

第二节　名单追缴

一、追缴名单的生成与下发

（1）部联网中心通过部级系统将各省级稽核管理单位审核通过的稽核结论形成追缴名单汇聚，生成全网追缴名单。

（2）ETC 客户超过补交时限未全额补费的，部级系统将车辆列入追缴名单；非 ETC 客户在稽核结论确认后，部级系统将车辆直接列入追缴名单。

（3）部级系统生成追缴名单后，下发至车道时间不应超过 4h。其中部级系统至省级系统不超过 1h，省级系统至路段系统不超过 1h，路段系统至收费车道不超过 2h。

（4）收费公路经营管理单位应建立追缴名单参数接收下发校验机制，定期检查是否下发成功、生效启用，定期检查时间间隔不得长于 24h。

二、追缴名单变更

追缴名单信息发生变化时，应及时进行变更操作。追缴名单变更包括追缴名单解除、更新和撤销。

1. 追缴名单解除

追缴名单车辆全额补交通行费后，系统 4h 内自动解除该车辆追缴名单，并对客户进行提示。若为 ETC 客户，系统自动传达指令至发行服务机构，车型（车种）不符已更改为正确信息的应解除状态名单。

2. 追缴名单更新

收费公路经营管理单位发现追缴名单车辆信息变化、信息录入错误时，可通过部级系统发起信息更新申请，省级稽核管理单位 1 个工作日内完成信息更新及审核，审核通过后，系统自动更新追缴名单信息。

3. 追缴名单撤销

收费公路经营管理单位发现追缴名单车牌信息错误、被套牌车、证据无效或不足等情况时，可通过部级系统提交撤销申请，并提供相关证据资料，追缴名单信息录入省级稽核管理单位应在 1 个工作日内完成信息核实，若核实追缴名单车辆信息存在问题，系统自动撤销并更新相关信息。

三、追缴名单业务处理流程

部联网中心生成、下发追缴名单至省级稽核管理单位，省稽核管理单位接收后 1h 内将追缴名单下发至收费公路经营管理单位进行车道拦截补费。追缴名单业务处理流程图如图 2-6-3 所示。

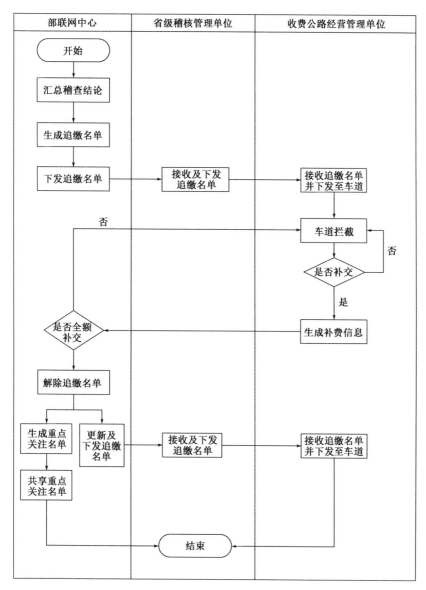

图 2-6-3　追缴名单业务处理流程图

第三节　通行费追缴

一、追缴通行费金额计算

根据部联网中心的规定,为防止重复追缴,收费公路经营管理单位需在部级稽核系统开展稽核打逃工作,且只负责所辖路段范围内追缴通行费的计算。本节将依托"部级稽核业务平台"系统(以下简称"系统")进行追缴通行费的计算。具体步骤如下:

登录系统→"外部稽核"→"工单处理"→"处理"→进入工单处理界面→"处理"→进入稽核处理界面→"重选"→"计费"（如收费单元信息不完整则进入"添加"，增添缺失的收费单元）→核对无误→"确定"→返回"稽核处理"页面→自动计算"本路段折扣前应收"和"本路段通行应收"金额→结合车辆实际情况填写"应收折扣"和"本路段通行实收"→系统自动计算并返回"欠费金额"→完成追缴通行费的计算。

二、漏逃费车辆的筛查和甄别

(一) 漏逃费车辆的分类

通过稽核发现的少交、未交通行费行为，应准确区分逃费类型，全网使用统一逃费类型定义，有特殊类型需报部联网中心统一定义。逃费类型主要分为改变车型（车种）逃费、改变缴费路径逃费、利用优免政策逃费、其他逃费等四大类，如表2-6-2所示。

漏逃费车辆的分类和行为特征　　表2-6-2

一级	二级	行为特征甄别
改变车型（车种）逃费	货车改客车	利用假证件办理等手段，将实际货车安装的ETC设备写成客车ETC信息
	大车小标	利用假证件办理等手段，将ETC设备写入车型办理小于车辆实际车型
	甩挂逃费	货运挂车客户通过甩挂、加挂等方式通行时带挂车通行，交费时无挂车交费或加挂通行
改变缴费路径逃费	屏蔽计费设备	通过屏蔽或干扰收费公路收费、计费设施的方式以缩短实际通行路径的逃费行为
	有入无出	只有高速公路入口信息没有出口信息，经核查确定为逃费的行为
	闯关逃费	车辆跟车、插队、强行通过收费车道的逃费行为，分为单车闯关、多车闯关、跟车闯关
	私开道口	车辆通过私开道口、服务区、施工区域驶入/出收费公路以达到少交、逃交通行费的行为
	倒换卡	车辆通过"跑长买短、倒换通行介质"等方式达到少交、逃交通行费的行为
	网内循环行驶（超时停留）	通过屏蔽OBU设备、CPC卡或遮挡、更换车牌等方式，长时间在路网内循环行驶，从事倒客、倒货等运输行为
利用优免政策逃费	假冒鲜活农产品运输（绿色通道）车辆	绿通车辆经人工或系统查验不符合相关优免政策要求，认定为逃费的
	假冒抢险救灾、进行跨区作业的领有号牌和行驶证的联合收割机（包括插秧机）及其专用的运输车辆	经查验不符合抢险救灾或进行跨区作业的领有号牌和行驶证的联合收割机（包括插秧机）及其专用的运输车辆，认定为逃费的

续上表

一级	二级	行为特征甄别
其他逃费	U形行驶	车辆进入高速公路入口收费站在路网内长途行驶后,又在同一收费站驶出的
	J形行驶	车辆进入高速公路入口收费站在路网内长途行驶后,又从此入口收费站的相邻或距离较近收费站驶出的
	车牌不符	车辆ETC卡及OBU设备中写入的车牌号码、车牌颜色等与车辆实际情况不符或车辆入出口车牌信息不匹配的
	不可达(不合理)路径	车辆卡内计费路径不符合常规通行路径,且无法做出合理解释的车辆
	一车多签(卡)	同一车辆违规使用多个OBU(CPC卡)的
	遮挡车牌	驶入高速公路后,通过遮挡车牌干扰实际通行路径计费/收费的
	套用车牌	2台或以上车辆使用同一车牌,或单台车辆套用其他车辆车牌的
	无车牌	通过无车牌或不悬挂车牌方式,干扰实际通行路径计费/收费的
	移动OBU	通过未按规定固定安装的OBU设备,干扰实际通行路径计费/收费的
	多次出口丢卡	多次出口无卡特情的
	多次入口信息覆盖	通过多次入口通行信息覆盖,干扰实际通行路径计费/收费的

(二) 漏逃费车辆的筛查和甄别

1. 筛选异常数据

收费公路经营管理单位可通过部、省稽核系统预先设定的数据分析模型推送的数据筛选出异常通行流水,也可以通过自建异常流水稽核模型筛选异常通行流水。

2. 核查异常数据

根据漏逃费车辆的分类和行为特征,通过部、省稽核系统对筛选出的异常通行流水进行门架流水比对、路径比对、出入口图片比对、门架图片比对、出入口信息比对等方式确定漏逃费车辆,按逃费类型分类做好逃费车一车一档证据保存,并及时在部级稽核系统发起追缴工单。

第四节 费率管理

一、兜底收费

1. 兜底收费定义

兜底收费是指出口进行收费特情处理时,车道系统请求省级或部级在线计费服务获取通行费,如请求失败,经站级管理人员授权后,采用兜底计费方式返回通行费信息进行收费。

省级计费服务请求失败后的兜底计费方式由各省自行确定,部级计费服务请求失败后的兜底计费方式为入出口可达路径最小费额。

2. 兜底收费处理

收费公路经营管理单位应对本路段兜底计费方式使用情况进行统计分析,通过部或省级稽核业务平台的 ETC 门架数据、拆分数据、电子地图等功能分析兜底收费特情,查实系统原因造成的及时对系统进行优化升级,查实人员操作问题的加强培训和整改,查实客户逃费的按流程发起追缴工单。

二、车辆通行费计算

清分结算章节已详细介绍车辆通行费的计算原理,本章节仅介绍"部级稽核业务平台"系统中车辆通行费计算的操作流程,具体如下:

登录系统→"基础参数查询"→"最小费额查询"→填写相关信息(车种、车型、媒介类型、出/入口收费站、出/入口收费站时间等)→"查询"→返回最小费额路径及计费信息→完成车辆通行费计算。

第七章

设备使用与维护

本章主要介绍了收费和监控各种软件和硬件设备的使用,机电设备运行过程中的异常检查及故障处理,电工知识和电器仪表的使用,网络 IP 的简单介绍和配置。

第一节 设备与软件使用

一、录像记录设备使用

公路收费车道按照国家政策和规定进行车辆查验,收费管理单位应当对查验过程进行录像并保存,收费人员一般佩戴记录仪来对整个查验过程进行录像。记录仪是集录像、录音、拍照、定位等功能为一体的便携式设备。内置高灵敏度定位模块,可准确定位事件发生位置,通过操作录像、录音和拍照功能,完整记录事件发生情况。

1. 外观与按键介绍

记录仪外观及按键功能如图 2-7-1 所示。

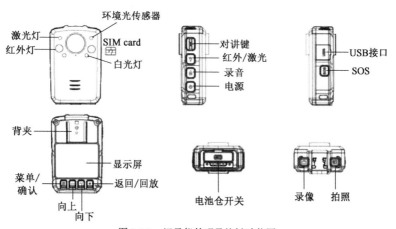

图 2-7-1 记录仪外观及按键功能图

2. 开机

关机状态下,长按设备右侧面的开关机按钮可开机。

3. 录像

(1)按下"录像"按键,状态栏出现录像标志,表示正在录像。

(2)再次按下"录像"按键,录像标志消失,表示停止录像。

4. 设置开机录像

单击设置→系统设置→开机录像→选择开启。

5. 录音

(1)按下"录音"按键,菜单栏出现录音标志,表示正在录音。

(2)再次按下"录音"按键,停止录音。

6. 回放

(1)点击"文件管理"。

(2)点击"视频"。

(3)在视频列表中选择想要查看的录像文件,点击后开始播放。

7. 备份

记录仪可将设备本地数据(录像或音频等)备份到计算机中,操作步骤如下:

(1)运行记录仪助手,登录连接设备。

(2)单击"媒体信息",输入所需备份文件的开始时间和结束时间。

(3)选择文件类型后单击"查询"。

(4)勾选所需文件,单击"下载"。

(5)选择电脑要存储文件的位置,单击"确定"。

二、预约车辆查验终端设备使用

1. 软件登录

输入当班人员工号和对应密码,选择所在省份和所属班组,点击"登录"后进入软件。

2. 绿通车检查

(1)通过三种方法进入查验界面:

①点击二维码标志扫描收费屏幕二维码,进入查验界面;

②选择车牌颜色后,手动输入车牌号进入,进入查验界面;

③点击"预约到站",选择驾驶人的预约信息,在预约"详情界面"点击"开始查验",进入查验界面。

(2)扫描收费屏幕二维码后可加载通行码中的车辆信息,包括:车辆通行交易信息、入口站、入口称重、出口称重、金额。其中,出口称重可以修改,其他信息不能修改。

(3)进入车辆查验界面后,会自动加载预约信息;如果没有提示自动加载,可以点击"预约码"后方的扫码按钮,扫描驾驶人的预约二维码。

(4)拍摄车辆检查照片,包含收费屏幕、行驶证、车头照、车侧照、车尾照、货物照,如车辆不合格还需加拍不合格证据照片。

(5)入口站会在扫描收费屏幕二维码后自动加载,且不可修改。如果没有扫码也可手动输入。

(6)点击"货物",进入货物选择界面,选择完成后点击"确认"。

(7)货车车型及货厢类型会自动加载历史信息,如果没有则需要手动进行选择。

(8)如果本次是第一次上报运单,还需要选择复核人并输入车道号及当班人员信息。

(9)信息录入完成之后,如果该绿通车辆合格,则不需要进行操作,系统默认查验合格;如果该车辆不合格,则点击"查验结果",选择对应的作弊类型。

(10)最后,点击"免征放行并报送"可以上报绿通数据(如果查验不合格则会显示为红色的"追缴放行并报送")之后弹出信息提示框,可以检查要上报的信息。如果信息正确可以点击"确认",若不正确可以点击"取消"返回并修改有问题数据。

3. 联合收割机车辆查验

(1)点击二维码标志扫描收费屏幕二维码,进入车辆信息录入界面,扫码后可加载通行交易码、入口站、金额、称重、车辆通行交易信息。

(2)点击预约识别码后方的二维码图标扫描识别驾驶人提供的预约码,或根据弹出的提示选择本次预约信息。

(3)拍摄车辆检查照片,包含作业证、车头照、车尾照、农机具照,如车辆不合格还需加拍不合格证据照片。

(4)输入驾驶人电话、入口站、入口称重、出口称重、金额等数据,如果没有扫码需要手动填写。

(5)如果本次是第一次上报运单,还需要选择复核人并输入车道号及当班人员信息。点击"复核人",从人员列表中选择;点击"车道",手动输入车道编号;点击"当班人员",进入当班人员选择界面,点击"加号",可以选择当班的人员。

(6)信息录入完成之后,如果该绿通车辆合格,则不需要进行操作,系统默认查验合格;如果该车辆不合格,则点击"查验结果",选择对应的作弊类型(支持多选不超过三项),点击"确认"即可。

(7)最后,点击"免征放行并报送"可以上报绿通数据(如果查验不合格则会显示为红色按钮"追缴放行并报送")之后弹出信息提示框,可以检查要上报的信息,信息正确可以点击"确认",若不正确可以点击"取消"返回修改有问题数据。

4. 中断、放弃查验操作

在车辆查验界面,点击返回键,弹出"检查工作中断"提示框。

(1)若点击"临时中断检查,稍后继续",将会退出查验界面,同时数据会临时保存在"当班记录"模块。

(2)若点击"彻底放弃此次检查",将会退出查验界面,并删除该运单所有数据。

5. 当班记录

进入"当班记录"界面,最上方显示当前登录账号的查验车次(合格、不合格)和金额(免征金额、追回金额)统计。下方为当前班组的历史查验记录,点击"看我"可只查看自己的查验记录。点击已成功上报的查验记录,可查看详细信息,但数据不可修改;点击未上报的记录,则可以进行补充、完善。

6. 交班操作

交班前请先检查"当班记录"中所有运单信息为已上报状态,然后在"交班"界面点击"开始交班",系统将自动退出当前账号,返回登录界面并记录交班时间。如果有运单未上报且必填数据未填写,系统会弹出提示框且无法交班,需将运单上报或删除才能进行交班。

三、车道工控机主要外设的连接和更换

车道工控机是控制车道收费设备的核心设备,包括显示器、收费键盘、票据打印机、读卡器、电动栏杆机、费额显示器、天线控制器等设备。

本节主要介绍收费厅内外设中显示器、收费键盘、票据打印机、读卡器设备与工控机的连接和更换方法。

(一) 收费键盘的连接和更换

1. 键盘的接口类型

键盘是车道计算机的输入设备,目前常用的计算机键盘接口有两类,一种是 USB 接口,一种是 PS2 接口,如图 2-7-2 所示。这两种接口均为有线连接。此外,还有无线连接式键盘,因在收费系统中不常用,在此不做介绍。

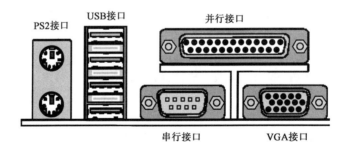

图 2-7-2 接口示意图

2. 键盘的连接方法

根据不同的键盘接口类型,键盘与车道机的连接方法也不同。不同的接口要插入到车道计算机面板上对应的接口上。键盘的接口主要是 USB 接口和 PS2 接口插孔,USB 和 PS2 接口的键盘必须分别插入到对应的接口插孔中。特别注意 PS2 插口分鼠标和键盘两种,插拔时要注意;PS2 接口不支持热插拔,插拔时需要关机,USB 接口插拔时不需要关机。

(二) 显示器的连接和更换

显示器是车道工控机的输出设备,是人机对话的载体。显示器的类型比较多,但无论是哪种类型的显示器,其连接和更换方法是一样的。显示器的连接线有两根,一根是电源线,连接到220V电源插座或接线端子上。另一根是信号线,连接到车道工控机的视频接口上。

(1) 显示器常见的4种接口:DVI、HDMI、VGA、DP接口,VGA接口共有15针,分成3排,每排5个孔,它传输红、绿、蓝模拟信号以及同步信号;DVI接口传输的是数字信号,可以传输大辨别率的视频信号,支持热拔插,安装的过程中不需要关闭设备。相较于VGA信号接口它的数据传输速度更快、画面更清晰,也更加稳定;HDMI高清多媒体接口是一种全数字化视频和声音发送接口,可以发送未压缩的音频及视频信号;DP接口类似于HDMI,也属于高清数字显示接口,可同时传输视频和音频,它和VGA、DVI接口兼容。

(2) 显示器的连接和更换步骤:
① 关闭显示器电源开关,切断显示器电源。
② 关闭车道工控机电源。
③ 如果单独更换同类型接口显示器则拔掉显示器端的信号线接头,不需拔掉车道工控机端接头;如果连同信号线一起更换,则需拔掉车道工控机端接头。
④ 更换时,先连接显示器和车道工控机之间的信号线,再连接显示器电源线。
⑤ 所有线缆连接完成后打开显示器和工控机电源。

(三) 票据打印机的连接和更换

票据打印机是即时打印收费票据的车道工控机输出设备。票据打印机工作的稳定性直接影响到收费速度和收费窗口服务质量。而票据打印机是使用非常频繁的车道收费设备,其出故障的概率也是很高的。

1. 打印机的接口类型

打印机通常有三种接口类型。一种是USB接口(与键盘USB接口相同),第二种是并口类型,再有就是串口类型。在这三种接口类型的打印机中,目前使用最为广泛的就是USB接口类型的打印机。并口和串口类型的打印机,在数据传输距离,传输速度上存在差别。并口数据传输速度快,但不适合长距离传输。串口传输距离长,但传输速度不如并口。

2. 打印机的更换方法

(1) 关闭打印机电源开关,切断打印机输入电源。
(2) 旋松打印机数据通信线缆接头两侧的紧固螺栓,拆下打印机上的通信线缆接头。
(3) 更换新打印机后,连接打印机通信线缆接头。
(4) 连接打印机电源线,开启打印机电源开关。
(5) 安装打印机色带,调整打印头间隙。

(四) 读卡器的连接和更换

读卡器是车道工控机与CPC卡或ETC卡进行信息交换的设备,读卡器的连接线有两根,一根是电源线,一般使用直流5~24V(具体电压等级需要根据不同厂家确定)的电源进行供电。另一根是信号线,连接到车道工控机的相关接口上。读写器内部安装PSAM密钥卡,通过PSAM密钥卡对通行卡进行加解密信息操作。

1. 读卡器的接口类型

读卡器通常有两种接口。一种是USB接口(与键盘USB接口相同)。第二种是串口类型。

2. 读卡器的更换

(1)关闭读卡器电源开关,切断读卡器输入电源。

(2)拆下读卡器的新信号接头。

(3)使用小螺丝刀拆除读卡器内部的PSAM密钥卡。

(4)将PSAM密钥卡装入新读卡器卡槽内。

(5)连接读卡器信号线和电源线,开启读卡器。

四、门架监测系统使用

2020年1月1日起,全国高速公路省界收费站全部撤销,全网从既有收费模式切换为分段计费模式,原先的人工化收费、封闭式收费的高速公路已经向电子收费、开放式收费方向过渡。ETC门架系统是实现分段计费的基础支撑,本节主要介绍交通运输部路网监测与应急处置中心搭建的"全网运行监测系统"的使用方法。

(一)首页

首页对路网情况有一个整体的概览,展示运行监测与运维管理相关的综合信息,包括告警总数、待处理工单情况及数据传输不及时路段情况,并通过地图展示全省的部站传输、业务指标、版本状态、通行交易、站点状态、关键设备等内容。同时实现在省、路段、站点监测界面间的快速跳转,分级查看。

(二)数据传输监测

门架/收费站数据传输监测是对站点连通情况监测,站点连通监测主要是指对门架和收费车道的连通合格率、关键设备正常率、交易数据和牌识数据上传不及时站点数量和及时率等反映部站传输连接状态的指标进行检查。

1. 全网门架/车道连通率统计

通过列表对门架和车道的连通率进行统计和分析,选择"数据传输"→"全网门架&车道连通率统计",可进入全网门架/车道连通率统计页面。

2. 全网门架运行监测排行榜

选择"数据传输"→"全网门架运行监测排行榜",可进入全网门架运行监测排行榜页面,主要展示门架连通合格率、门架RSU正常率、门架车牌识别设备正常率、门架车牌识别数据上传及时率、门架交易上传及时率。

3. 全网门架/车道提升指标

选择"数据传输"→"全网门架&车道提升指标",可进入全网门架/车道提升指标统计页面,主要展示门架和车道的牌识、交易、信息上传下载和称重数据等情况。

(三)门架数据监测

1. 连通状态

选择"数据传输"→"门架数据监测"→"连通状态",可进连通状态页面,主要展示省份、门架编号、门架名称、门架类型、连通状态、是否合格、心跳次数等统计数据。

2. RSU 状态

选择"数据传输"→"门架数据监测"→"RSU 状态",可进 RSU 状态页面,主要展示省份、门架编号、门架名称、门架类型、连通状态、是否合格、心跳次数等统计数据。

3. 牌识设备状态

选择"数据传输"→"门架数据监测"→"牌识设备状态",可进入牌识设备状态页面,主要展示省份、门架编号、门架名称、门架类型、连通状态、是否合格、心跳次数等统计数据。

4. 交易数据上传及时性

进入系统,选择"数据传输"→"门架数据监测"→"交易数据上传及时性",可进入交易数据上传及时性页面,主要展示省份、门架编号、门架名称、门架类型、连通状态、是否合格、心跳次数等统计数据。

5. 牌识数据上传及时性

选择"数据传输"→"门架数据监测"→"牌识数据上传及时性",可进入牌识数据上传及时性页面,主要展示省份、门架编号、门架名称、门架类型、连通状态、是否合格、心跳次数等统计数据。

6. 数据不及时明细

进入系统,选择"数据传输"→"数据不及时明细",可进入门架交易不及时明细页面,主要展示流水编号、门架编号、通行标识 ID、门架后台入库时间、交易时间、入库时间等数据。

7. 数据传输指标统计

对数据传输指标进行月度统计,并支持查询和导出。选择"运营分析报表"→"数据传输指标统计",可进入数据传输指标统计报表页面。

(四)门架实时监测

以门架为维度,通过列表及图形对运行状态、业务指标、通行交易、部站传输等方面的实时数据进行综合展示。

1. 门架监测明细

进入系统,选择"门架实时监测"→"门架监测明细",可进入收费门架实时监测页面,主要有以下信息:

(1)展示当天 0 点到当前时刻的实时统计数据和历史数据。

(2)展示门架前端、后台、RSU、车牌识别设备及其他设备五类数据的设备状态和版本状态信息。

(3)展示标签交易成功率、用户卡交易成功率、CPC 计费成功信息。

(4)展示门架 ETC 通行量、门架其他通行量、门架通行量、门架 ETC 通行量占比、门架 ETC 交易额、门架其他交易额、门架交易额、门架 ETC 交易额占比。

(5)展示门架应收心跳次数、实收心跳次数、连通状态、连通合格状态。

2. 门架监测详情

进入系统,选择"门架实时监测"→"门架监测详情",可进入门架监测详情页面,主要展示以下信息:

(1)展示门架连通状态、所属省份、所属路段名称、上下行、门架类型、车道数量、桩号。

(2)展示门架软件版本状态、费率模块版本状态、费率参数版本状态、载重检测状态、门架设备状态,以及 RSU 正常数、异常数、摄像头正常数、异常数。

(3)展示门架交易金额、门架通行流量、ETC 交易成功率,包括交易成功率、CPC 计费成功率、标签交易成功率、用户卡交易成功率、数据传输及时率。

(4)展示包括告警数量、一二级活动告警数量、告警明细列表。

(5)展示未归档工单总数、超时处理工单总数、在途工单明细列表。

(五) 通行交易监测

通过通行数据和交易流水对省份、路段和站点的车流量、交易量、交易额等进行全面分析和展示,可分交易类型、车型、车种、时间等维度统计分析。选择"通行交易监测"→"通行交易概览",可进入通行交易概览页面,根据不同等级角色的定位,其可查看的数据范围不同。省级人员可查看本省及下辖路段的数据,路段人员只可查看本路段的数据主要有今日通行交易量、门架/收费站通行交易量车型分布、门架/收费站通行交易量车种分布、最近 30d 通行交易量趋势、通行交易对比、门架和收费站通行交易明细等。

五、收费和监控系统软件使用

本节主要对监控、收费软件的功能进行介绍,收费、监控人员在使用过程中对软件所应具有的功能进行一一学习,因各省(区、市)或不同厂家软件实际操作流程不同,具体操作步骤不进行详细介绍,主要介绍系统功能。

(一) 监控系统软件功能

1. 信息采集功能

(1)系统可以实时收集各外场设备或基层监控单元上传数据信息。

(2)系统具备与外场设备之间的通用接口程序。

2. 信息上传功能

(1)系统具备实时信息整理、上传的功能。

(2)路段监控分中心需将接收到的实时数据进行整理,在确认相关数据的完整性后发送至上级管理部门。

3. 信息发布功能

系统具备提供对外场显示设备进行信息编辑、信息查看、信息发布的功能。

4. 视频控制功能

(1)系统具备对数字视频图像参数设置、数字视频图像存储、数字视频图像查看、远程视频控制、远程视频控制权限查看的功能。

(2)系统具备调看历史图像的功能,含数字视频图像和模拟视频图像。

(3)监控系统软件对视频的控制及存储方式应满足省内管理架构的需求。

5. 交通监测功能

(1)系统具备对本路段运行状态进行实时监测的功能,并可根据要求,显示特定路况的实时信息。

(2)监控系统应综合本中心接收的相关信息,通过整理分析,确定本路段的交通状态,并及时将相关路网信息发送至上级管理部门。

6. 应急预案功能

(1)系统具备可预先制订针对本路段范围应急事件处置预案的功能。

(2)监控系统应根据上级管理部门的要求,确定适用于本路段范围内应急事件处置预案。

7. 应急事件处置功能

(1)当突发事件发生后,系统会根据事件等级,依据相应的处理预案,启动相应的应急事件处置预案。

(2)路段监控中心需根据省内的统一要求,明确适用于本路段不同等级应急事件的处置程序。

8. 事故信息记录功能

(1)系统具备事故信息输入、查询、打印的功能。

(2)监控系统应真实记录本路段范围内发生的交通事件,包括时间、地点、事件描述、事件等级以及相应的处理措施。

9. 气象监测功能

对本路段气象信息进行采集、处理和发布,并将气象监测和预警信息及时上传至上级中心。

10. 设备管理功能

能实现对路段监控分中心及管理范围内的设备进行管理。

(二)收费软件功能

系统参数管理:应实现路段收费系统的职员表管理并建立对应的系统参数作日志。

数据处理和存储:应完成联网收费数据的完整性、一致性、安全性、真实性、可靠性和抗抵赖性处理与确认,并储存于数据库系统。

数据备份和恢复:数据备份应按照所制定的备份策略(完全备份/增量备份/日志备份/时间段备份等),对收费数据和部分重要的系统文件进行备份;数据恢复应在系统出现故障,对收费数据或系统文件进行恢复。

CPC 卡管理:应完成路段收费系统内 CPC 卡的调配管理、查询和流向跟踪。

票证管理:可完成联网收费票证(缴费凭证、定额发票)的入库、出库、核销和调拨。

报表管理:应能根据收费站、车道上传的数据进行处理,生成各种统计报表;能够查询拆分报表、OD 报表和断面流量报表等。

系统维护:应维护路段数据库系统、硬件设备和网络系统等,保证联网收费系统正常运行。

实现对 ETC 门架系统的运行监测与预警、日常维护及收费稽查管理,同时保证与上级系统的数据通信和传输。

具备所辖路段、收费站交易信息查询、收费统计报表、稽核管理、ETC 门架系统及关键收费系统设施运行监测,数据传输管理,网络安全管理等功能。

六、计算机杀毒软件使用

杀毒软件,也称反病毒软件或防毒软件,是用于消除电脑病毒、特洛伊木马和恶意软件等计算机威胁的一类软件。杀毒软件通常集成监控识别、病毒扫描和清除、自动升级、主动防御等功能,有的杀毒软件还带有数据恢复、防范黑客入侵、网络流量控制等功能,是计算机防御系统的重要组成部分。杀毒软件是一种可以对病毒、木马等一切已知的、对计算机有危害的程序代码进行清除的程序工具。本节以天融信的杀毒软件为例介绍杀毒软件的安装和使用。

(一)杀毒软件的安装

收费系统的杀毒软件安装分为服务端和客户端,服务端主要安装在机房服务器中,用于对客户端的升级和管理;客户端一般安装在车道工控机和收费站内收费计算机上,用于计算机设备的杀毒防护。服务端的杀毒软件安装由专业技术人员安装,在此不进行介绍。客户端的杀毒软件安装流程如下:

(1)将下载好的安装包拷贝至要安装的工控机上,双击拷贝的程序。

(2)在弹出的安装界面上输入责任人、部门、安装位置、终端类型的信息。

(3)输入完成后点击"确认"按钮,直至安装完成,弹出客户端程序首页。

(二)杀毒软件的使用

1.病毒查杀

病毒查杀是自安全杀毒软件诞生之初就一直存在的基础功能,用户可以利用病毒查杀主动扫描在电脑中是否存在病毒、木马威胁等。进行查杀前需要先选择查杀模式,客户端将通过自主研发的反病毒引擎高效扫描目标文件,及时发现病毒、木马,并帮助用户有效处理清除相关威胁。

操作步骤:

(1)在软件首页选择"病毒查杀"。

(2)选择扫描方式,包括快速查杀、全盘查杀、自定义查杀三种选择,快速查杀针对系统敏感位置查杀,用时少,推荐日常使用;全盘查杀针对全部磁盘尽心查杀,用时较长,推荐定期使用;自定义查杀可以有针对性地对某些磁盘或文件查杀,遇到不确定文件时使用。

(3)在扫描完成后,如发现病毒或威胁,点击"立即处理"对风险项进行隔离处理。

(4)病毒或威胁处理完后点击"完成"按钮并退出软件。

2.防护中心

防护中心显示由服务端为当前客户端下发的安全策略的状态。客户端不可自行开启/关闭相应的防护。防护中心主要分为病毒防御、网络防御、系统防御三大类的功能模块,每个模块内有多种防护内容,当系统发现威胁动作触发策略开启的防护项目时,客户端将拦截。

第二节 设备维护

一、机电设备运行异常辨别

判断收费设备异常情况,必须掌握一定的科学方法。只有采用科学的判断方法,才能快速、准确查找出现异常现象的原因或定位故障设备。

1.观察法

所谓观察法,就是用人的所有感觉器官去判断设备是否异常。包括眼睛看、耳朵听、鼻子闻、用手摸。

(1)眼看。用眼观察设备是否同故障发生前一致,有无出现其他异常现象等情况。

(2)鼻闻。可以用鼻子贴近出现异常的设备。如果闻到刺鼻味或糊味,说明该设备内部节能电路或电子元器件烧毁。

(3)耳听。用耳朵贴近设备,发现声音、振动音律及音色有异常,就应该进一步检查。如听到车道计算机内有异常的"咔嗒咔嗒"声音,则可能硬盘机械部分可能有损坏。听到栏杆及抬落声音明显加大,说明栏杆传动部分要调节或润滑。

(4)手摸。用手触摸绝缘的部分,有无发热或过热。用手去试接头有无松动。

2.复位法

所谓复位法,就是对收费设备进行重新开机、上电。它是最常用的判断和排除故障的方法。收费设备经过长时间的不间断运行,出现故障是难免的。有些故障情况,仅仅是由于设备内部控制单元长时间工作紊乱,或者外界环境干扰造成,设备本身并未损坏。此时,仅需要复位即可恢复正常。比如,车道工控机突然死机,这时通过复位,故障可能就能立即排除。

3. 替换法

所谓替换法,就是利用同类型(型号)的元器件更换怀疑其有故障的部件,从而来确定故障点的方法。在更换了某个部件以后,如果异常现象消失,设备恢复正常,那么可以确定故障点就是这个被替换的设备。因此,替换法在平时的维护工作中,是十分有效和常用的。对于公路收费站,由于各车道设备配置差不多,用其他车道设备采用替换法来判断、排除故障是十分实用和有效的。

4. 对比法

所谓对比法,就是将两样相同的东西放在一起进行比较,从而发现问题并排除问题的方法。比如,当发现打印机接头有一根线未接到针脚上,但这根线是从针脚上脱落的还是原本就未焊接,我们无法确定。这时,就可以采取对比法,拆开其他车道打印机接头线盒,对比一下,就能很快发现这根线是否要接。如果要接,应该焊接到哪个针脚上。

二、车道收费设备维护

车道收费设备和软件是公路收费员日常作业的工具,作为公路收费员,必须了解车道收费设备和软件的维护知识。本节重点介绍车道收费设备和软件的日常维护方法。

(一)车道工控机

车道工控机是收费系统的核心和关键设备,是用来安装收费软件,控制其他收费设备协同工作,完成车辆通行和收费操作的中枢。

车道工控机是为了适应特殊、恶劣环境下工作的一种工业控制计算机,它的电源、机箱、主板都是为了能适应长时间不间断运行而设计的。为了更好地使用它,使其始终保持良好的工作性能,在日常使用中必须对它进行必要、合理的维护。

(1)保证车道机有一个平稳的工作环境。当车道机对磁盘或硬盘进行读写操作时出现振动,驱动器会严重磨损或导致硬盘损坏。车道计算机靠墙放置时,四周距离墙壁至少应 10cm 的距离,以保证其良好的散热环境。否则,车道计算机硬件会加速老化,缩短其使寿命。

(2)加强车道计算机电源的维护。车道计算机是 24h 不间断工作的,因此其电源性能也比较稳定的。日常使用和维护中要具体做到如下几点:

①要经常清洁车道计算机周围环境,尽量减少灰尘进入电源,防止灰尘影响风扇的行。积尘过多的风扇有可能停止运行或转速降低,影响电源散热。

②要防止瞬时断电。瞬时断电又突然来电往往会产生一个瞬间极高的电压,很可能损坏硬件。

③配备 UPS(不间断电源)。电压的波动(过低或过高)也会对车道计算机造成损伤。因此,应配备 UPS。

④防止静电和雷击。

(3)正确维护机箱内的板卡。维护机箱内板卡时要注意以下几点:

①不要在底板带电的情况下拔插板卡。插拔板卡时不可用力过猛、过大。用酒精等清洗

底板时,要注意防止维护工具划伤底板。

②底板上的插槽内和板卡上不能积灰,否则会导致板卡接触不良或短路。当机箱内灰尘较多需要除尘时,应关闭车道计算机电源,小心拔出板卡,使用吹风机将板卡插槽内和板卡上的灰尘吹掉。

③往插槽内插入板卡时,要注意插槽内的金属脚和板卡上的金手指是否对齐、有无弯曲现象。否则将影响板卡在系统中的运行,会出现开机不显示、板卡找不到、死机等各种现象。

(4)定期清洁机箱上的风扇。机箱上的风扇是专门为车道计算机设计的,它向机箱内吹风,降低机箱内温度。维护中要注意:电源是否接到插头上,风扇外部的滤网是否洁净。滤网要定时清洗,每月至少一次,以防过多的灰尘进入机箱。

(5)使用、维护中其他注意事项如下:

①严禁不按操作规程关闭车道计算机。

②在打开机箱,接触机箱内板卡前,要将手上的静电放掉。

③严禁将软盘、光盘等存储介质插入到车道计算机内运行。

(二) 票据打印机

票据打印机是车道计算机的输出设备,是打印车辆通行费票据的设备。熟练掌握票据打印机的使用和维护方法,对保证票据即时打印和打印的质量十分重要。

1. 票据打印机的使用环境

(1)保持票据打印机工作环境的清洁,尽可能地减少灰尘。

(2)放置票据打印机的工作台要平稳无振动,避开火炉、暖气片等发热装置。

(3)避免在有较强电势场中使用票据打印机,尽量避开诸如扬声器和无线电话机、电台的干扰。

(4)保持票据打印机合适的工作环境温度,一般在 5~40℃ 之间。尽量保证工作环境温度不要突变,以防打印机内部结露。

(5)保持票据打印机稳定的供电电压。

2. 票据打印机的维护方法

为了保持票据打印机工作在最佳状态,以防出现故障,必须对票据打印机进行维护。票据打印机的维护包括日常检查、定期检查和打印机的清洁。

(1)日常检查。

日常检查应包括如下事项:

①检查打印票据是否安装到位。

②拆下色带盒,顺着色带盒旋钮旁的方向标记,用手转动色带移动一周,观察色带是否干涩,是否起毛,是否有被打印头打穿的现象。如有,应及时更换色带,以免影响打印质量或损坏打印头。

③检查色带盒的安装是否到位。安装完毕后,用手转动色带盒上的旋钮,应该能转动色带。如果不能转动,说明色带盒内色带卡死或色带盒旋钮下方的齿轮空未与打印机上色带盒

安装位置上的齿轮紧密啮合,需要重新安装。

④检查打印机内有无杂物。

⑤检查打印头前面的色带保护片是否破损。如果破损应及时更换。因为在打印过程破损的色带保护片会刮色带或刮纸,最终将打印针挂断。

(2)定期检查。定期检查应包括如下事项:

①定期检查打印机的机械装置,检查其有无螺钉松动或脱落现象,字车导轨轴套是否受损。输纸机构,字车和色带传动机构的运转是否灵活,若有松动,旷动或不灵活,则应分别紧固、更换或调整。

②检查打印头和打印辊之间的间隙是否符合要求,若有偏离就需要调整。调整的方法移动打印机上的纸厚调节杆位置,使打印出的字符达到最佳的质量。

③检查字车导轨上的润滑情况。如果导轨表面干涩,可用脱脂棉或干净的软布将其表擦拭干净后,在导轨上滴上少许润滑油(一般可采用钟表油)。然后打开打印机电源,在自检过程中字车导轨来回移动,润滑油就均匀分布在导轨上了。

(3)清洁打印机。清洁打印机应包括如下事项:

①打印机表面清洁。应经常用软布蘸取酒精或专用清洁剂擦除打印机外壳上的色带墨迹、油污和灰尘等,以保持外观清洁。

②打印机机内清洁。每隔1个月清除一次机内的纸屑(主要是使用穿孔纸的纸屑)和灰尘;用柔软的干布擦除字车导轴上的污垢,用吸尘器清除电路板上的灰尘,特别应注意清除机内的光敏遮断器(字车初始位置检测器)和反射式光电耦合器(缺纸检测器或纸宽检测器)的纸屑和灰尘,以免造成打印机工作误检测。

③清洗打印轮。色带上的油墨对打印机有腐作用,时间一长,会使打印机变得凹凸不平,并加速其老化。为了避免上述现象发生,要定期清洗打印机。可用柔软的布蘸取少许酒精(不可使用橡胶水,汽油之类对打印辐有腐蚀作用的溶剂),以清除掉打印轮上的油泥,污垢,使其保持光滑平整。

④清洗打印头。其步骤为:拆下打印头,将其前端出针处1~2cm浸泡在无水酒精中,一半浸泡2h左右。如果打印头出针处污染重,可适当延长浸泡时间;取出浸泡好的打印头,用毛笔轻轻刷洗打印头出针处,或用医用注射器吸入无水酒精对准出针口注射多次,直至将污物洗净,然后晾干;将打印头电缆和打印头连接好,打印头先不装在打印机的字车架上而是拿在手中(最好把打印头连接电缆从字车架上拆下再安装打印头,这样可以在机架的左侧或右侧拿着打印头而不受运动中的字车干扰),执行自检打印2min左右。自检完毕后,用脱脂棉吸干打印头出针处的酒精及污物,再进行自检打印并吸干出针处的酒精及污物,直至脱脂棉上无污物为止。

(三)电动栏杆机

电动栏杆机是车道阻断、放行车辆的设备。

1.电动栏杆机的使用方法

当收费员收取完车辆通行费后,操作车道计算机键盘,车道计算机通过机箱内的板卡将抬杆信号发送到电动栏杆机控制器,栏杆自动抬起。当车辆驶过电动栏杆机旁的车辆检测器线圈后,连接线圈的车辆检测器检测到过车信号。控制器控制电动栏杆落下。

2. 电动栏杆机使用中的注意事项

(1)在机箱内电机未断电情况下,不要强行手动抬、落栏杆,这样会损伤电机。

(2)不要在栏杆下落方向走动,以免栏杆抬、落时伤及过往人员。

(3)不要在电动栏杆机机箱上放置物品。栏杆动作时,机箱可能发生的振动会使物品掉落。

(4)收费员在未收取到车辆通行费前,不要过早将栏杆抬起,以免车辆闯卡,造成通行费的逃漏。同理,在入口车道发放通行卡时,也要等车辆停稳,将通行卡交到驾驶人手中,才能抬杆放行车辆。

(5)电动栏杆机工作过程中,严禁打开机箱门,以免造成及其损坏或意外人身伤害事故。

(6)维护电动栏杆机时,应将车道关闭。避免在维护过程中通行车辆伤及维护人员或维护过程中栏杆误动作,伤及车辆。

3. 电动栏杆机的维护方法

收费员对电动栏杆机的维护主要是经常性清洁、润滑和检查其运行情况。

(1)外表清洁。清洁电动栏杆机可用软布蘸清水擦拭机箱和杆体。如果机箱和杆体上油污较重,可使用少量汽油擦洗。

(2)内部清洁。打开电动栏杆机机箱门,用吸尘器吸掉机箱内的灰尘。灰尘较厚,无法吸出的,可用毛刷弹去。注意内部清洁时,吸尘器吸管头不要伤及内部控制器、检测器等部件,不要碰脱线缆。

(3)检查栏杆动作是否平稳。电机断电状态下,将栏杆落下,观察杆体是否处于水平位置,抬起时是否与地面成90°角。抬起、落下的动作是否平稳。如果栏杆抬落到位后的角度偏移较大或抬落动作明显不够平稳,应该及时报修,进行调整,以免缩短栏杆机使用寿命。

(4)定期润滑。电动栏杆机是一个机械设备。反复动作对机械传动部件的摩擦十分厉害,要定期对有机械摩擦的部位、电机传动轴进行润滑。润滑可采取黄油涂抹。

(四)车牌识别摄像机

车牌识别摄像机是收费系统中拍摄车辆图片,识别车辆车牌并将信号传输至车道工控机的设备。车牌识别摄像机不需要收费员操作,但收费员应该掌握车牌识别摄像机的维护方法。

(1)检查防尘罩,并清洁干净。清洁有机玻璃材料制成的防尘罩时,要注意不要用干布擦,以免灰尘颗粒划伤防尘罩表面。

(2)擦洗镜头。使用专用擦镜纸小心将镜头表面的灰尘擦掉。

(3)观察镜头对准位置是否合适。结合视频图像,适当调整摄像机支架,使摄像机上下左入镜头角度合适为止。

(4)擦洗补光灯。使用干净的棉布擦拭或用棉布蘸清水后擦拭。

(5)检查车牌识别摄像机支架是否牢固。

以上工作,每月至少需要进行一次。

(五)计重设备

计重设备是检测车辆轴重的设备。计重设备测量的精度受车辆类型、路面情况、收费车道的度、车速、车辆的动态平衡、车辆悬挂特征、驾驶人的操作能力等多种因素的影响。作为公路费员,应在日常使用和操作中尽量杜绝人为因素,力求称重数据的准确。

1. 计重设备的使用

(1)加强正确使用计重设备的宣传。告知驾驶人按照不高于规定时速驶过秤台,保证称重果在规定的精度范围内。

(2)不要在不开通车道的秤台上长时间堆放重物。

(3)收费亭外的执勤人员要引导车辆正确过秤。

2. 计重设备的日常维护

(1)保持秤台周围清洁。要定期清理秤台和秤框之间的缝隙和秤台基坑内的沙土。

(2)对卡在秤台和秤框之间缝隙内的硬物要及时清理,不能使其卡住秤台。

(3)秤台可以有一定的水平晃动,但不能出现上下晃动。检查秤台是否有上下晃动的方式:在秤台的四个边角跳跃一下,看秤台是否有明显的上下晃动。如有,说明秤台四周传感的承压垫片不在同一平面或有磨损。此时,收费员要及时报修。

(4)如果发现秤台基坑内积水严重,要及时通知采取排水措施,以免影响基坑内传感器线的数据传输。

(5)在车道日常的卫生打扫工作中,严禁将垃圾扫入到秤台基坑和秤台与秤台框之间的隙内。

(六)光幕分车器

光幕分车器是分离车辆的设备。它是应用红外线来检测两辆车之间的距离,从而达到分车目的。

1. 光幕分车器的使用

(1)当车身较长或装载货物超长的车辆不能完全过光幕时,可以让车辆适当往前移动一点,使光幕分车器能完全分断车辆。

(2)当车辆未被称重系统检测到或称重数据错误,车辆需要倒车时,应指挥和引导,防止车辆倒车时撞击到车道两侧的光幕分车器。

2. 光幕分车器的维护

(1)保持光幕发射端和接收端工作表面的清洁,并经常擦拭。擦拭时,可用干净棉布擦拭,或用干净棉布蘸清水擦拭。

(2)雨、雾天气下如果多次出现车辆分离不清的现象,应及时清理光幕管玻璃。

(3)为保持光幕分车器玻璃上的干燥,有的光幕分车器上安装了加热玻璃。夏季应关掉加热玻璃的电源,这样可以降低数据采集箱的温度。

(4)在倒车时应尽量保证有人员指挥倒车,从而可以避免光幕分车器被撞。

三、电工技术操作

(一)电的基本概念

电根据种类和特性可分为直流电和交流电。直流电包括直流电流和直流电压;交流电包括交流电流和交流电压。

电流是单位时间内通过导体横截面的电量,用符号 I 表示,电流强度的单位是"安",用字母"A"表示。

电压是物体带电后具有一定的电位,在电路中任意两点之间的电位差,称为该两点的电压,用符号 U 表示。电压的单位是"伏特",用字母"V"表示。

交流电(AC)是指电流的大小和方向随时间做周期性的变化。日常生活中的所有电气设备都用市电(交流 220V、50Hz)作为供电电源。这是我国公共用电的统一标准。

直流电(DC)是指电流的大小和方向不随时间变化。公路收费设备中,多类设备采用直流供电,例如读卡器、摄像机、工控机等。

(二)常用的低压电器设备

低压电器设备是交流 1200V 或直流 1500V 以下的电力线路中起控制调节及保护作用的电气元件,低压电器可分为低压配电电器和低压控制器两类。

低压配电电器包括刀开关、转换开关、熔断器、自动开关和保护继电器,主要用于低压配电系统中,要求在系统发生故障的情况下动作准确、工作可靠、有足够的热稳定性和动稳定性。

低压控制电器包括控制继电器、接触器、起动器、控制器、调压器、主令电器、变阻器和电磁铁,主要用于电力传流中,要求寿命长、体积小、重量轻和工作可靠。

(三)用电安全知识

1.电力的危害

电击(触电)是指电源通过人体内部,影响到心脏、肺部和神经系统的正常功能。电击可分为直接接触电击和间接接触电击。

直接接触电击是触及设备和线路正常运行时的带电体发生的电击(如误触接线端子发生的电击)。

间接接触电击是触及正常状态下不带电而当设备或线路故障时意外带电的金属导体发生的电击(如触及漏电设备的外壳发生的电击)。

2.预防触电的基本措施

(1)将需停电设备的各方面电源彻底断开,包括中性线,并取下可熔保险器在刀闸或开关的操作把手上挂"禁止合闸,有人工作"的标示牌,如需要可在刀闸或开关两侧装设接地线或现场派人看护。

(2)工作前必须用合格的验电笔对停电设备及周围设备验电。
(3)工作中要采用防止误触、误碰临近带电设备的措施和防止短路带电设备的措施。
(4)采取防止误入临近的带电间隔和误登临近带电杆、塔上的措施。
(5)禁止用喊话、约时等方式进行停送电。
(6)根据现场需要安排指挥和监护人。
(7)根据工作需要和现场情况采取其他的安全措施。

3. 电器安全用具

(1)安全用具的种类

安全用具可分为基本绝缘安全用具、辅助绝缘安全用具两种。

基本绝缘安全用具是指绝缘程度足以抵抗电器设备运行电压并直接接触电源的安全用具。低压基本绝缘安全用具有绝缘手套、装有绝缘柄的工具、低压试电笔。

辅助绝缘安全用具是指绝缘强度不足以抵抗电器设备运行电压,并不直接接触电源的安全用具。低压辅助绝缘安全用具绝缘靴、绝缘鞋、绝缘垫、绝缘台。

(2)安全用具的正确使用

使用基本绝缘安全用具时,必须使用辅助绝缘安全用具。安全用具使用前应进行外观检查,其表面应清洁、干燥、无断裂、划印、毛刺、孔洞等外伤。

验电器使用前应在已知带电体上试验,检查其是否良好。绝缘手套除耐压试验合格、外观清洁、干燥、在有效期内使用外,还应做充气实验,检查其是否有孔洞。

(3)安全用具的保管

安全用具应存放于干燥、通风场所。

绝缘拉杆应悬挂或放在支架上,不应与地面、墙面接触,以防受潮。

绝缘手套应存放在封闭的橱内,并应与其他工具、仪表分别存放。

高压验电器应放在防潮匣内,存放在干燥场所。

绝缘靴应存放在橱内,不应代替一般雨鞋使用。

安全用具不得当作一般工作使用。

四、电器仪表检测

(一)常用的测量仪表

电工测量项目:电流、电压、电阻、电功率、电能、频率等。

1. 电流表和电压表

电流测量的条件:电流表须与被测电路串联;电流流量不超过量程。

电压测量条件:电压表必须与被测电流并联,电压值不得超出量程。

2. 电功率测量

功率表的选用:功率表大都采用电动式,因为要反映电压、电流要素,要使实际电压小于电压线圈耐压,实际电流小于电流线圈额定电流。

(二)常用测量仪表的使用

1. 万用表使用注意事项

(1)测量前,先检查红、黑表笔连接的位置是否正确。红色表笔接到红色接线柱或标有"+"号的插孔内,黑色表笔接到黑色接线柱或标有"COM"号的插孔内,不能反接,否则在测量直流电电量时会因正负极的反接损坏表头的部件。

(2)在表笔连接被测电路前,一定要查看所选挡位与测量对象是否相符,否则,误用挡位和量程,不仅得不到测量结果,而且还会损伤万用表。

(3)测量时,手指不要触及表笔的金属部分和被测元器件。

(4)测量中若需转换量程,必须在表笔离开电路后才能进行。否则选择开关转动产生的电弧易烧坏选择开关的触点,造成接触不良的事故。

(5)在实际测量中,经常要测量多种电量,每一次测量前要注意根据每次测量任务把选择开关转换到相应的挡位和量程。

(6)测量完毕,功能开关应置于交流电压最大量程挡。

2. 万用表的使用

(1)电阻的测量

将万用电表挡位开关旋至"Ω"挡相对应量程,不清楚被测元件电阻大小时,可从高挡位开始,将红表笔插入"VΩ"插孔,黑表笔插入"COM"插孔,然后将表笔接至被测元件2端测量。如果显示1,则表示超出量程,要换用更高量程。

(2)二极管挡测量

将黑色表笔插入COM插孔,红色表笔插入"V/Ω/F"插孔。将功能开关置于所需的蜂鸣器/二极管量程位置。用此挡位检测二极管时,显示的数值就是二极管的正向压降值。当所测元件电阻小于一定值时,蜂鸣器会响,以此可判断电路中是否有短路。

(3)交流电压测量

将黑色表笔插入"COM"插孔,红色表笔插入"V/Ω/F"插孔。将功能开关置于所需的V-量程位置,并将测试笔连接到待测电源或负载上,从显示器上读取测量结果。在不清楚被测电压高低时同样从高挡位开始测试。

(4)直流电压测量

将黑色表笔插入"COM"插孔,红色表笔插入"V/Ω/F"插孔。将功能开关置于所需的V-量程位置,并将测试笔连接到待测电源或负载上,从显示器上读取测量结果。在不清楚被测电压高低时同样从高挡位开始测试。

(5)直流电流测量

将黑表笔插入"COM"插孔,当测量最大值为200mA的电流时,红表笔插入"mA"插孔,当测量最大值为20A的电流时,红表笔插入"20A"插孔。将功能开关置于直流电流挡A-量程,并将测试表笔串联接入到待测负载上,电流值显示的同时,将显示红表笔的极性。

(6)交流电流测量

将黑表笔插入"COM"插孔,当测量最大值为200mA的电流时,红表笔插入"mA"插孔,当测量最大值为 20A 的电流时,红表笔插入"20A"插孔。将功能开关置于交流电流挡 A-量程,并将测试表笔串联接入到待测电路中。

3. 钳形表的使用

钳形电流表的使用方法简单,测量电流时只需要将正在运行的待测导线夹入钳形电流表的钳形铁芯内,然后读取数显屏或指示盘上的读数即可。数字钳形电流表的广泛使用,给钳形表增加了很多万用表的功能,比如电压、温度、电阻等,有时称这类多功能钳形表为钳形万用表,可通过旋钮选择不同功能,使用方法与一般数字万用表相差无几。

此外,使用钳形电流表时应注意以下几个问题:

(1)选择合适的量程挡,不可以用小量程挡测量大电流,如果被测电流较小,可将载流导线多绕几个圈放入钳口进行测量,但是应将读数除以绕线圈数后才是实际的电流值。测量完毕后要将调解开关放在最大量程挡位置(或关闭位置),以便下次安全使用。

(2)不要在测量过程中切换量程档。

(3)注意电路上的电压要低于钳形表额定值,不可用钳形电流表去测量高压电路的电流,否则,容易造成事故或引起触电危险。

4. 兆欧表的使用

兆欧表应按电器设备的电压等级选用,不要使用测量范围过多地超出被测绝缘的数值,以保证读数准确。特别注意,不要用输出电压太高的兆欧表测低压电器设备,否则就有把设备绝缘击穿的危险。

兆欧表上有三个接线柱,"线"接线柱"L"在测量时与被测物和大地绝缘的导体部分相接;"地"接线柱与被测物外壳或其他部分相接;第三接线柱"保护(G)",只有被测物表面漏电很严重的情况下使用。

在测量前就将被测物断电并放电,而兆欧表应作一次开路和短路的试验,旋到额定转速时,指针应指到∞,短接"线"路和"接地"两极,指针应指到"0"。

使用兆欧表时,应注意远离大电流的导体和有外磁场的场合,同时放平勿摇动兆欧表本身,以免影响读数。

摇动手柄,应将转速保持在规定的范围内,一般每分钟 120 转左右,手柄应摇到指针稳定。

如被测设备短路,表针指表"0"时,应立即停止摇动手柄,以免兆欧表过热烧坏。

测试完毕,应将被测物放电,未放电时不可用手触及被测部分和进行拆线工作。

五、收费机电设备异常检查

收费设备处于 24h 工作状态,其出现异常或故障是在所难免。公路收费员在经常清洁、保养设备的同时,还需要对收费设备的一些异常现象进行初步的检查判断。如果能根据异常现象正确判断故障原因,对于一些小的故障,收费员可以自己及时解决,使其对正常工作的影响降低到最低程度。对于自己不能解决的故障,如果能详细描述故障现象,也可以在故障报时,为维护人员提供准确的信息,从而便于维护人员准确判断。本模块将介绍收费设备常则常情况的判断方法和一些具体异常现象的判断。

(一) 车道工控机常见故障现象原因及判断

车道计算机是收费工作的核心设备。尽管它采用性能较为稳定的工业控制计算机,但也会出现一些和普通计算机一样的常见异常现象。下面,列举车道计算机常见异常现象和可能的故障原因。

1. 显示器黑屏

显示器黑屏出现异常的原因及判断如下:
(1)显示器电源被切断或关闭了显示器电源开关。
(2)车道计算机突然断电。
(3)如果车道计算机在启动开始时,显示器就黑屏,则出现异常的原因出在车道机内部。车道计算机电源部分、主板、CPU、内存都有可能引发其启动时显示器黑屏现象,出现异常的实质原因是车道计算机没有真正启动。

2. 车道计算机开机提示"keyboard error"

系统无法正常引导,出现异常的原因如下:
(1)键盘未插到位。
(2)键盘损坏。
(3)车道计算机键盘接口电路存在故障。

对于第一种故障原因,可以重新拔插键盘接口,再重新启动车道计算机。如故障现象消失,可判定键盘没有插好。如果故障现象仍然存在,可更换一个好的键盘。如果故障排除,说明原键盘有问题。反之,则车道计算机键盘接口电路可能存在故障。此时,收费员需要报修。

3. 车道计算机启动后出现"hard disk install failure"的提示

无法继续引导系统,出现异常的原因如下:
(1)硬盘的电源线或数据线可能未接好。
(2)硬盘损坏。

这个异常现象一般在对车道计算机内部进行维护后,重新开机启动计算机时出现。这个异常的主要原因是维护人员在连接硬盘时数据线和硬盘电源线没有正确连接好。此外,硬盘内部电路故障也会出现该故障现象。遇到该现象,收费员要及时报修,并能正确解读故障提示,以便维护人员正确判断。

4. 车道计算机经常死机

计算机死机的原因很多,也很复杂。软件、硬件和病毒都可能导致死机。遇到该现象,收费员要结合当时车道计算机运行的软硬件环境,科学分析和判断。可以从以下几点进行分析判断:
(1)车道计算机工作温度是否过高。可以用手触摸机箱,如温度明显高于正常情况度,则高温可能是死机的原因。具体确认办法是:打开机箱,观察电源风扇和CPU风扇转动是否正常;车道计算机机柜上的散热风扇是否运行正常;收费亭内室温是否明显偏高。
(2)其他车道计算机是否同时也有类似情况发生。如有,则有可能是收费软件不稳死机。

(3)如上述情况都不存在,则可能是车道计算机硬件板卡存在问题。此时,需要报告维护员,采取替换法来判断故障硬件。

(二)票据打印机常见异常现象原因的判断

1. 票据打印机忽然不打印

出现异常的原因如下:
(1)打印机电源被切断或关闭了打印机电源开关。
(2)不慎按了打印机"联机"按钮,使打印机处于脱机状态。
(3)打印机打印针被色带挂住,打印头无法正常移动,使打印机打印动作中断。
(4)在移动打印机或触碰打印机通信线缆时,数据通信线缆脱落。

对于第(3)种原因,可以取出色带盒,观察色带是否穿孔。如果色带有被打穿的现象,更换色带。

2. 打印出的字符很淡

出现异常的原因如下:
(1)色带使用时间过长,色带上的油墨已不多了。
(2)打印头间隙过大,打印针打在打印轮上的压力不够。

对于第(1)种原因,收费员可以取出色带盒观察色带确认。如果色带油墨还很重,调整打印头间隙。调整打印头间隙可通过打印机上的纸厚调节杆调节。

3. 打印机打印出的字符不完整或缺笔画

出现异常的原因如下:
(1)打印头上的打印针折断。
(2)打印针驱动线圈断路或烧坏。
(3)连接打印头的电缆上出现断头或插头与插座之间的个别插脚接触不良。
(4)打印头控制与驱动电板有故障。

对于这些异常原因的确认和异常的排除,需要一定的专业知识和技能。收费员发现这些异常现象,需要及时报修。

(三)电动栏杆机异常现象的判断

1. 栏杆不抬

出现异常的原因如下:
(1)电动栏杆机无电源输入。
(2)栏杆控制器发生故障,未能触发电机转动。
(3)车道计算机与电动栏杆机之间的通信、控制信号传输不畅。
(4)车道计算机内控制电动栏杆机的相关板卡有故障,未能将抬杆信号发送到栏杆机。
(5)电动栏杆机内电机或机械传动部分发生故障,栏杆无法抬起。

异常现象原因的判断如下:

(1)观察电动栏杆机控制器和检测器指示灯是否亮。如果不亮,可用万用表检测,确认电动栏杆机是否有电源输入。

(2)更换一个好的控制器,试验栏杆能否正常抬起。

(3)检查车道计算机和栏杆机两头的接线,观察是否有线缆脱落。

(4)更换车道计算机内与电动栏杆机连接的板卡,判断是否因板卡损坏导致栏杆不动作。

(5)如果异常仍不能排除,可切断电动栏杆机电源,看能否手动抬起栏杆,如果不能,说明电机或机械传动部分有故障。

2. 栏杆不落

出现异常的原因如下:

(1)电动栏杆机电源掉电。

(2)车辆检测线圈断裂,检测器检测不到过车信号。

(3)检测器有故障。

(4)控制器有故障,不能触发电机转动。

(5)电机或机械传动部分存在故障。

异常现象原因的判断如下:

(1)用金属物体放置在车辆检测线圈上,观察检测器指示灯是否亮。如果不亮,说明检测器未能检测到过车信号。

(2)用万用表检测车辆检测线圈是否是通路。如果是通路,考虑更换车辆检测器。

(四)称重系统异常现象的判断

称重系统是由光幕分车器、低速称重仪、轮轴识别器和数据采集控制箱组成的。

1. 车道计算机接收不到称重信息

出现异常的原因如下:

(1)光幕分车器无电源。

(2)光幕分车器发射的红外线被阻挡,无法分离车辆。

(3)数据采集控制箱没有接收到光幕分车器传送的信号。

(4)数据采集控制器未将称重信息发送到车道计算机。

(5)车道计算机内连接数据采集控制器的板卡有故障。

异常现象原因的判断如下:

(1)观察光幕分车器发射和接收端指示灯是否亮。如果不亮,说明光车器掉电。

(2)观察光幕分车器玻璃罩上是否有灰尘、污物、雨水、雾气等影响红外信号的发射。

(3)检查光幕分车器到数据采集控制箱之间的线缆是否有脱落现象。

(4)检查数据采集控制器到车道计算机之间的连线是否有脱落现象。

(5)更换车道计算机内与数据采集控制箱连接的板卡,观察故障现象是否还存在。

2. 单胎经常被判为双胎

出现异常的原因:胎型识别器有损坏。

异常现象原因的判断:打开称重数据控制箱,观察胎型识别器各检测单元指示灯是否有常亮现象。如果有常亮现象,说明胎型识别器上该检测单元电路处于常通状态,若L7、L8常亮,说明这两个检测单元存在故障。当单胎碾压到胎型识别器上其他正常的测单元,胎型识别器会误认为该轴是双胎。

3. 双胎经常被判为单胎

出现异常的原因:胎型识别器有损坏。

异常现象原因的判断:打开称重数据控制箱,逐个碾压或用力敲打胎型识别器检测单元相应的指示灯,不亮,说明该检测单元电路处于常断状态。

4. 称重数据严重偏离允许的精度范围

出现异常的原因如下:
(1)低速称重仪秤台被卡死。
(2)秤台四周传感器出现故障。
(3)数据采集控制箱内数据采集模块存在异常。

异常现象原因的判断如下:
(1)观察秤台和秤框之间的缝隙是否有异物卡死。
(2)站在秤台四角跳跃,看秤台是否有明显的上下晃动。
(3)上报专业维护人员,检测数据采集模块是否存在故障。

车道收费设备种繁多,而且是一个集成的系统。在实际使用过程中,出现的异常情况也非常多。收费员在使用过程中,要注意观察,科学分析异常产生的原因,能准确描述故障现象,为维护人员判断故障原因、及时维护提供准确可靠的依据。

六、视频监控设备故障检查

视频监控系统主要由前端设备(高清网络监控摄像机、补光灯)、传输设备(工业以太网交换机、PTN设备、光缆)、供电设备(远程供电局端机、远程供电远端机、UPS、供电电缆)、图像汇聚及处理设备(流媒体服务器、交换机、网络安全设备、前台计算机、IPSAN、高清解码器、液晶显示屏)和监控软件组成。前端监控摄像机将采集到的实时监控图像通过工业以太网交换机传送至就近的收费站监控机房。视频图像经过交换机汇聚后分别与流媒体服务器和解码器连接。流媒体服务器对监控图像进行处理后,将其在监控软件上显示并将录像保存在IPSAN设备内。高清解码器将接收到的视频图像进行解码后,通过自身的视频输出口将图像传到机房屏幕墙的液晶显示屏上。各收费站将本站汇聚的图像通过通信系统干线网上传至路段监控分中心,路段监控分中心将本路段汇聚的图像通过通信骨干网上传至省监控中心。各级用户可以通过视频监控软件客户端查看实时的监控图像并调阅录像。路段视频监控系统目前常见的故障现象主要有摄像机无图像上传、摄像机云台无法控制、摄像机上传图像花屏或不清晰、摄像机录像无法查询、屏幕墙无法正常显示监控图像等。

1. 摄像机无图像上传

造成摄像机无图像上传的原因主要有供配电设备工作异常、摄像机自身工作异常、通信网络设备工作异常及参数配置错误等。

处理此类故障,首先在机房使用 ping 命令测试前端摄像机及工业以太网交换机的 IP 地址,查看是否存在网络延迟或丢包的情况。若 ping 命令测试结果正常且设备的管理页面能够正常登录,故障可能是由于摄像机、工业以太网交换机的网络或视频参数配置错误造成的,可尝试更改参数修复故障。若 ping 命令测试结果正常但无法登录设备管理页面,故障可能是由于摄像机或工业以太网交换机运行异常造成的,可尝试去现场重启设备修复故障。若 ping 命令测试不正常,此时应首先检查机房内网络、传输设备的运行情况。若机房内设备运行不正常,需排查故障原因。若机房内设备运行正常,则去外场检查前端设备的运行情况。

维修人员到达现场后应首先检查工业以太网交换机、摄像机以及供电设备的输入输出电压是否正常。若电压偏低或无电压,需逐级排查检测,判断具体故障原因(如供电电缆故障、远供电设备故障、设备电源适配器故障等)。

若现场设备供电无异常,可以通过断电重启摄像机,看它是否能够正常自检。若摄像机断电后无自检动作,可以判断摄像机自身硬件故障,需更换摄像机。若摄像机重启后有自检动作,此时使用笔记本电脑通过网线直连摄像机,使用 ping 命令测试摄像机的网络情况。若 ping 命令测试不正常,故障原因可能是摄像机与交换机之间的连接网线故障、摄像机 IP 地址错误或摄像机故障。此时可尝试修改摄像机 IP 地址、更换连接网线、重启或更换摄像机来修复故障。

若摄像机的 ping 命令测试结果正常且参数正确,继续检查工业以太网交换机运行是否正常,主要检查交换机的光口状态灯、网口状态灯以及电源状态灯。若网口状态异常,可能是交换机网口或设备之间的连接网线故障,可尝试调换网口或更换故障网线来修复故障。若电源状态异常,可能是电源适配器或交换机故障,可尝试更换电源适配器或交换机来修复故障。若光口状态异常,故障可能是交换机光接口故障、光模块故障、光纤链路故障等造成的,可尝试通过更换交换机或光模块、用光功率计测量尾纤光衰等方法来判断故障原因。若交换机光接口或光模块故障,可尝试更换交换机或光模块修复故障。

若光纤链路故障,此时需使用光功率计测量光纤链路的具体衰耗,根据衰耗数值判断故障原因。若衰耗过大无法满足光模块的工作要求,可以通过整理线缆避免光纤弯曲过大、清洁光纤接头、更换尾纤等方法降低光衰,使光纤链路恢复正常。若使用光功率计无法测量到光衰数值,则可判断此时的光纤链路存在故障点,需使用光时域反射仪定位光纤断点位置并维修故障光纤。

2. 摄像机云台无法控制

摄像机云台无法控制主要跟摄像机自身和视频平台的软件配置有关。首先登录摄像机管理页面,测试在管理页面下能否控制摄像机的云台。若管理页面下能够正常控制摄像机云台,则故障可能是视频平台的软件配置不正确造成的,此时需更改软件配置。若管理页面下无法正常控制摄像机云台,故障可能是摄像机工作异常造成的,可尝试重启或更换摄像机来修复故障。

3. 摄像机上传图像花屏或不清晰

摄像机上传的图像花屏或不清晰可能是摄像机与视频服务器之间的网络传输延迟较高或丢包严重造成的。遇此故障,检查各级网络设备的运行状态及设备之间的连接网线是否正常、摄像机及交换机的参数配置是否正常,避免出现设备工作异常、IP 地址冲突、网络环路等问题。

4. 摄像机录像无法查询

摄像机录像无法查询可能是视频服务器、IPSAN 或视频平台录像服务工作异常造成的。遇到此类故障,检查视频服务器、IPSAN 以及视频平台录像服务运行是否正常。若不正常,可尝试重启故障设备或服务来恢复故障。

5. 屏幕墙无法正常显示监控图像

屏幕墙无法正常显示监控图像一般是组成屏幕墙的显示屏或解析图像的高清解码器工作异常造成的。遇到此类故障首先检查与显示屏及高清解码器连接的电源线、视频线及网线是否存在松动或接触不良的情况。如有,可尝试紧固或更换有问题的线缆来修复故障。若线缆无问题,继续检查显示屏及高清解码器设备的运行状态。若设备工作异常,可尝试重启或更换备件来修复故障。

6. 日常维护和管理

(1) 每天巡查。机房值班人员通过现有的视频监控平台巡查所有摄像机是否在线、图像质量及云台控制是否正常、录像查询及屏幕墙上显示的图像是否正常。值班人员发现问题需及时向管理人员报告。

(2) 管理人员及时统计并更新视频监控系统的技术资料,包括但不限于设备的 IP 地址、网络配置、供电链路、通信链路等。

(3) 管理人员定期对干线及机房的设备进行维护。主要包括设备的除尘、检查设备运行状态及接地、整理线缆及标签、测试监控网络的延迟丢包情况及光纤链路衰耗。

七、通信设备的日常维护

(一) 通信设备运行环境和状态介绍

通信设备运行温度 0~45℃,相对湿度 10%~90%,正常工作的直流电压为 -48V,设备采用联合接地,接地电阻应良好(要求小于 1Ω)。

通信设备要定期清洗风扇盒防尘网。条件较好的机房每月清洗一次,机房温度、防尘度不好的机房每两周清洗一次。子架上散热孔不应有杂物,如 2M 线缆、尾纤等。日常检查单板是否发烫,子架通风口风量是否大。

(二) 日常维护注意事项

1. 激光安全注意事项

(1) 在设备维护的过程中,应避免激光照射到人眼。
(2) 用尾纤对光口进行硬件环回测试时一定要加衰耗器。
(3) 避免带纤插拔光接口板。
(4) 在使用 OTDR 测试仪时,需要断开对端站与光接口板相连的尾纤,防止光功率太强损坏接收光模块。

2.电器安全注意事项

(1)在设备维护前必须做好防静电措施,避免对设备造成损坏。

(2)单板在不使用时要保存在防静电袋内,拿取单板前要戴好防静电手腕,并保证防静电手腕良好接地。注意单板的防潮处理。

(3)严禁设备带电安装、拆除。

3.单板机械安全注意事项

(1)单板在运输中要避免振动,振动极易对单板造成损坏。

(2)更换单板时要小心插拔,更换单板应严格遵循插拔单板步骤。

(三)通信设备单板插拔

1.拔出单板

将防静电手腕的插头插入机柜中的防静电插孔中。佩戴好防静电手腕及防静电手套。双手捏住单板拉手条的上、下扳手同时向外扳动。明显感觉单板脱离母板(约拔出1cm),轻轻地将单板平行抽出。拔出的单板必须放置到静电盒或静电袋中,子架的该板位如果不再配置单板,则必须安装假拉手条。

2.插入单板

将防静电手腕的插头插入子架内的防静电插孔中,佩戴好防静电手腕及防静电手套。两手捏住单板拉手条上的扳手,将其向两侧扳开。沿着子架插槽导轨平稳滑动插入单板,直到单板无法向前滑动为止。用力内扣上、下扳手,扳手勾住子架横梁,以此为着力点,将单板插入,当听到"啪"的声音时,表示单板已经安装完毕。

(四)光纤维护

不论光板和尾纤是否在使用,光板的光纤接口、尾纤的接头一定要用光帽盖住,及时清洗光接口板光纤接口和尾纤接头,SC/PC类型尾纤的插拔需要用使用拔纤器。

(五)检查设备声音告警

(1)检查SCC或CXL板的"ALMC"指示灯,正常状态是灭,设备在发生紧急告警时,会进行声音告警。

(2)如果SCC或CXL板的"ALMC"指示灯为黄色,则需按"ALMC"按钮,解除设备告警。

(六)检查和清理风扇

抽出防尘网,将粘贴在防尘网上的海绵撕下后用水冲洗干净,并在通风处吹干,重新将防尘网插回导槽。

(七)网管系统维护

网管系统由网单元管理器与附属设备组合构成,在网管系统的维护过程中,禁止在计算机上输入与维修工作无关的操作,并定期对计算机内的病毒进行检查与清理,防止光纤通信出现故障。为了保障故障发生后,设备还能够正常的使用,网管系统中的所有软件与补丁等都应当进行备份处理,用磁盘等保存两份以上,保证系统时刻保持正常运作。系统在进行升级的过程中很可能损坏信息数据或出现病毒等。因此,在版本升级前需要备份系统软件与数据等,在升级完毕后及时进行数据恢复,并做详细的记录,一旦发现异常情况要及时上报并处理。网管设备需要配备 UPS 电源,在设备运行的过程中不得切断 UPS 电源,当电源发生故障时,需要立即上报,并按照正确的步骤进行关机。

八、Windows 系统 IP 配置

(1)在控制面板中选择"网络和 Internet",如图 2-7-3 所示。

(2)选择"网络和共享中心",如图 2-7-4 所示。

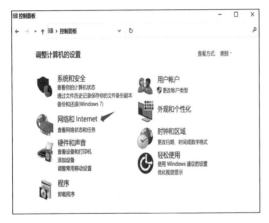

图 2-7-3　控制面板界面

图 2-7-4　网络和共享中心

(3)点击"更改适配器设置",如图 2-7-5 所示。

(4)右键点击要修改的网卡,选择"属性"选项,如图 2-7-6 所示。

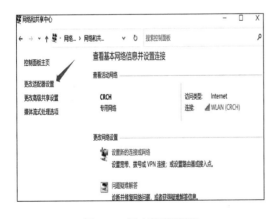

图 2-7-5　更改适配器设置

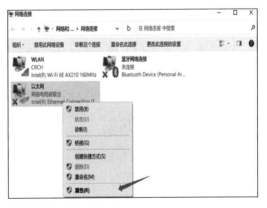

图 2-7-6　选择网卡属性

（5）点击"lnternet 协议版本 4(TCP/IPv4)"，如图 2-7-7 所示。

（6）按照规划好的 IP 地址和 DNS 服务器地址进行配置，配置完后点击"确定"，如图 2-7-8 所示。

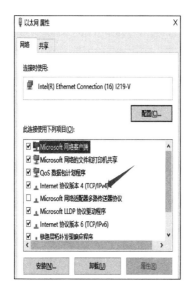
图 2-7-7　更改 IPv4

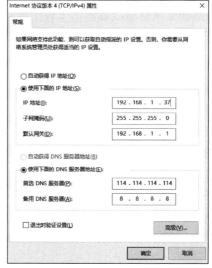
图 2-7-8　修改 IP 地址

九、设备清洁与线缆整理

（一）机柜设备除尘

机柜设备清洁除尘是确保设备正常运行和延长设备寿命的重要步骤。定期对机柜设备进行清洁除尘，可以提高设备的散热效果，延长设备的使用寿命，并确保设备的稳定运行。同时，应注意清洁的频率和方式，以避免对设备造成不必要的损害。以下是机柜设备清洁除尘的步骤和方法：

（1）准备工作：确保机柜断电，避免触电风险。准备清洁工具，如压缩空气、毛刷、抹布、清洁剂等。

（2）外部清洁：使用毛刷轻轻扫除机柜外部表面的灰尘。使用抹布蘸取少量清洁剂擦拭机柜外部，去除油污和顽固污渍。

（3）内部清洁：打开机柜门，使用压缩空气吹除机柜内部的灰尘。使用毛刷轻轻扫除机柜内部设备的灰尘，特别是风扇、散热片、电路板等部位。

（4）设备清洁：轻轻擦拭设备的表面，去除灰尘和污渍。使用压缩空气吹除设备内部，特别是风扇、散热片等部位。

（5）电源线和信号线清洁：使用毛刷轻轻扫除电源线和信号线上的灰尘。检查电源线和信号线的连接是否牢固，避免松动或脱落。

（6）清洁完毕：关闭机柜门，确保门锁紧固。重新连接电源，检查设备是否正常运行。

(7)注意事项:在清洁过程中,避免使用湿布或水,以免造成设备短路或损坏。避免使用强酸或强碱性清洁剂,以免腐蚀设备表面。清洁过程中,应小心操作,避免损坏设备。

(二)线缆整理

线缆整理是确保网络布线和通信工程中线缆可靠性和可维护性的关键步骤。有效地整理线缆可以提高网络的稳定性和可靠性。

1. 线缆整理原则

(1)标准化:遵循行业标准或企业内部标准,确保线缆的布线、标签和标记的一致性。

(2)有序性:保持线缆排列整齐,避免交叉和混乱。线缆应按照一定的顺序和方向排列,以便于识别和维护。

(3)可维护性:线缆的排列和固定应便于日后维护和扩展。确保线缆的连接点清晰可见,便于快速识别和操作。

(4)安全性:避免线缆被踩踏或拉扯,防止损坏。确保线缆的固定牢固,防止因振动或移动而松动。

(5)环保性:选择环保的线缆材料和包装材料。避免线缆对环境造成污染,如减少废弃物和有害物质的排放。

2. 线缆整理步骤

(1)准备工作:准备所需的工具和材料,如剥线钳、剪刀、线缆扎带、标签等。确保工作台面干净,无灰尘和碎屑。

(2)整理线缆:按照预先规划的布局,将线缆从起点引至终点。确保线缆的排列整齐,避免交叉和混乱。

(3)固定线缆:使用线缆扎带、挂钩、固定架等工具固定线缆。确保线缆的固定牢固,防止因振动或移动而松动。

(4)标记线缆:在线缆上贴上标签,注明线缆的用途、起始点和终止点等信息。确保标签清晰可见,便于识别和维护。

(5)检查和测试:检查线缆的固定和标记是否符合要求。进行必要的测试,确保线缆的质量和性能。

(6)清理工作台面:清理工作台面上的废料和工具,保持工作环境的整洁。

第八章

安全畅通保障

本章介绍了高速公路超限运输车辆治理相关法律法规及规范性文件规定,不停车称重检测系统的操作方法,交通管制流程,消防安全教育培训及演练,收费场所安全保障等内容。

第一节 超限车辆管控

一、超限车辆治理相关规定

(一)法律法规

1.《中华人民共和国公路法》相关规定

第五十条规定:超过公路、公路桥梁、公路隧道或者汽车渡船的限载、限高、限宽、限长标准的车辆,不得在有限定标准的公路、公路桥梁上或者公路隧道内行驶,不得使用汽车渡船。超过公路或者公路桥梁限载标准确需行驶的,必须经县级以上地方人民政府交通主管部门批准,并按要求采取有效的防护措施;运载不可解体的超限物品的,应当按照指定的时间、路线、时速行驶,并悬挂明显标志。运输单位不能按照前款规定采取防护措施的,由交通主管部门帮助其采取防护措施,所需费用由运输单位承担。

2.《公路安全保护条例》相关规定

第三十三条规定:超过公路、公路桥梁、公路隧道限载、限高、限宽、限长标准的车辆,不得在公路、公路桥梁或者公路隧道行驶;超过汽车渡船限载、限高、限宽、限长标准的车辆,不得使用汽车渡船。公路、公路桥梁、公路隧道限载、限高、限宽、限长标准调整的,公路管理机构、公路经营企业应当及时变更限载、限高、限宽、限长标志;需要绕行的,还应当标明绕行路线。

(二)规章

《超限运输车辆行驶公路管理规定》明确了超限运输车辆的认定标准。

(三)规范性文件

(1)《汽车、挂车及汽车列车外廓尺寸、轴荷及质量限值》(GB 1589—2016)。

(2)《关于印发整治公路货车违法超限超载行为专项行动方案的通知》(交办公路〔2016〕109号)。

(3)《关于进一步做好货车非法改装和超限超载治理工作的意见》(交公路发〔2016〕124号)。

二、入口不停车称重检测系统操作

入口不停车称重检测系统操作方法如图2-8-1所示。

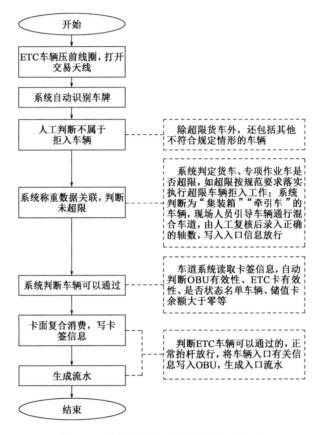

图2-8-1 入口不停车称重检测系统操作方法

第二节 畅通保障

一、交通管制

交通管制是指封闭道路或者在一定时间内禁止双向、多向、单向道路通行以及违反日常通行方向、规则等禁止通行、限制通行的措施。

交通管制可分为疏导性交通管制、限制性交通管制及禁止性交通管制。

二、入口限行、封道处置流程

入口限行、封道处置流程如图 2-8-2 所示。

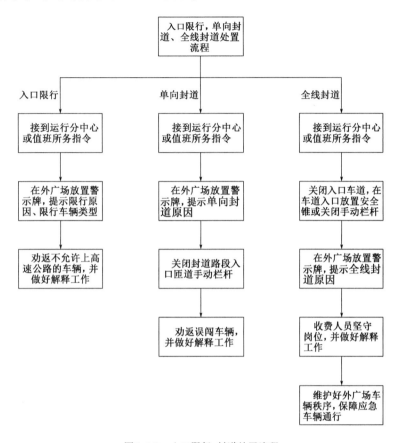

图 2-8-2　入口限行、封道处置流程

（1）收费人员接到入口限行指令。
（2）关闭入口车道，在车道入口放置安全锥或关闭手动栏杆。
（3）在外广场放置警示牌（提示原因）。
（4）收费人员劝返误闯车辆，并做好解释工作。
（5）维护外广场车辆秩序，保障应急车辆通行。

三、出口分流保畅

出口分流保畅流程如图 2-8-3 所示。
（1）接到出口分流指令。
（2）立即检查各车道设备、收费辅助设施工作状况。
（3）备足发票和备用金。

(4)开启语音提示,提醒车辆提前准备好通行卡、现金或付款码。
(5)当车道车辆排队超过规定数量时,组织人员增开车道。
(6)在开足所有车道时仍有拥堵,有条件的可设置潮汐车道。
(7)当所有出口车道车辆排队超过规定数量时,报值班所务后,启用收费简化操作。
(8)车辆拥堵影响主线通行时,可将富余ETC车道切换成混合车道。
(9)采取以上措施,车辆仍排队至主线且无法缓解时,上报协调实施远端分流或交替分流。
(10)设置渠化安全通道,指挥车辆有序通行,确保畅通。

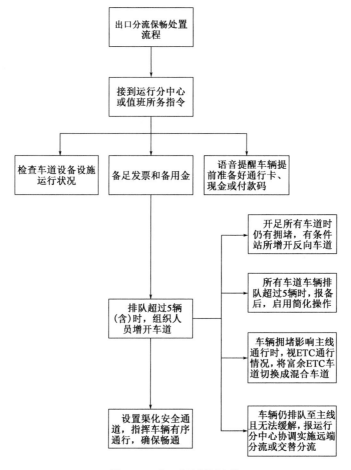

图 2-8-3 出口分流保畅流程

第三节 消防安全培训及演练

一、消防安全教育培训规定

《社会消防安全教育培训规定》(中华人民共和国公安部令第109号)第十四条规定,单位应当根据本单位的特点,建立健全消防安全教育培训制度,明确机构和人员,保障教育培训工

作经费,按照下列规定对职工进行消防安全教育培训:

(1)定期开展形式多样的消防安全宣传教育。

(2)对新上岗和进入新岗位的职工进行上岗前消防安全培训。

(3)对在岗的职工每年至少进行一次消防安全培训。

(4)消防安全重点单位每半年至少组织一次,其他单位每年至少组织一次灭火和应急疏散演练。

单位对职工的消防安全教育培训应当将本单位的火灾危险性、防火灭火措施、消防设施及灭火器材的操作使用方法、人员疏散逃生知识等作为培训的重点。

1. 培训目的

提高员工的消防安全素质,有效预防火灾,增强消防安全隐患防范化解能力,减少火灾危害,掌握逃生处置知识。

2. 培训流程

培训流程如图2-8-4所示。制订培训方案和培训计划。培训方案需紧扣主题,结合单位实际;对培训活动进行相关宣传;对参加培训人员进行前期教育;做好培训总结。

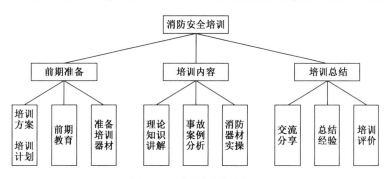

图2-8-4 消防安全培训流程

二、消防安全教育培训内容

消防安全教育培训的内容应当符合消防安全教育培训大纲的要求,主要包括:国家消防工作方针、政策;消防法律法规;火灾预防知识;火灾扑救、人员疏散逃生和自救互救知识;其他应当教育培训的内容。

(一) 消防安全知识

具体内容见《基础知识》第二章安全知识。

(二) 火灾预防知识

1. 火灾预防的基本方法

(1)控制可燃物。基本原理是限制燃烧的基础或缩小可能燃烧的范围。

(2)控制助燃物。其原理是限制燃烧的助燃条件。

(3)消除着火源。具体方法是:在危险场所,禁止吸烟、动用明火;采用防爆电气设备,安避雷针,装接地线;用电设备应安装保险器,防止因电线短路或超负荷而起火;存放化学易燃物品的仓库,应遮挡阳光。

(4)阻止火势蔓延。其原理是不使新的燃烧条件形成,防止或限制火灾扩大。具体方法是:建筑物及贮罐、堆场等之间留足防火间距,设置防火门,划分防火分区。

2. 火灾预防常识

(1)不乱接电源,不乱拉电线,不超负荷用电。

(2)按规定安全使用火源。

(3)不在建筑物内、易燃易爆物品旁焚烧杂物,不随意存放易燃易爆物品,不在公共场所擅自使用明火和大功率用电器。

(4)不挪用和损坏消防器材,不堵塞消防通道,不违章搭建和违章施工。

(5)非工作期间,及时关闭电源、气源、动力源等。

(6)无法扑灭初起火灾时,立即打"119"报警。

三、消防安全演练

《机关、团体、企业、事业单位消防安全管理规定》(中华人民共和国公安部令第61号)第四十条规定,消防安全重点单位应当按照灭火和应急疏散预案,至少每半年进行一次演习,并结合实际,不断完善预案。其他单位应当结合本单位实际,参照制定相应的应急方案,至少每年组织一次演习。

(一)演练目的

组织消防安全演练是为了增强人们的安全防火意识,了解掌握火灾的处理流程,以及提升在处理突发事件过程中的协调配合能力。

(二)演练分类

演练单位应根据实际情况采取多种应急演练方式,如表2-8-1所示。

应急演练分类　　　　　表2-8-1

划分形式	分类	特点
组织方式	桌面演练	1. 内容:利用地图、沙盘、流程图、计算机模拟、视频会议等辅助手段,对突发事件应急处置的决策、指挥、协调程序进行推演; 2. 作用:检验和提高指挥人员的互相协作能力,明确各部门的职责划分; 3. 优缺点:花费少,筹备时间短,调用资源少;现场感不强
	实战演练	1. 内容:利用搭设的场景、真实的设备物资,完成真实响应的过程; 2. 作用:检验和提高指挥人员、执行人员、模拟人员的临场指挥、队伍调动、现场处置、后勤保障等能力; 3. 优缺点:操作性和现场感强,宣传影响力大,花费大,筹备时间长,调用资源多

续上表

划分形式	分类	特点
内容	单项演练	1. 内容:演练只涉及预案中的一项行动; 2. 作用:有针对性的检验和提高特定行动和人员的影响能力; 3. 优缺点:针对性强,易发现薄弱环节;预案中各项行动的协同性未得到检验
	综合演练	1. 内容:演练设计预案中的多项或全部行动; 2. 作用:全面检验和提高各项行动和各类人员的响应能力; 3. 优缺点:各项行动和人员的协同性得到检验;花费多,筹备时间长,调用资源多
目的	检验性演练	重在检验预案的可行性、准备的充分性、应急机制的协调性及相关人员的应急处置能力
	示范性演练	重在向社会公众展示应急能力或提供示范教学
	研究性演练	重点研究和解决突发事件应急处置的重点、难点问题,试验新方案、新技术和新装备

(三)演练内容

1. 制订演练方案

方案内容涵盖演练目的、演练时间、演练人员、选定模拟起火地点、选定人员疏散逃生线路、人员安全集散点、指挥机构与职责、演练物资准备等内容。

2. 组织机构职责

(1)总指挥职责:根据形式做出总体部署,迅速下达各项应急指令;确定应急集合地点,并发布全员疏散指令;当灾情得到有效控制时,发布解除应急行动指令。

(2)现场指挥职责:人力支援及机动调派;现场协调、实施紧急应变事项,向总指挥报告应急事件各阶段情况。

(3)疏散组职责:主要负责人员和物资的疏散,掌握现场人员情况或被火势威胁物资的性质、数量和存放方式、受威胁程度,确定疏散所需的力量、器材、路线、方法并组织实施疏散;根据疏散任务,按单位把员工组织起来明确分配抢救疏散任务,以便有秩序地进行疏散;和灭火组之间密切协作,互相支持配合,注意抢救疏散人员的安全。

(4)安全救护组职责:负责火灾现场安全防护救护工作,救护伤员;防止坏人乘机破坏,保护好火灾现场。

(5)灭火组职责:了解火场情况、投入灭火行动,在情况发生变化来不及请示时,可先应急处置,事后向领导汇报;组织员工协同作战,根据火势配备灭火力量,明确自己的任务;根据火场上扑救和灭火的需要,向领导提出扑救火灾所需人员及灭火器材的需求。

(6)物资保障组职责:主要负责火场上的装备器材、灭火器、运输工具及火场灭火人员的饮食等所需物资供应工作。

第四节 工作场所安全防护

一、岗位主要安全风险

收费岗位主要存在如下风险:车辆伤害、物体打击、高处坠落、触电、火灾、爆炸、中毒等,如表2-8-2所示。

收费岗位主要风险及控制措施　　　　　　　表 2-8-2

可能导致的伤害（事故）	致险因素	控制措施
车辆伤害	车辆冲卡	1. 增设高清监控装置,加强车辆信息的录入和视频保存,确保准确锁定冲卡车辆; 2. 借助外部力量稽查逃费车辆
车辆伤害	车辆冲撞岗亭	1. 岗亭防护设施应具备一定的防撞能力,保证其安全性; 2. 对收费站各种安全设施,定期进行检查与维护; 3. 随时观察交费车辆情况,发现有失控征兆,及时撤离危险区域; 4. 监控部门发现异常情况,下达指令做好入口管控工作
车辆伤害	秤台湿滑	1. 提醒过秤车辆控制车速、谨慎驾驶; 2. 加强秤台表面清扫
车辆伤害	超宽、超量装载,货物捆绑不牢	1. 设置合乎规范的交通安全设施; 2. 加强收费入口管控; 3. 加强员工安全教育提醒和现场管控
车辆伤害	横穿车道	1. 设置限速标志和员工行走路线; 2. 定期对车道防护栏杆进行维护,发现破损立即修复; 3. 加强员工安全教育,严格遵循"一停二看三通过"
车辆伤害	违反交通规则	1. 行走、骑车或开车均应严格遵守交通规则; 2. 穿过马路时应遵守"一停二看三通过"
车辆伤害	绿通车辆检查时后方来车失控	1. 加强行车安全教育,提高收费人员安全意识; 2. 检查作业时保持警惕,注意后方来车情况
车辆伤害	ETC感应、路栏等设备故障	1. 若存在地下通道,可设立标牌进行引导; 2. 若无地下通道,可设置相应的斑马线或减速让行线,避免发生事故
高处坠落	绿通车辆查验攀爬	需攀爬车辆查验时,使用爬梯进行作业
物体打击	通行货车货物捆绑不牢	1. 加强收费站入口管控; 2. 提高收费人员安全意识
物体打击	绿通检查时货物翻倒、坠落	1. 加强行车安全教育宣传; 2. 在绿通检查时,对货物装载不规范或存在倾倒可能的,应防止货物坠落造成伤害,并通知驾驶人对货物做好加固或处置
物体打击	顶棚字牌、灯具等设施设备松动掉落	1. 定期对顶棚字牌、灯具等设施设备连接螺栓、焊接等部位进行检查,如发现松动及时加固; 2. 在台风、强降雨等恶劣天气来临前对顶棚上的设施设备进行加固处理
触电	设备漏电	1. 加强机电设备的日常检查、定期维护; 2. 加强用电安全教育,提升安全防护技能
中毒/火灾/爆炸	过往危化品车辆泄漏	1. 对危化品运输车辆应详细检查车辆状况; 2. 加强人员安全教育培训,强化危化品泄漏应急演练
其他伤害	与驾驶人发生纠纷	加强文明服务培训,尽量避免纠纷,依法依规处理
其他伤害	票款箱抢夺	1. 对各种安全设施(如防盗门、防盗网、防盗锁等)定期进行检查; 2. 严禁非工作人员进收费亭; 3. 遇到抢劫等情况,尽量避免出现人身伤害事故

续上表

可能导致的伤害（事故）	致险因素	控制措施
其他伤害	病毒、疾病传播	1. 收费人员接受体温检测,体温正常方可上岗; 2. 做好防护、隔离工作; 3. 保持环境清洁,做好通风、消毒措施

二、岗位常见事故隐患

收费岗位的事故隐患,如表 2-8-3 所示。

收费岗位主要事故隐患 表 2-8-3

序号	类别	事故隐患
1	人的不安全行为	工作时未穿着反光背心; 交接班时未沿固定的安全路线行进,违规横穿车道; 进出岗亭未按规定上锁; 票款放入票箱后未上锁,大额票款未及时放入安全箱; 未佩戴口罩或佩戴不规范,未及时对卡、票消毒; 违规使用电器、明火; 不能正确使用灭火器材; 强行拦截车辆; 收费设备设施巡查不到位,未及时发现故障; 收费区域巡查不到位,未及时疏散闲置车辆及闲杂人员; 处于驾驶人视野盲区或内外轮差危险区域
2	物的不安全状态	机电设备故障,包括 ETC 感应设备、栏杆升降设备、轮胎检测器、工控机等; 工作场所问题,包括安全岛设置不规范,护栏缺失或破损,配电线路老化、漏电,防雷设施故障,安全标志缺失或破损等; 消防设备设施故障及失效,包括火灾自动报警装置、烟雾火警信号装置故障,灭火器数量不足、失效,安全防护装备配备不齐全、数量不足
3	管理缺陷	安全生产管理规章制度、岗位安全操作规程执行不到位; 未经安全培训教育或未达到培训要求; 事故隐患排查及风险管控工作不落实,未履行岗位事故风险、预警告知; 特定时段未落实相应的安全保畅保障措施

三、现场应急处置

1. 普通车辆起火事故

收费车道内普通车辆起火应急处置要点,如表 2-8-4 所示。

普通车辆起火事故应急处置要点 表 2-8-4

序号	应急处置要点
1	发现车道内车辆起火,应立即报告当班班长,关闭车道通行指示灯,并引导驾驶人将车辆开出到安全或空旷区域(收费广场);如车辆无法开出车道,收费员应做好现金、票据及其他重要物资转移准备,及时撤离

续上表

序号	应急处置要点
2	班长接报后,在火势较小时,应立即组织外场人员救火(干粉灭火器、水基型灭火器等)协助驾驶人对车辆进行救援,并向值班人员报告现场情况; 若火情不能控制或有人员受伤应及时拨打"119""120"等请求救援,同时疏散周边相关人员
3	做好消防车的引导工作,积极配合消防、交警维护交通秩序,及时疏散周围车辆及人员
4	火灾事故救援完毕后,协助清理现场并尽快恢复正常工作秩序

2. 危化品车辆泄漏事故

收费区域危化品事故应急处置要点,如表2-8-5所示。

收费区域危化品事故应急处置要点   表2-8-5

序号	应急处置要点
1	当发现危化品车辆有泄漏(着火)等异常情况,应第一时间发出警示信息,应根据车辆所处的具体位置,正确选择车道信号灯、车道栏杆的启(闭)状态
2	向驾驶人(或货主)了解装载危化品的品名、特性、危害程度等,同时上报班长; 引导驾驶人尽可能将车辆开到安全或空旷区域(收费广场)
3	按班长指令撤离或实施现场先期应急处置。应做好安全防护措施,如准备湿毛巾、高帮防腐雨靴等;向上风口疏散现场人员至隔离区以外;设置警示牌,要求距离危化品车200m以上
4	协助班长维持现场秩序,等待专业人员救援

3. 收费亭电气设备起火事故

收费亭电气设备起火应急处置要点,如表2-8-6所示。

收费亭电气设备起火应急处置要点   表2-8-6

序号	应急处置要点
1	发现亭内电气设备起火(冒烟、有异味),应立即关闭电源总开关,并立即报告班长
2	初期火情,可使用绝缘性能好的灭火器(如干粉灭火器、二氧化碳灭火器)进行灭火,并使人体与带电体保持一定的安全距离
3	若火情严重或有人员受伤应及时拨打"119""120"请求救援,同时立刻疏散人员
4	积极配合消防、交警人员维持交通秩序,及时疏散周围车辆及其他人员,做好安全警戒区域设置
5	火灾事故处置完毕,协助清理现场并尽快恢复正常秩序

4. 收费岗亭遭抢劫

收费岗亭遭抢劫应急处置,如表2-8-7所示。

收费岗亭遭抢劫应急处置要点   表2-8-7

序号	应急处置要点
1	当事人应充分做好自我保护工作,不做出过激举动,在有条件的情况下按下报警按钮
2	记住嫌疑人的体貌、口音、交通工具(车牌号、颜色)和逃跑方向等,迅速报告值班人员,并保护好现场
3	其他人员在接到警示或报警信息后,应立即检查所在收费亭的门窗、保险箱是否已经上锁,确保自身安全
4	当值人员接报后,应第一时间拨打"110"报警,并通知外场人员持械监视动态。现场有人受伤时应立即拨打"120"求救

四、防疫应急处置

1. 提前已知

提前接到消息通知疑似风险车辆和人员到达的,做好自身防护及隔离、消毒措施,保持距离、不接触、不交谈、不滞留,快速放行。过后随即做好消毒处置,并告知当地防疫部门。

2. 现场发现

现场发现疑似风险车辆和人员的,适当控制安全距离,快速收费(使用非现金支付),快速放行。使用现金付费的,做好票款、凭证介质的消毒。

3. 现场确认

现场确认或有理由高度怀疑为风险车辆和人员的,坚持"一控、二防、三报"的处置原则:
(1)告知对方人员(使用喊话器),就地等候,不要下车活动,简要做好解释工作。
(2)告知班组相关工作人员做好防护,保持安全距离,做好现场车道隔离和其他车辆引导,事后追缴收费。
(3)上报领导、地方防疫部门,必要时联系属地派出所处置。
(4)风险车辆和人员带离后,对整个收费区域消毒处理。
(5)接触过或怀疑接触过疑似病例的人员,做好隔离防护(隔离室临时留观),安排就医检测。

4. 事后发现

事后发现疑似接触过高度风险车辆和人员的,立即做好与他人的隔离防护(隔离室临时留观),安排就医检测。

第三部分
高级

第一章 收费业务

本章主要介绍了收费基础参数信息管理、出行服务、ETC 收费业务特情处理、非 ETC 收费特情业务处理、特种车处理五部分内容。

第一节 收费基础参数信息管理

一、通行数据统计

通行数据是指车辆行驶收费公路产生的数据，出入口收费站通行数据主要包括车辆类型、车辆种类、特情数据、优免通行数据等。

1. 车道通行数据统计

收费人员根据车道系统收费界面上的数据类型做好当班通行数据统计。

（1）入口 MTC 车道需要统计的主要通行数据有通行卡数、ETC 卡数、紧急车、纸券号。如图 3-1-1 所示。

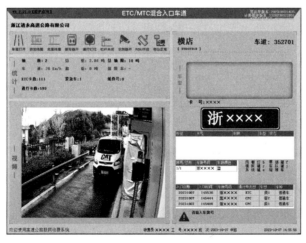

图 3-1-1　入口 MTC 车道统计数据界面示例

（2）入口 ETC 车道需要统计的主要通行数据有车辆总数、普通车。如图 3-1-2 所示。

图 3-1-2　入口 ETC 车道统计数据界面示例

（3）出口 MTC 车道需要统计的主要通行数据有通行卡数、ETC 卡数、紧急车、绿通车、发票号及特情数。如图 3-1-3 所示。

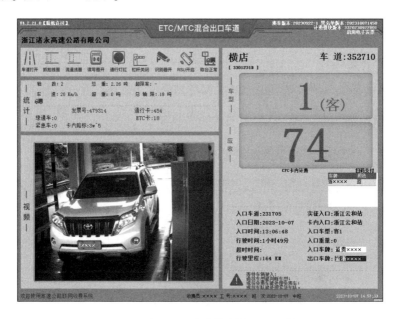

图 3-1-3　出口 MTC 车道统计数据界面示例

（4）出口 ETC 车道需要统计的主要通行数据有车辆总数、普通车、紧急车、公务车、U 型车、减免车。如图 3-1-4 所示。

图 3-1-4　出口 ETC 车道统计数据界面示例

2.登录系统查询

登录高速公路联网收费站查询系统,对行驶收费站的车辆进行通行数据统计。

(1)入口流水查询:进入收费站查询系统后,点击"入口流水",进入入口流水查询,可根据需求选择日期、通行凭证、车辆类型、车辆类别、车辆种类等信息进行数据统计查询。如图 3-1-5 所示。

图 3-1-5　入口流水查询界面示例

(2)出口流水查询:进入收费站查询系统后,点击"出口流水",进入出口流水查询,除可统计查询与入口相同的信息外,还可根据需求选择优免通行数据、特情操作、计费模式等信息进行数据统计查询。如图 3-1-6 所示。

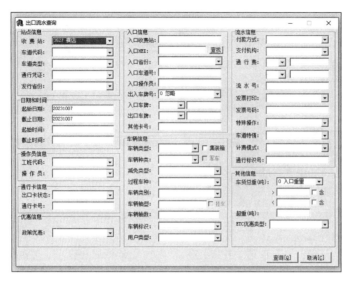

图 3-1-6　出口流水查询界面示例

二、交易数据统计

交易数据主要包括通行数据、退费交易数据、补交交易数据、收费冲正交易数据、退款交易数据等。

1. 冲销流水

收费人员在读取车辆通行介质内信息后，收费界面显示当前车辆通行费金额，支付完成后形成交易流水信息。若流水存在入口有误、车型不正确、路径不符等问题，收费人员可在收费系统中按"特情处理"键，选择"冲销流水"，对交易流水作冲销处理。如图 3-1-7 所示。

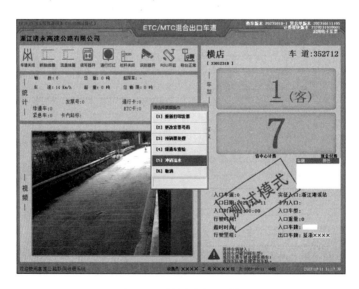

图 3-1-7　冲销流水界面示例

6小时之内的流水如需冲销,也可在收费站管理系统中,选择"工班清账",双击收费员工班,点击"流水冲销",选择车道代码,输入流水号后进行查询,核对查询到的流水信息,确认无误后点击"流水冲销",对选中的流水进行确认冲销。冲销后,在下方流水冲销一栏中显示。如图 3-1-8 所示。

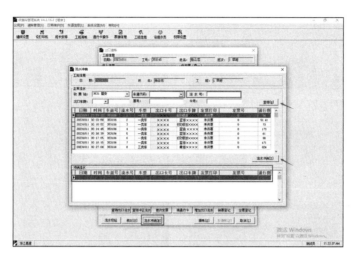

图 3-1-8　流水冲销完成界面示例(一)

流水冲销完成后,在收费站查询系统中交易信息呈红色字体显示。如图 3-1-9 所示。

图 3-1-9　流水冲销完成界面示例(二)

2. 联网收费业务平台

6小时以上的交易数据如需部分金额退费或整条交易数据退费的,需登录浙江省高速公路联网收费业务平台,点击菜单栏中"收费业务",选择"恢复收费后争议流水",输入收费公路经营管理单位、出口站点等信息进行查询统计。如图 3-1-10 所示。

图 3-1-10　恢复收费后争议流水界面示例

3. 补交交易

登录"通行费补费"App,点击"已补费"订单,输入需查询的日期区间进行统计查询。如图 3-1-11、图 3-1-12 所示。

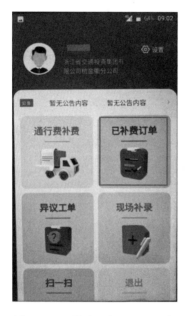 

图 3-1-11　已补费订单入口界面示例　　图 3-1-12　通行费订单查询界面示例

4. 聚合支付对账

聚合支付是一种集成多个支付渠道的付款方式,它通过非银行支付机构、转账、结算机构的支付渠道实现技术和服务的融合,将不同的在线支付方式整合在一起,为商家和消费者提供更加方便、快捷和安全的支付体验。高速公路收费站聚合支付主要包括支付宝、微信支付、银联支付等支付方式。

收费公路经营管理单位每日对前一日的聚合支付进行对账。登录浙江省高速聚合支付平台,选择"对账管理",查询前一日的聚合支付对账单状态是否为"已收到",确认后进行对账。如图 3-1-13 所示。

图 3-1-13　聚合支付对账管理界面示例

三、收费版本号检查

软件版本号是指用于标识软件发布版本和更新内容的一组数字或字符串。它通常由一系列数字、字母或符号组成,其中包括主版本号、副版本号、修订号等。收费系统常见的版本号主要有收费软件版本号、费率版本号、黑名单版本号、计费模块版本号、兜底费率版本号。

1. 收费系统前的界面

用户可通过主菜单、设置或其他系统菜单找到相关选项,在显示中查看版本号。

2. 收费系统界面

收费人员可以在车道收费系统中查看当前使用的软件版本号,并与最新版本进行比对,以确定是否需要更新。如图 3-1-14 所示。

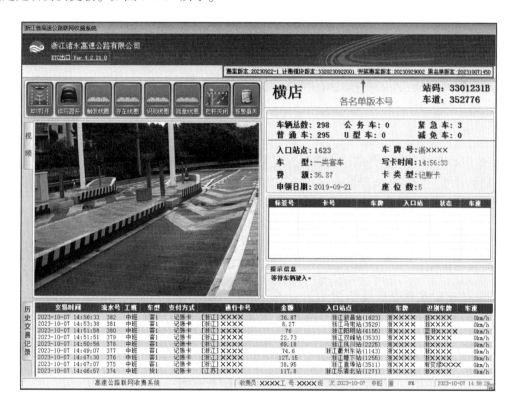

图 3-1-14　收费系统版本核对界面示例

3. 收费站管理系统

收费人员可以在收费站管理系统中查看当前使用的软件版本号,并与最新版本进行比对,以确定是否需要更新。如图 3-1-15 所示。

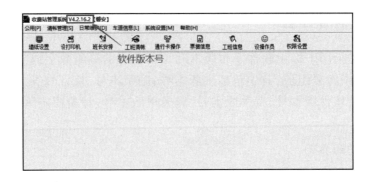

图 3-1-15　收费站管理系统版本核对界面示例

第二节　出行服务

一、事件等级的辨识及转派

监控中心客服是单位对外联系的窗口,是联系客户的桥梁,是为广大出行群众提供出行咨询服务、解决问题的窗口。

1. 客服热线业务受理内容

监控中心客服热线业务范围主要分为三类:

(1)咨询类,包括行车线路、出入站点、服务区信息、资费标准、路况、天气、重要旅游资源、周边旅游线路、相关政策法规;

(2)协助救援类,包括交通事故、车辆故障、突发情况、其他需要帮助的事项;

(3)投诉受理类,包括服务态度、资费标准、道路救援、收费争议、车型争议、环境噪声、公众利益、其他投诉。

2. 监控中心客服事件等级划分

根据服务热线业务内容及事件处理的轻重缓急,大致可以分为两级:

(1)紧急(重要)事件等级,包括协助救援类来电、需要立即处置的来电、多次(2次以上)重复来电投诉、社会影响面大的投诉事件;

(2)一般性事件,包括咨询类来电、首次投诉受理类事件。

二、监控客服工作流程

(1)监控人员接听客服电话,初步沟通与信息收集;

(2)建立顾客意见工单;

(3)根据业务范围流转相关业务部门进行处置;

(4)相关部门处置后流转至监控中心;

(5)监控对事件处置结果与顾客进行核实、回访;

(6)回访顾客无异议后进行登记,客服业务处理完结;如顾客有异议,将顾客反馈意见如实填写,抄送相关部门、领导,进行后续跟进处置直至事件完结。

三、客服处理原则

顾客投诉受理应遵循"首问负责制"原则。可以明确答复的,应立即答复顾客;不能及时答复的,应耐心向客户做好解释工作以取得其理解,并在投诉事项调查核实处理完毕后立即向投诉人做出回复。监控中心应设置专用顾客投诉受理记录,详细记录投诉内容及处理情况等。监控员在接听投诉电话时,应注意礼貌礼节,使用文明用语,讲普通话,做好与来电人员的沟通,稳定其情绪,尽力取得对方信任,防止其再向其他单位或机构投诉。同时,应详细询问来电人员姓名、信息内容、联系方法,并做好相关记录及电话录音备查。

1. 接听求助电话处理

(1)监控员在接到特情信息来电时,应保持镇定,注意问清事故(事件)情况,内容包括:事故发生时间、事故地点、事故所在车道方向、人员伤亡情况、有无装载易燃易爆或有毒物品、有无发生火灾、事故类型、事故原因、车型、车辆牌号、车辆总重、占道情况、车辆是否可以移动、是否需要调派救援设备等。

(2)监控员应根据事件处置的实际需要,及时通知交(巡)警、路政、清障、养护、收费站、服务区等相关处置部门赶赴现场进行处置,达到信息报送条件的,根据信息报告制度及时汇报。

(3)考虑到求助者的心理状态,监控员在与对方通话时应多给其积极心理暗示以稳定情绪,防止出现意外。

(4)监控员密切关注来电处理情况,直至该事件处理结束。

2. 接听投诉类电话处理

(1)监控中心接到顾客投诉来电时,应及时做好沟通解释,尽可能在电话沟通过程中得到顾客的理解,避免形成投诉事件。如顾客在收费现场来电投诉时,协调现场人员妥善处理,并视情况向领导请示,避免事态扩大。

(2)受理投诉时,监控人员要安抚好顾客情绪,并积极进行解释和沟通,争取化解矛盾。

(3)遇到顾客不满意或存在异议时,监控员建立顾客投诉工单,详细记录情况。

(4)监控员根据顾客投诉内容,将投诉工单转至相关业务部门跟进处理。

(5)投诉处理完成后,监控中心对顾客进行电话回访,了解顾客对处理结果的满意度,收集顾客的意见和建议,以便公司作出相应的改进。

3. 投诉信息的保密

相关人员严格遵守保密规定,不得私自透露投诉人信息,切实保护投诉人正当权益。

四、投诉难点分析及回访

分类汇总投诉事件,按照投诉事件类型、次数、地点、被投诉人等资料进行整理,汇总顾客主要投诉问题和提出的建议。

针对顾客经常性或投诉情况比较多的问题,首先要深入研究分析是否自身存在问题,找准存在问题,完善相关管理制度;其次提升客服人员应对技巧,做到简明扼要地做好客户问题解释工作。

制定投诉事件电话回访制度,一是与顾客确认投诉事件处理满意度;二是收集意见与建议,为提升经营管理单位服务水平提供依据。

第三节　ETC 收费业务特情处理

ETC 收费业务特情处理是指 ETC 车辆在通行专用车道或混合人工车道时无法正常通行,需要通过人工干预的方式进行处理。

一、入口 ETC 车辆特情业务处理

(一) 正常 ETC 车辆交易失败

处理流程:遇车辆通过抓拍线圈但交易失败时,选择按"异常处理"键,选择"开始搜索 OBU",重新进行天线交易或直接使用手持天线重新交易。

(二) ETC 卡异常

1. ETC 卡过期

处理流程:天线交易失败,收费界面右下方提示"卡已过期,请进行人工处理",按照 CPC 卡发放流程处理。

2. ETC 卡片未启用

处理流程:天线交易失败,收费界面右下方提示"卡片未启用,请进行人工处理",按照 CPC 卡发放流程处理。

3. 卡票黑名单

处理流程:天线交易失败,收费界面右下方提示"卡片为黑名单,请进行人工处理",按照 CPC 卡发放流程处理。

4. 无效卡

处理流程:收费界面右下方提示"不是有效的储值或记账卡",按照 CPC 卡发放流程处理。

5. 余额不足

处理流程:收费界面右下方提示"卡内余额不足,请进行人工处理",按照 CPC 卡发放流程处理。

6. 卡片发行方无效

处理流程:收费界面右下方提示"×××未联网",按照 CPC 卡发放流程处理。

(三) OBU 异常

1. ETC 卡和 OBU 标签车牌不一致

处理流程:天线交易失败,收费界面右下方提示"ETC 卡与标签车牌不一致,请进行人工处理",询问客户是否有匹配的 ETC 卡,若有提醒重新插入,手持天线重新交易后放行。其他情况按照 CPC 卡发放流程处理。

2. 标签黑名单

处理流程:天线交易失败,收费界面右下方提示"标签为黑名单,请进行人工处理",按照 CPC 卡发放流程处理。

3. 标签拆卸

处理流程:天线交易失败,收费界面右下方提示"标签拆卸或松动,请刷卡通行",标签拆卸的客户,收费站核实车辆信息后用 PAD 协助客户激活,激活后手持天线重新交易后放行。其余异常告知客户 OBU 不能正常使用原因,按照 CPC 卡发放流程处理。

4. 标签车型无效

处理流程:天线交易失败,收费界面右下方提示"标签车型无效",按照 CPC 卡发放流程处理。

5. 标签未启用

处理流程:天线交易失败,收费界面右下方提示"标签未启用,请进行人工处理",按照 CPC 卡发放流程处理。

6. 标签无卡

处理流程:天线交易失败,收费界面右下方提示"标签无卡或松动,请刷卡通行",询问客户是否持有 ETC 卡或 ETC 卡插入不正确。如提醒客户将 ETC 卡重新插回标签内,手持天线重新交易后放行。否则按照 CPC 卡发放流程处理。

二、出口 ETC 车辆特情业务处理

(一) 正常 ETC 车辆交易失败

处理流程:遇车辆通过抓拍线圈但交易失败时,选择按"异常处理"键,选择"开始搜索 OBU",重新进行天线交易或直接使用手持天线重新交易。

(二) ETC 卡异常

1. ETC 卡不在有效期内

处理流程:CPU 卡不在有效期内,系统拦截车辆,收费界面右下方提示"CPU 卡不在有效期内":

(1)询问客户是否持 CPC 卡,如有 CPC 卡,按 CPC 卡收费流程操作。

(2)如没有 CPC 卡,判车型—输车牌—按"ETC 车辆特情"键—选择"CPU 卡不在有效期内"—输入 CPU 卡号,并报值机查询:

①系统返回省中心计费信息,与客户自报及值机查询结果一致,选择"是",按省中心返回计费信息计费。

②如不一致,选择"否",结合系统向部联网中心获取的计费信息(入口时间范围应较驾驶人自报时间提前三日)、值机查询结果及驾驶人自报站点,确认入口收费站。

③如部联网中心查询失败,系统返回全网兜底最小费用,经值机或班长授权后进行收费。

④如系统查询用户已领取 CPC 卡,查明原因后赔偿卡工本费,开具赔卡发票。

(3)为保障车道畅通,可按"异常处理"键—选择"车辆放行(抬杆)"暂时引导至外广场处理。

(4)流量较大的收费站,可按车型分类稽核:车型为 3 类及以上的,现场报值机稽核;车型为 3 类以下的,报值机或值班人员事后稽核;客户自报与系统查询结果不一致时,必须现场报值机。

2. ETC 储值卡余额不足

处理流程:系统拦截车辆,收费界面右下方提示"储值卡内余额不足,请进行人工处理":

(1)询问客户是否持 CPC 卡,如有 CPC 卡,按 CPC 卡收费流程操作。

(2)如没有 CPC 卡,判车型—输车牌—按"ETC 车辆特情"键—选择"储值卡余额不足或为零"—输入 CPU 卡号:

①系统返回省中心计费信息,与客户自报及值机查询结果一致,选择"是",按省中心返回计费信息计费。

②如不一致,选择"否",结合系统向部联网中心获取的计费信息(入口时间范围应较驾驶人自报时间提前三日)、值机查询结果及驾驶人自报站点,确认入口收费站。

③如部联网中心查询失败,系统返回全网兜底最小费用,经值机或班长授权后进行收费。

④建议客户改为移动支付,如系统查询用户已领取 CPC 卡,查明原因后赔偿卡工本费,开具赔卡发票。

(3)为保障车道畅通,可按"异常处理"键—选择"车辆放行(抬杆)"暂时引导至外广场处理。

3. ETC 卡无入口数据

处理流程:询问客户是否持 CPC 卡:

(1)如有 CPC 卡,按 CPC 卡收费流程操作。

(2)如没有 CPC 卡,判车型—输车牌—按"ETC 车辆特情"键—选择"无入口信息"—输入 CPU 卡号,并报值机查询:

①系统返回省中心计费信息,与客户自报及值机查询结果一致,选择"是",按省中心返回计费信息计费。

②如不一致,选择"否",结合系统向部联网中心获取的计费信息(入口时间范围应较驾驶人自报时间提前三日)、值机查询结果及驾驶人自报站点,确认入口收费站。

③如部联网中心查询失败,系统返回全网兜底最小费用,经值机或班长授权后进行收费。

④如系统查询用户已领取 CPC 卡,查明原因后赔偿卡工本费,开具赔卡发票。

(三)OBU 卡异常

1. OBU 未插卡

处理流程:OBU 未插卡,系统拦截车辆,收费界面右下方提示"OBU 未插卡":

(1)询问客户是否持 CPC 卡,如有 CPC 卡,按 CPC 卡收费流程操作。

(2)如没有 CPC 卡,告知客户需插入 ETC 卡,客户插入 ETC 卡后,手持天线重新交易放行。如无卡或交易失败,判车型—输车牌—按"ETC 车辆特情"键—选择"OBU 未插卡"—输入 CPU 卡号,并报值机查询:

①系统返回省中心计费信息,与客户自报及值机查询结果一致,选择"是",按省中心返回计费信息计费。

②如不一致,选择"否",结合系统向部联网中心获取的计费信息(入口时间范围应较驾驶人自报时间提前三日)、值机查询结果及驾驶人自报站点,确认入口收费站。

③如部联网中心查询失败,系统返回全网兜底最小费用,经值机或班长授权后进行收费。

④如系统查询用户已领取 CPC 卡,查明原因后赔偿卡工本费,开具赔卡发票。

(3)为保障车道畅通,可按"异常处理"键—选择"车辆放行(抬杆)"暂时引导至外广场处理。

(4)流量较大的收费站,可按车型分类稽核:车型为 3 类及以上的,现场报值机稽核;车型为 3 类以下的,报值机或值班人员事后稽核;客户自报与系统查询结果不一致时,应现场报值机稽核。

2. OBU 不在有效期内

处理流程:OBU 不在有效期内,系统拦截车辆,收费界面右下方提示"OBU 不在有效期内":

(1)询问客户是否持 CPC 卡,如有 CPC 卡,按 CPC 卡收费流程操作。

(2)如没有 CPC 卡,判车型—输车牌—按"ETC 车辆特情"键—选择"OBU 不在有效期内"—输入 CPU 卡号,并报值机查询:

①系统返回省中心计费信息,与客户自报及值机查询结果一致,选择"是",按省中心返回计费信息计费。

②如不一致,选择"否",结合系统向部联网中心获取的计费信息(入口时间范围应较驾驶人自报时间提前三日)、值机查询结果及驾驶人自报站点,确认入口收费站。

③如部联网中心查询失败,系统返回全网兜底最小费用,经值机或班长授权后进行收费。

④如系统查询用户已领取 CPC 卡,查明原因后赔偿卡工本费,开具赔卡发票。

(3)为保障车道畅通,可按"异常处理"键—选择"车辆放行(抬杆)"暂时引导至外广场处理。

(4)流量较大的收费站,可按车型分类稽核:车型为 3 类及以上的,现场报值机稽核;车型为 3 类以下的,报值机或值班人员事后稽核;客户自报与系统查询结果不一致时,必须现场报值机。

3. OBU 故障

处理流程：OBU 故障，系统拦截车辆，收费界面右下方提示"OBU 故障"：

(1) 询问客户是否持 CPC 卡，如有 CPC 卡，按 CPC 卡收费流程操作。

(2) 如没有 CPC 卡，判车型—输车牌—按"ETC 车辆特情"键—选择"OBU 故障"—输入 CPU 卡号，并报值机查询：

①系统返回省中心计费信息，与客户自报及值机查询结果一致，选择"是"，按省中心返回计费信息计费。

②如不一致，选择"否"，结合系统向部联网中心获取的计费信息（入口时间范围应较驾驶人自报时间提前三日）、值机查询结果及驾驶人自报站点，确认入口收费站。

③如部联网中心查询失败，系统返回全网兜底最小费用，经值机或班长授权后进行收费。

④如系统查询用户已领取 CPC 卡，查明原因后赔偿卡工本费，开具赔卡发票。

(3) 为保障车道畅通，可按"异常处理"键—选择"车辆放行（抬杆）"暂时引导至外广场处理。

(4) 流量较大的收费站，可按车型分类稽核：车型为 3 类及以上的，现场报值机稽核；车型为 3 类以下的，报值机或值班人员事后稽核；客户自报与系统查询结果不一致时，必须现场报值机。

4. OBU 拆卸

处理流程：OBU 标签拆卸，系统拦截车辆，收费界面右下方提示"标签已拆卸或松动，请刷卡通行"：

(1) 询问客户是否持 CPC 卡，如有 CPC 卡，按 CPC 卡收费流程操作。

(2) 如没有 CPC 卡，判车型—输车牌—按"ETC 车辆特情"键—选择"OBU 拆卸"—输入 CPU 卡号，并报值机查询：

①系统返回省中心计费信息，与客户自报及值机查询结果一致，选择"是"，按省中心返回计费信息计费。

②如不一致，选择"否"，结合系统向部联网中心获取的计费信息（入口时间范围应较驾驶人自报时间提前三日）、值机查询结果及驾驶人自报站点，确认入口收费站。

③如部联网中心查询失败，系统返回全网兜底最小费用，经值机或班长授权后进行收费。

④如系统查询用户已领取 CPC 卡，查明原因后赔偿卡工本费，开具赔卡发票。

(3) 为保障车道畅通，可按"异常处理"键—选择"车辆放行（抬杆）"暂时引导至外广场处理。

(4) 流量较大的收费站，可按车型分类稽核：车型为 3 类及以上的，现场报值机稽核；车型为 3 类以下的，报值机或值班人员事后稽核；客户自报与系统查询结果不一致时，必须现场报值机。

(四) 卡签车牌不一致

处理流程：卡签车牌不一致，系统拦截车辆，收费界面右下方提示"ETC 卡和标签车牌不一致"：

（1）询问客户是否持 CPC 卡，如有 CPC 卡，按 CPC 卡收费流程操作。

（2）如没有 CPC 卡，告知客户卡签车牌不一致需插入正确 ETC 卡，客户换 ETC 卡插入后，手持机重新交易放行。如无其他卡或交易失败的，判车型—输车牌—按"ETC 车辆特情"键—选择"卡签车牌不一致"—输入 CPU 卡号，并报值机查询：

①系统返回省中心计费信息，与客户自报及值机查询结果一致，选择"是"，按省中心返回计费信息计费。

②如不一致，选择"否"，结合系统向部联网中心获取的计费信息（入口时间范围应较驾驶人自报时间提前三日）、值机查询结果及驾驶人自报站点，确认入口收费站。

③如部联网中心查询失败，系统返回全网兜底最小费用，经值机或班长授权后进行收费。

④如系统查询用户已领取 CPC 卡，查明原因后赔偿卡工本费，开具赔卡发票。

（3）为保障车道畅通，可按"异常处理"键—选择"车辆放行（抬杆）"暂时引导至外广场处理。

第四节　非 ETC 收费特情业务处理

一、入口非 ETC 车辆特情业务处理

1. 追缴名单车辆

追缴名单用于因客户原因存在少交、未交、拒交通行费且证据确凿的车辆，限制通行收费公路并追缴通行费。

收费车道系统通过车牌识别等方式对追缴名单车辆自动实施限制通行，现场人员查询、核实车辆信息并向用户进行告知，用户可通过部省两级补费平台查询自己的补费信息，客户完成全部通行费补费后，系统自动解除追缴名单。如图 3-1-16 所示。

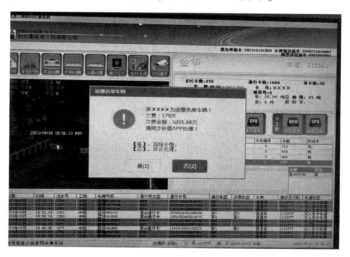

图 3-1-16　追缴名单车辆信息界面示例

收费系统跳出追缴名单车辆提示后,使用手机端登录"通行费补费"App,输入车牌号码、车牌颜色后点击查询,可根据需要查询内容选择"待补费""已补费""异议中"的订单信息。

选择查询"待补费"后,系统会查询到该车牌的所有需补费的订单,选中补费订单,点击"去补费",有"微信支付""现金支付"两种方式,选择相应的补费方式后,系统跳转至"确认补费"界面,核实补费金额,准确填写补费人、补费人手机号、验证码、操作人、开票类型、收费站等信息,上传行驶证照片和车头照,确认无误后进行补费。补费完成后,可查询到该车辆的已补费订单。也可在主界面选择"已补费订单",输入日期区间进行查询。

2. 数据异常车辆

收费站入口车道对通行的车辆进行称重数据检测,当车辆行驶过车道秤台、光栅、数据传感器、小黄人后,在车道数据采集器上可收集车货总重、轴型、轴数。如图 3-1-17、图 3-1-18 所示。

图 3-1-17　数据异常车辆信息界面示例(一)　　图 3-1-18　数据异常车辆信息界面示例(二)

车道数据采集器上的称重数据,车辆轴型、轴数等信息通过数据传输至收费系统,收费人员可在车道收费系统界面核对轴数、车辆总重、超限率等。如图 3-1-19 所示。

图 3-1-19　车道收费系统界面数据核对界面示例

二、出口非 ETC 车辆特情业务处理

(一)交易流水冲正

因系统等原因造成用户少交、多交的,核实后可进行补交或退费。

1.6 小时内交易流水冲正处理

(1)收费现场冲销

按"票据"键,选择"冲销流水"。如图 3-1-20 所示。

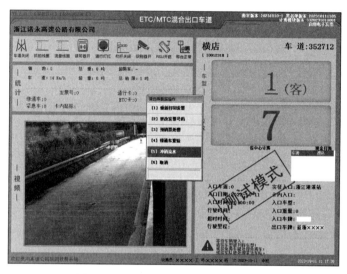

图 3-1-20 收费现场冲销流水操作界面示例

确认冲销后,输入车牌号码,系统查询到对应的出口流水,选中后冲销完成。如图 3-1-21 所示。

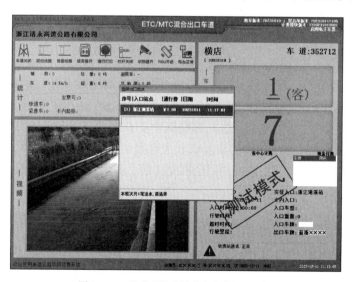

图 3-1-21 收费现场冲销流水完成界面示例

（2）收费站管理系统冲销

选择"工班清账"，双击收费员工班，点击"流水冲销"，选择车道代码，核对查询到的流水信息，确认无误后点击"流水冲销"，对选中的流水进行确认冲销。如图3-1-22所示。

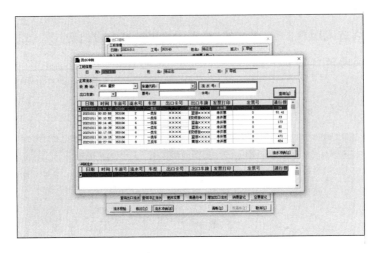

图3-1-22　收费站管理系统冲销流水操作界面示例

2.6小时以上的流水冲正处理

登录浙江省高速公路联网收费业务平台，选择菜单栏中"收费业务"下的"恢复收费后争议流水"，选择收费公路经营管理单位、站点，车牌颜色，输入车牌号码、工班信息等，查找到需冲正的交易流水，核实流水信息后，填写争议上报原因后上报。待收费公路经营管理单位确认退费信息、完成现金退费申报流程后，将多收的通行费额退回到用户账户上。

（二）复合通行卡异常

复合通行卡异常的车辆主要表现为无入口信息、卡不可读、卡坏、卡丢四种。

1. 无入口信息

判车型—输车牌—按"MTC车辆特情"键—选择"无入口信息"，并报值机查询：

（1）系统返回省中心计费信息，与客户自报及值机查询结果一致，选择"是"，按省中心返回计费信息计费。

（2）如不一致，选择"否"，结合系统向部联网中心获取的计费信息（入口时间范围应较驾驶人自报时间提前三日）、值机查询结果及驾驭人自报站点，确认入口收费站。

（3）如部联网中心查询失败，系统返回全网兜底最小费用，经值机或班长授权后进行收费。

2. 卡不可读

判车型—输车牌—按"MTC车辆特情"键，观察通行卡外观是否损坏，若卡未损坏，选择"卡不可读处理"，并报值机查询：

（1）系统返回省中心计费信息，与客户自报及值机查询结果一致，选择"是"，按省中心返回计费信息计费。

（2）如不一致,选择"否",结合系统向部联网中心获取的计费信息（入口时间范围应较驾驶人自报时间提前三日）、值机查询结果及驾驶人自报站点,确认入口收费站。

（3）如部联网中心查询失败,系统返回全网兜底最小费用,经值机或班长授权后进行收费。

3. 卡坏

判车型—输车牌—按"MTC 车辆特情"键,观察通行卡外观是否损坏,若卡未损坏,选择"卡不可读处理",并报值机查询,若卡损坏,选择"卡坏处理",并报值机查询：

（1）系统返回省中心计费信息,与客户自报及值机查询结果一致,选择"是",按省中心返回计费信息计费。

（2）如不一致,选择"否",结合系统向部联网中心获取的计费信息（入口时间范围应较驾驶人自报时间提前三日）、值机查询结果及驾驶人自报站点,确认入口收费站。

（3）如部联网中心查询失败,系统返回全网兜底最小费用,经值机或班长授权后进行收费。

（4）赔偿卡工本费,开具赔卡发票。

4. 卡丢

判车型—输车牌—按"MTC 车辆特情"键—选择"卡丢处理",并报值机查询：

（1）系统返回省中心计费信息,与客户自报及值机查询结果一致,选择"是",按省中心返回计费信息计费。

（2）如不一致,选择"否",结合系统向部联网中心获取的计费信息（入口时间范围应较驾驶人自报时间提前三日）、值机查询结果及驾驶人自报站点,确认入口收费站。

（3）如部联网中心查询失败,系统返回全网兜底最小费用,经值机或班长授权后进行收费。

（4）如系统查询用户已领取 CPC 卡,查明原因后赔偿卡工本费,开具赔卡发票。

（三）纸质通行券

纸质通行券是用于所有车道出现系统故障无法使用紧急情况下使用的通行介质,是发放给车辆通行收费公路时用于记录车辆通行信息的凭证。

纸质通行券出口操作流程为判别车型—确认车牌—按"纸券车"键—输入券号—输入口站（扫码或输入 8 位 HEX 码）：

（1）如为本省入口,系统返回省中心计费信息,如系统返回入口站与纸券入口站一致,按省中心返回计费信息计费。

（2）如系统返回入口站与纸券入口站不一致或入口站为外省入口,系统返回全网兜底最小费用。

第五节　特种车辆处理

一、货车出入口处理

1. 货车入口处理

（1）货车驶入混合人工车道,车道系统判断是否进行入口称重检测。

(2)判断已进行入口称重检测且准予通行的允许驶入,按正常车辆发放 CPC 卡或读写 ETC 成功后放行车辆。

(3)判断未进行入口称重检测的自动拦截,收费员应制止车辆进入高速公路,要求并引导车辆重新检测。

(4)判断检测未通过(称重超限)的自动拦截,按入口安全管控要求引导超限车辆驶出收费站。

货车入口处理流程如图 3-1-23 所示。

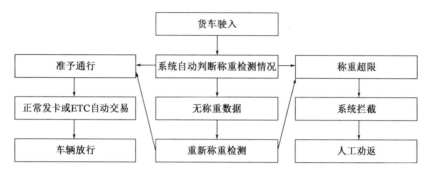

图 3-1-23 货车入口处理流程图

2. 货车出口处理

(1)持 CPC 卡货车出口正确判别车型后,按普通车辆流程操作。

(2)ETC 货车出口自动交易后驶离高速公路。

二、半挂汽车出入口处理

(一)半挂汽车入口处理

1. ETC 半挂汽车入口处理

(1)半挂汽车驶入混合人工车道,车道系统判断是否进行入口称重检测(具体内容参考货车入口处理流程)。

(2)车道系统对半挂汽车轴数进行判断:

①识别轴数在发行轴数+2 轴与 6 轴之间的,ETC 车辆可通过天线或手持天线完成交易。交易成功后根据轴数显示车型(6 轴显示货 6)。

②识别轴数不在此范围,系统拦截车辆,收费界面提示"货车列车,车辆轴数不合格,请预约登记"。按"特殊车种"键—确认车牌—选择"货车列车"—输入总轴数,手持天线交易后放行车辆。

2. 普通半挂汽车入口处理

(1)半挂汽车驶入混合人工车道,车道系统判断是否进行入口称重检测(具体内容参考货车入口处理流程)。

(2)根据车辆实际轴数判别车辆类别,发放 CPC 卡后放行车辆。

(二)半挂汽车出口处理

(1)持 CPC 卡货车出口正确判别车型后,按普通车辆流程操作。
(2)ETC 货车出口自动交易后驶离高速公路。

三、大件运输车辆出入口处理

(一)大件运输车辆入口处理

本操作以浙江省为例。

车道对所有大件运输车辆进行拦截,人工通过"浙江交通"官微扫码进行现场核验,填报实际车货总重、长宽高数据,并现场拍照上传车辆称重照片和车货装载的前(正视)、中(侧视)、后(后视)三个角度照片,与《超限运输车辆通行证》相符的允许通行,核验不相符的进行拦截劝返。

1. MTC 车辆

系统根据人工确认的车牌查询车辆是否为预约成功的大件运输车辆,现场人工核验并填报车货总重、长宽高等数据,并上传车货装载前、中、后三个角度照片,核验通过的,选择"是",进入写卡界面,写卡放行车辆。核验不通过的,选择"否",对车辆进行劝返。

2. ETC 车辆

系统根据 ETC 标签内车牌查询车辆是否为预约成功的大件运输车辆,收费界面右下方提示"浙××××××大件运输车辆,请核验检查通行证件",现场人工核验并填报车货总重、长宽高等数据,并上传车货装载前、中、后三个角度照片,现场核验通过的,按"特殊车种"按键,选择"【4】大件运输",确认并输入轴数,再用天线进行交易放行车辆。核验不通过的,对车辆进行劝返。

(二)大件运输车辆出口处理

(1)持 CPC 卡大件运输车出口正确判别车型后,按普通车辆流程操作。
(2)ETC 大件运输车出口自动交易后驶离高速公路。

第二章 清分结算

本章介绍了退费补交清分、交易对账两方面的内容。

第一节 退费补交清分

一、退费补交数据核对

通行费退费补交数据核对工作一般在省中心进行,属于部省清分交互工作内容。路段分中心或收费站通行费退费补交业务属于基础性工作。

路段分中心或收费站需要确定省中心转发的通行费投诉工单是否需要退费,需要退费的工单应做好核对及统计工作。

路段分中心或收费站需要确定省中心转发的通行费稽核工单是否需要补费,需要补费的工单应做好核对及统计工作。

二、退费补交操作及数据清分

通行费退费操作一般由省中心及 ETC 发行方负责,仅绿色通道等优免车辆的退费,可由收费站核实后协助客户申请退费。

通行费补交操作一般可由路段或收费站配合客户补交或引导客户自主补交。

本省退费补交数据清分工作一般由本省省中心负责,本省发行方配合。跨省退费补交数据清分工作需要部省协作,清分流程与通行费清分流程相同。

第二节 交易对账

一、本班次现金交易数据核对

现金交易目前占比较少,但需要人工参与,收费员在车道收取的现金需要与实际过车情况、收费记录进行比对。

收费员在车道上班期间,车道收费系统不显示收费员的现金通行费汇总金额,下班后收费员将收到的现金通行费上解至收费站票款员。票款员清点并将现金通行费金额录入收费系统,票款员封账后,可以统计收费系统汇总的现金通行费金额与录入的现金通行费金额,两者之差作为长短款处理,一般情况下长款上交,短款由收费员补齐。

二、本班次第三方支付交易数据核对

第三方支付交易,也称作移动支付交易,是指高速公路客户利用手机扫码进行通行费支付的非现金交易。收费站收费系统应具备分班次统计移动支付交易数量与交易金额的功能。为确保网络安全,提高工作效率,收费站一般不与第三方支付平台直接进行交易数据核对,而是由省中心负责。

第三方支付交易异常数据发生率极低,若出现异常数据,收费站配合省中心查明原因,予以解决。

三、本班次 ETC 交易数据核对

收费站收费系统应具备分班次统计 ETC 交易数量与交易金额的功能。由于 ETC 交易属于非现金交易,交易数据只有通过部省通行费清分结算系统才能转化为通行费收入。收费站不直接参与部省通行费清分结算业务。

收费站一般利用收费系统计算机分班次统计的车道环检数量与实际交易数量进行对比,若环检数量与实际交易数量不一致,应进行核对,检查是否存在网络故障或环检故障;环检数量与实际交易数量一致,则说明本班次车道交易数据全部上传。无人值守车道需要配置车牌识别和抓拍设备,车牌识别数据与 ETC 交易数据进行核对。

ETC 交易异常数据发生率极低,若出现异常数据,收费站配合省中心查明原因,予以解决。

四、站级清分结算辅助功能

站级清分结算辅助功能应具备上班信息登记、下班数据录入、通行费及车流量统计、车辆交易信息查询等功能。

上班信息登记功能是指票款员确认应上班的收费员及所属班次。收费员上班应首先刷身份卡或录入身份信息,确认个人信息及所属班次无误。

下班数据录入功能是指票款员将收费员收费金额进行录入的功能。站级收费软件数据库对收到的车道数据进行统计,统计结果与票款员录入的数据进行核对,核对收费员收费的准确性。

通行费及车流量统计包括通行费统计和车流量统计。通行费数据应能够按照班次或时间区间,对现金、第三方支付和 ETC 支付进行分类统计;车流量数据应能够按照班次或时间区间,对收费车辆及免费车辆等进行分类统计。

车辆交易信息查询应能够按照车型、车种、车牌、时间、通行介质编号等条件查询车辆信息,包括图片信息及在本省的行驶路径。

第三章 预约通行服务

本章主要涉及鲜活农产品运输车辆预约服务和跨区作业联合收割机(插秧机)运输车辆预约服务。

第一节 鲜活农产品运输车辆预约服务

一、鲜活农产品运输车辆免费标准

1. 合格鲜活农产品运输车辆判断标准

(1)"整车合法装载运输"指车货总重和外廓尺寸均未超过国家规定的最大限值且所载鲜活农产品应占车辆核定载质量或车厢容积的80%以上,没有与非鲜活农产品混装等行为。

整车合法装载容积判定方式:

普通货车:以车辆车厢长、宽、高计算总容积。

仓栅式货车:以车辆车厢栏板长、宽、高计算总容积。

厢式货车(封闭货车):以车辆货厢的总容积,判断是否合格。

敞篷货车(平板式、栅栏式):以本车长、宽,以及比照同轴型普通货车车厢高度计算的总容积,判断是否合格。

罐式货车:运输鲜奶等罐式车辆,如载重不符合标准,依据载重计算容积(液体体积)是否合格。车主改装的罐式车辆,无罐体容积的有效证明,按照载重标准确定是否免费(正常牛奶的密度平均为 $1.030kg/dm^3$)。

特殊结构货车(水箱式):装运的水体中载运有可见活动水产品较多的,视同为整车装载。

(2)对《鲜活农产品品种目录》范围内不同鲜活农产品混装的车辆,比照整车合法装载鲜活农产品车辆执行。

(3)对《鲜活农产品品种目录》范围内的鲜活农产品与范围外的其他鲜活农产品混装且混装的其他鲜活农产品不超过车辆核定载质量或车辆容积的20%的车辆,比照整车合法装载鲜活农产品车辆执行。

(4)混装有放蜂相关的临时板房、灶具等生活必备用具的转地放蜂车辆,视同整车装载。

2. 不合格鲜活农产品运输车辆判断标准

（1）车货总质量（由出口负责认定）或外廓尺寸超过国家规定的最大限值。
（2）运载货物不属于《鲜活农产品品种目录》范围。
（3）运载货物属于水产品、瓜果、蔬菜、肉、蛋、奶等的深加工产品。
（4）运输冷冻发硬、腐烂、变质有异味产品的车辆。
（5）装载鲜活农产品未达到车辆核定载质量和车厢容积的80%以上。
（6）混装非鲜活农产品。
（7）混装《鲜活农产品品种目录》范围外的鲜活农产品超过20%。
（8）假冒鲜活农产品运输车辆，承运人主观上存在逃费动机，利用符合免费政策要求的农产品掩盖、围挡、混装深加工农产品及非农产品，隐瞒收费站查验，企图蒙混过关。

二、业务纠纷处理

（一）加强沟通

1. 学会用"同理心"

"同理心"指能够理解和分享他人情感、感受和经历的能力。在应对舆情事件时，学会站在对方的立场上考虑问题。这有助于更好地理解当事人的关切和需求，并找到更好的解决方案。

2. 保持冷静和客观

面对舆情事件，不要过于激动或情绪化。保持冷静和客观，以便更好地评估形势并做出明智的决策。

3. 及时了解事件背景

发生舆情事件时，需要了解事件的起因、影响范围以及涉及的相关方，这有助于更好地评估形势并制定应对策略。

4. 积极与当事人沟通

积极与当事人沟通，沟通中要展示诚意和解决问题的决心，多用上级文件规定做好解释，及时化解舆情事件。

（二）事件管控

1. 制定应急预案

针对可能发生的业务纠纷，提前制定详细的应急预案。预案应包括危机传播途径、组织架构、责任分工等信息，以确保在危机发生时能够迅速响应。

2. 处置过程依法依规

在处置特情时，善于依据法律法规或上级文件做解释工作，并安排人员做好视频影像资料拍摄留存工作。

3.采取适当的应对策略

根据事件的性质和具体情况,采取适当的应对策略。例如,对于负面消息,可以通过发布正面信息进行平衡报道;对于谣言,可以通过公开事实进行澄清。

4.做好后续工作

在事件得到解决后,需要继续关注事态的发展,确保问题得到彻底解决。同时,要对事件进行总结和反思,为今后应对类似事件提供处置经验。

第二节 联合收割机(插秧机)运输车辆预约服务

一、联合收割机(插秧机)运输车辆免费标准

1.免费运输车辆

(1)持有省级农机、交通部门和县级农机管理部门加盖公章的《作业证》且在有效期内。

(2)联合收割机(插秧机)号牌与《作业证》登记信息一致且无涂改。

(3)收割机运输车辆车货总质量和外廓尺寸均未超过国家规定的最大限值。

(4)除装载联合收割机(插秧机)及其常用必备配件外,未装载其他货物。

2.不能免费运输车辆

(1)《作业证》上省级农机、交通部门和县级农机管理部门公章不清晰或不全,以及未在有效期内。

(2)《作业证》登记信息与当前运输的联合收割机(插秧机)未对应或《作业证》有涂改。

(3)车货总质量(由出口负责认定)或外廓尺寸超过国家规定的最大限值。

(4)联合收割机未悬挂正式号牌。

(5)运输除联合收割机(插秧机)必要配件以外,混装其他物品。

注:以上标准与收割机运输车相关免费最新政策不相符的,按最新政策执行。

二、业务纠纷处理

同鲜活农产品运输车辆处理纠纷沟通技巧。

第四章 优惠管理

本章主要介绍了车辆通行费优惠政策、优惠结算和优惠金额查询等内容。

第一节 车辆通行费优惠政策

一、车辆通行费减免政策

根据《中华人民共和国公路法》《收费公路管理条例》以及国务院有关规定,对以下六类车辆可以免收车辆通行费:

(1)军队车辆、武警部队车辆。
(2)公安机关在辖区内收费公路上处理交通事故、执行正常巡逻任务和处置突发事件的统一标志的制式警车。
(3)经国务院交通主管部门或者省级人民政府批准执行抢险救灾任务的车辆。
(4)运输跨区作业联合收割机(插秧机)的车辆。
(5)整车合法装载运输鲜活农产品的车辆。
(6)重大节假日期间行驶收费公路的七座及以下小型客车。

二、差异化收费政策

各地应充分考虑本地公路网结构及运行特点等因素,采取分路段、分车型(类)、分时段、分出入口、分方向、分支付等方式,制订适合的差异化收费方案。

第二节 通行费优惠结算

一、ETC车辆通行费优惠金额查询

(一)收费系统查询

在收费系统界面,输入车辆实际车牌,在路径查询模块,应收通行费减去实收通行费即为

优惠金额。

(二)发行方查询

1. 登录发行方官方网站或者 App

可以查询 ETC 费用的相关信息,包括折扣比例、折扣金额。

2. 咨询发行方客服

可以拨打 95022 客服电话进行咨询,客服会根据客户的情况给出详细的解答。

3. 前往发行方银行营业网点

银行营业网点工作人员会为客户提供详细的信息。

(三)银行查询

1. 查看月结单

可以查看银行发行的月结单,月结单会详细显示有关 ETC 费用打折的信息,包括折扣比例、折扣金额以及剩余的优惠时长。

2. 登录官方网站或者 App

可以登录银行官方网站或者 App 查看 ETC 费用的相关信息,包括折扣比例、折扣金额以及剩余的优惠时长。

3. 咨询银行客服

可以拨打银行客服电话进行咨询,银行客服会根据客户的情况给出详细的解答。

4. 前往银行营业网点

可以前往银行营业网点进行咨询,银行工作人员会为客户提供详细的信息。

二、运输车辆通行费减免金额查询

鲜活农产品运输车辆和跨区作业联合收割机(插秧机)运输车辆通行费减免金额,可通过全国"ETC 高速公路通行预约服务平台"查询,如图 3-4-1 所示,具体步骤如下。

图 3-4-1 "ETC 高速公路通行预约服务平台"登录页面

（1）在查验信息管理界面，选择输入【管理机构、是否包含途经信息、车种、运输货物/农机具、查验结果、车牌号（含车牌颜色）、开始时间、截止时间】。

（2）点击【查询】按钮，可以查询车辆查验信息，包括查验码、车牌号、入口站、出口站、运输货物、车辆类型、查验结果、查验时间信息。

（3）在查询结果中点击"详情"按钮，跳转至车辆查验信息记录表，展示具体查验信息及照片，即可查看当次车辆通行费减免金额。

第五章 公路监控

本章主要介绍了收费、道路、隧道及特大桥梁监控的特情处理、拥堵预判及处置等。

第一节 收费监控

一、收费站交通拥堵的预判

(一) 收费站拥堵的原因

1. 车道不足

收费站出入口车道数量不足,开启全部车道后仍存在拥堵现象。

2. 放行速度慢

由于对车型辨识不清晰、收费政策理解不到位、设备故障等情况,使车辆在车道的通行速度减慢,造成拥堵。

3. 站场应急处置能力不足

收费站应急处置制度不完善、资源不充足等原因,使突发事件不能尽快解决。

4. 地方路拥堵造成车流倒灌

重大节假日或重大活动开展期间,由于车流集中、地方路通行能力不足,造成车流倒灌,形成拥堵。

(二) 应对拥堵的一般措施

(1)增建车道或改善车道通行条件,加强设施设备维护,加强应急收费设备的投入,提高车辆通行能力。

(2)加强工作人员业务培训,提高全员业务综合能力。

(3)完善保畅机制,实行收费站、路政、交警、养护等各部门共同协作。

(4)完善与地方道路保畅力量的联勤联动机制。

二、车道及ETC门架通行交易数据的监控

高速公路经营管理单位通过所辖路段综合收费管理平台的数字化监测系统,对门架和车道的数据进行实时监测。

(一)门架监测

查看门架通行流水是否正常上传到路段、部联网中心和省中心的服务器。

(二)门架设备监测

查看门架天线、车牌识别和工控机等,工作状态是否正常。

(三)部站门架监测

查看门架连通的心跳数,门架RSU、门架车牌识别设备的正常率和门架交易上传及时率。

(四)车道监测

1. 车道数据监测

查看车道通行流水是否正常上传到路段、部联网中心和省中心的服务器。

2. 车道设备监测

查看车道关键设备(RSU、车牌识别、车控器、摄像机、站级服务器、栏杆机、费显、可变信息标志、信号灯、车检器等)状态是否正常。

3. 部站车道监测

查看车道连通的心跳数,车道RSU、车道车牌识别设备、车道控制器的正常率和车道交易上传及时率。

4. 车道日志监测

查看车道日志是否成功上传,车道通行指标(如车道抬杆率、通行成功率、邻道干扰率)是否达标。

(五)异常处理

监测所有统计数据,若流水滞留,关键设备状态异常,相关指标不合格,应及时向数据管理部门报修,并形成记录。

第二节 道路监控

一、主线缓行情况的预判

根据交通运输部《公路网运行监测与服务暂行技术要求》,高速公路主线拥挤度分为畅

通、基本畅通、一般、拥挤、堵塞五种情形,判定标准详见表3-5-1。

拥挤度判定标准　　　　　　　　　　　　　　　　　表 3-5-1

拥挤度	设计速度(km/h)		
	120	100	80
	速度(km/h)	速度(km/h)	速度(km/h)
畅通	≥100	≥90	≥70
基本畅通	[80,100)	[70,90)	[60,70)
一般	[50,80)	[50,70)	[40,60)
拥挤	[30,50)	[30,50)	[20,40)
堵塞	[0,30)	[0,30)	[0,20)

通过高速公路的多个传感器和监控摄像头,可以及时监测车流量、通行密度、车速等交通状况,通过对比历史拥堵数据,预判路段的通行能力。

当车流超过设计流量时,可通过导航软件进行动态引导,缓解交通压力。

二、易堵及事故多发路段的监控

根据历史拥堵数据、缓行数据、事故多发点,制定重点区域视频巡查机制,增大巡查频率,提高异常事件的发现率,做到早发现、早处理,提高道路通行能力。

建立异常事件视频监测系统,将重点区域纳入必检项目,当系统检测到异常事件后进行视频弹屏和声音提醒,加快异常事件处理速度。

加强与路政、交警部门沟通,建立联动机制,及时发现、及时处理。

三、应对道路拥堵的措施

完善视频巡查机制,确保突发事件的快速发现。

信息发布到位。利用道路可变信息标志、各城市交通电台、导航软件、公众号等方式向驾乘人员传达路况信息。

做好资源调配。要做到突发事件发现快、救援力量到位快、现场处置快、清障快、资源归位快。

推行"七位一体"联动机制。施行一路多方协作联动,建立路政、辖区交警、收费站、养护部门、监控中心、拯救(拖车)、保险等应急处置力量的"七位一体"联动工作模式,事件信息前置共享,优化处置方案,快速推进事件处置和道路交通恢复。

制定"高速接高速"区域应急联动保畅的常态化方案,根据大数据建立各路段信息互通,提前做好预判工作,做好车流远端疏通工作。

第三节　隧道及特大桥梁监控

一、隧道交通拥堵预判

1. 隧道拥堵判定

隧道内卫星信号弱，难以通过电子卫星地图进行监测。隧道监控基本采用视频事件检测系统，检测拥堵、停车、行人、施工等影响交通的异常情形。

高速公路隧道拥挤度的判定标准见本章第二节的内容，分为畅通、基本畅通、一般、拥挤、堵塞五种情形。

2. 隧道拥堵的影响因素

采用视频检测器对各项交通数据进行监测及预判，并采取相应的应对措施。

(1) 关注高风险重点车辆。高风险重点车辆主要包括危化品运输车辆、大型货车、驾驶行为不良车辆等，对进入隧道内的高风险重点车辆要启动实时预警。

(2) 大型车辆交通事故。大型车辆碰撞极易引发火灾，造成重特大交通事故。

(3) 天气因素影响。考虑雨、雾天等对隧道交通安全的影响，以防发生连环相撞事故。

二、特大桥梁交通拥堵预判

1. 特大桥梁拥堵判定

特大桥梁拥挤度的判定标准见本章第二节的内容，分为畅通、基本畅通、一般、拥挤、堵塞五种情形。

2. 特大桥梁拥堵的影响因素

(1) 关注高风险重点车辆、大型车辆交通事故、天气因素影响。

(2) 由于上游突发事件解除，交通流迅速聚集。

(3) 上坡坡度较大。在车流量较大、大型货车较多的桥梁长上坡路段，势必会造成行车缓慢、车辆拥堵。

(4) 特大桥梁桥下空间(含非通航桥)突发异常情况，影响桥梁安全通行的情形。

第六章 路况信息采集与处理

本章主要介绍了交通量数据的编制,收费与公路通行运营数据的统计分析,突发事件的调度指挥等内容。

第一节 信息采集与发布

一、交通量数据的编制

在公路交通情况调查系统中,交通量数据报表的类型如表3-6-1所示。

公路交通情况调查系统报表 表3-6-1

序号	报表类型	报表名称
1	标准统计报表	公路交通量调查情况汇总表 普通国道交通量 国家高速公路交通量报表 普通省道交通量报表
2	行政区统计报表	地方高速公路交通量报表 路段平均日交通量统计报表 汽车平均行程速度 四类公路交通量比重综合报表
3	基层统计报表	连续观测站交通量月度统计报表 连续观测站交通量年度统计报表 间隙观测站交通量月度统计报表 间隙观测站交通量年度统计报表 连续观测站小时交通量统计报表 国道比重调查交通量统计报表 省道比重调查交通量统计报表 县道比重调查交通量统计报表 乡道比重调查交通量统计报表 国道行程车速交通量统计报表 省道行程车速交通量统计报表 县道行程车速交通量统计报表 乡道行程车速交通量统计报表

二、收费与公路通行运营数据的统计分析

(一)运营数据的统计分析

收费运营数据的统计分析需要对各类数据进行全面、准确、及时地收集、整理和分析,以帮助管理者更好地了解运营情况、发现潜在问题和制定有效的管理策略,主要包括以下方面:

1. 车流量统计

对一定时间内通过收费站的车辆数量进行统计,包括车型、车速、载重等信息,以及这些车辆的行驶方向、行驶时间和行驶距离等。这些数据可以用于分析道路使用情况、交通流量和交通拥堵情况等。

2. 收费金额统计

对一定时间内收费站的收费金额进行统计,包括各车型的收费标准和收费金额,以及总收费金额和平均收费金额等。这些数据可以用于分析道路使用成本、交通流量和经济效益等。

3. 通行效率统计

对一定时间内通过收费站的车辆通行效率进行统计,包括车辆通过收费站的平均时间、等待时间和通行速度等。这些数据可以用于分析道路使用效率和交通拥堵原因等。

4. 客户行为分析

对收费站周边车辆和车主的行为进行分析,包括车型、年龄、性别、职业、行驶习惯和支付方式等,以及他们的出行目的和出行时间等。这些数据可以用于分析客户行为和需求,以及优化道路收费服务。

5. 运营成本统计

对收费公路的运营成本进行统计,包括人力成本、能源消耗、设备维护和维修、办公费用等。这些数据可以用于分析运营成本和经济效益,以及优化运营管理。

6. 数据可视化

通过图表等方式,将数据分析结果直观地呈现出来,便于理解和使用。

(二)收费系统报表和数据的查阅

以广东省高速公路收费系统为例。

1. 报表架构

在收费营运管理系统中,共有6类27个报表可供查询,具体如表3-6-2所示。

收费营运管理系统分类表　　　　　　表 3-6-2

序号	报表类型	报表名称
1	一、资金归集管理类	缴款通知书
2		备款分工班报表
3	二、统计类	通行费车类车种明细表
4		车流量车类车种明细表
5	三、日结算类	路段收益快报
6		业主收益统计报表
7		业主结算汇总表
8		业主结算明细表
9		业主轧差结算明细表
10		结算指令关联表
11	四、月结算类	月对账报表(非现金)
12		月对账报表(移动支付)
13		ETC(测试卡)明细报表
14		ETC(重复扣费)明细报表
15		ETC(异常损失)明细报表
16		移动支付(重复扣费)明细报表
17		移动支付(异常损失)明细报表
18		ETC(未结数据)明细报表
19		移动支付(未结数据)明细报表
20		实收月结算报表
21		通行费结算结果报表(月结)
22		路段非现金调账明细表
23		路段移动支付调账明细表
24		全省非现金业主对账报表
25		全省移动支付业主月对账汇总报表
26	五、数据分析类	路段已上传流水结算情况表
27	六、资金稽核类	路段业主转账清单

2. 收费报表

收费报表说明如表 3-6-3 所示。

收费报表说明　　　　　　表 3-6-3

序号	报表名称	用途
1	缴款通知书	计算路段需缴存至备款账户的差额缴款金额,同时可计算出每个归集批次里出口现金被抵扣金额、出口现金流水参与结算的条数及金额
2	备款分工班报表	查询归集日对应的交易日期关系,查出某个归集日归集到的相应交易日期的出口现金流水及金额、非现金收益及移动支付收益的交易日期及金额

续上表

序号	报表名称	用途
3	通行费车类车种明细表	按车种、收费车车类、客货标识、支付类型(现金、非现金、移动支付),查询拆分后的车类车种明细数据
4	车流量车类车种明细表	按车种、收费车车类、客货标识、支付类型(现金、非现金、移动支付),查询拆分后的车流量统计报表
5	路段收益快报	查询每个交易日期的通行费拆分情况(含拆分且没有收费异常及结算异常的数据)
6	业主收益统计报表	查询每个交易日期的通行费结算情况
7	业主结算汇总表	按现金、非现金、移动支付查询某个结算日期流水拆分后结算情况
8	业主结算明细表	在《业主结算汇总表》的基础上,查询该结算日期中涉及的每一个交易日期的现金、非现金、移动支付通行费收益
9	业主轧差结算明细表	该报表体现每次轧差结算应收金额与划账金额相关明细,可查看各路段通行费划账情况,涉及业主收益总额、收益已抵扣金额、轧差转账金额、调账金额、收益调账后划账金额
10	结算指令关联表	该报表体现的是指令发送日期产生的收益由哪些结算日期、交易日期组成。一条轧差结算指令里,可能包含多个结算日期可划账数据,一个结算日期里又包含多个交易日期
11	月对账报表(非现金/移动支付)	查询非现金/移动支付月结数据,涉及拆分数据、损失数据、未结数据、补结数据、已结数据及计费基数
12	ETC/移动支付(重复扣费)明细报表、ETC/移动支付(异常损失)明细报表、ETC/移动支付(测试卡)明细报表	三个报表体现的是非现金/移动支付月结数据里重复扣费、异常损失、测试卡数据,报表详细记录重复交易的流水号、收费站出入口、通行时间、交易日期、通行金额、异常原因等
13	ETC/移动支付(未结数据)明细报表	此类报表体现的是非现金/移动支付月结数据里未结数据,报表详细记录重复交易的流水号、收费站出入口、通行时间、交易日期、通行金额、未结原因等
14	实收月结算报表	该报表体现的是参与月结数据路段实收通行费金额,报表数据按指令划账起止日期来统计数据,区分交易日期、现金/非现金/移动支付收益金额
15	通行费结算结果报表(月结)	该报表体现的是本路段月结收益数据的支出路段,可查询外省拆分给本路段通行费及本省各路段拆分给本路段的通行费,可查询现金、非现金、移动支付通行费月结结算结果
16	路段非现金/移动支付调账明细报表	该报表体现的是本路段参与调账的数据,调账数据与《实收月结报表》的补收补退数据一致
17	路段已上传流水结算情况表	该报表体现的是路段已上传流水、已结算、未结算、免费车情况(收费异常及结算异常),并区分现金、非现金、移动支付三种流水类型
18	路段业主转账清单	该报表体现的是轧差结算调账前金额、调账金额及转账金额,与《轧差结算明细表》里的业主轧差转账金额、调账金额及调账后划账金额一一对应

第二节 调度指挥

一、应急处置流程

高速公路突发事件应急处置流程,原则上应遵从《中华人民共和国突发事件应对法》的规定。在该法框架下,一般按照"分级负责、分级响应"的管理体制及应对处置机制,并根据高速公路突发事件的类别、造成的人员伤亡与经济损失情况、影响道路正常通行的危害程度、事态发展的可控态势、应救护援与交通运行恢复的时间需求强度等因素的影响,将高速公路突发事件按照安全危害程度等级依次分为特别重大、重大、较大、一般等四个级别,研判、决策并启用与之相适应的应急预案,对突发事件进行有效防控与应急处置。

本节介绍监控中心的一般处置流程(以广东省为例),实际处置流程以各地区各单位相关预案为准。

二、应急处置流程示例

1. 隧道突发事件的应急处置

隧道内发生车辆着火、危化品车辆泄漏、多车追尾等突发事件后,应急处置流程如下:

(1)更改隧道交通信号灯(红灯)、车道指示灯(为"X"),开启隧道洞口的声光报警系统,同时通过隧道广播系统通知隧道内的人员迅速疏散到安全区域。

(2)通知交警、路政、拯救、养护、机电、消防到场处置。

(3)通知临近收费站,按交警指示出口做好分流准备工作(迎接车流高峰),入口做好提示工作。

(4)发布临近可变信息标志提示信息,提醒驾乘人员提前选择绕行路线。

(5)根据要求做好相关信息报送工作,若影响相邻路段路况的,及时启动区域联动,由相邻路段协助发布可变信息标志信息。

(6)及时了解现场关键信息(方向、具体桩号、位置、车牌、车辆类型、事故类型、人员受伤情况、现场交通状况、采取措施、运载的危险品名称、特性等重要信息,并确认现场是否有危化品泄漏、是否需要人员疏散等),做好沟通协调事宜。

(7)实时关注隧道内是否还有其他人员滞留,协助现场确保处置救援顺利开展,防止二次事故发生。

(8)根据现场应急指挥相关部门指令开启隧道风机,将浓烟排出。

(9)事故处置完毕,道路恢复通行,交警下达指示解除交通分流,通知收费站停止分流,恢复隧道交通信号灯、车道指示灯,撤销可变信息标志信息。

(10)做好事故记录,根据要求保存录像等。

2. 收费站突发事件的应急处置

收费站内发生机电系统异常、火灾、交通事故等突发事件,应急处置流程如下:

(1)通过图像核实现场情况,根据突发事件类别通知交警、路政、拯救、养护、机电、消防到场处置。

(2)根据要求做好相关信息报送工作,若影响相邻路段路况的,及时启动区域联动模块,由相邻路段协助发布可变信息标志信息。

(3)发布临近可变信息标志提示信息,提醒驾乘人员谨慎驾驶。

(4)接收各单位报告事件处置情况或通过监控视频实时掌握现场情况,做好信息报送、系统填报续报工作。

(5)现场事故处理完毕,排队车辆疏导完毕,撤销可变信息标志提示信息。

(6)做好事故记录,根据要求保存录像等。

3.路面突发事件的应急处置

路面发生车辆着火、危化品车辆泄漏、多车追尾等突发事件后,应急处置流程如下:

(1)通知路政、交警、拯救、养护、消防到场处置。

(2)发布临近可变信息标志提示信息,提醒驾乘人员提前选择绕行路线。

(3)通知临近收费站,按交警指示出口做好分流准备工作(迎接车流高峰),入口做好提示工作。

(4)根据要求做好相关信息报送工作,若影响相邻路段路况的,及时启动区域联动,由相邻路段协助发布可变信息标志信息。

(5)及时了解现场关键信息(方向、具体桩号、位置、车牌、车辆类型、事故类型、人员受伤情况、现场交通状况、采取措施、运载的危险品名称、特性等重要信息,并确认现场是否有泄漏、是否需要人员疏散等),做好沟通协调事宜。

(6)接收各单位报告事故处置情况或通过监控视频实时掌握现场情况。

(7)事故处置完毕,道路恢复通行,交警下达指示解除交通分流,通知收费站停止分流,撤销可变信息标志提示信息。

(8)做好事故记录,根据要求保存录像等。

第七章 稽核管理

本章主要介绍了收费特情业务稽核、重点关注名单车辆通行费缴纳稽核、本省和跨省涉及通行费拆账追缴、逃费车辆的追缴方式、内部稽核、费率参数解析及 ETC 门架系统交易查询等内容。

第一节 业务稽核

一、工单发起和处理

省级工单发起依托省级稽核系统,为防止重复追缴引起客户争议,省级工单发起后需通过部省接口上传至部级稽核系统。各省的省级稽核系统操作有所区别,本节依托部级稽核系统介绍工单发起和处理操作。

(一) 内部稽核工单业务流程

1. 发起内部稽核工单

(1) 内部自查:收费公路经营管理单位发起内部稽核并发布稽核结果。

(2) 接收工单:接收省级稽核管理单位下发的内部稽核工单。

2. 内部整改

收费公路经营管理单位应在收到整改工单后积极响应整改。

3. 提交进展

每 3 个工作日向省级稽核管理单位提交 1 次核查进展。

4. 反馈整改结果

10 个工作日内完成整改并向省级稽核管理单位提交整改结果。

5. 审核

省级稽核管理单位审核通过后,向部级提交核查进展及整改结果,部联网中心对整改结果审核后给出结论意见,并继续跟进相关省份的整改效果。

内部稽核工单业务流程如图 3-7-1 所示。

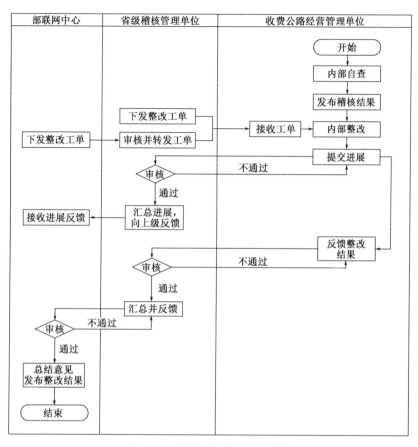

图 3-7-1 内部稽核工单业务流程图

(二)外部稽核工单业务流程

1. ETC 用户改变车型与车种逃费稽核业务流程

(1)收费公路经营管理单位核实为 ETC 用户改变车型与车种逃费的,在部级系统提交稽核证据,省级稽核管理单位在 1 个工作日内审核,审核通过后,系统下发工单至发行服务机构和其他相关省份。

(2)发行服务机构应在 1 个工作日内提交发行信息及证据,并做责任认定;发行服务机构所在省份的省级稽核管理单位应在 1 个工作日内完成审核。

(3)省级稽核管理单位审核通过后,系统自动补充历史交易流水,并下发至相关收费公路经营管理单位,收费公路经营管理单位在 3 个工作日内提交相关证据,核算补费金额并作责任认定;由省级稽核管理单位在 1 个工作日内审核所辖收费公路经营管理单位提交的证据材料、补费金额及责任认定等相关信息。

(4)认定为客户原因造成ETC车型或车种错误,少交通行费,且证据充足的,系统下发补费信息,预生成追缴名单,同时发行服务机构下发状态名单限制ETC通行,通知客户更改回正确信息并于7个工作日内补交通行费;认定为客户责任但证据不充分的,系统生成重点关注名单并进行共享,同时发行服务机构通知客户更改回正确信息。

(5)客户没有按时全额补费的,系统自动启用追缴名单,进行全网限制通行。

(6)认定为发行服务机构自身原因造成ETC客户车型或车种错误,少交通行费的,省级发行服务机构负责补交各省通行费损失。下发状态名单限制ETC通行,同时通知客户更改回正确信息。更改完成后解除状态名单限制。

ETC用户改变车型与车种逃费稽核业务流程如图3-7-2所示。

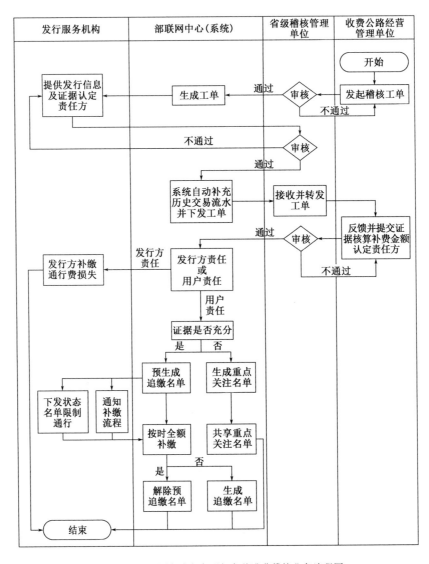

图3-7-2 ETC用户改变车型与车种逃费稽核业务流程图

2. ETC 用户一般逃费稽核业务流程

(1)收费公路经营管理单位核实为 ETC 用户一般逃费的,在部级系统提交稽核证据,省级稽核管理单位在 1 个工作日内审核,审核通过后,系统下发工单至发行服务机构和其他相关省份。

(2)需要其他省份协助完善证据的,发行服务机构应在 1 个工作日内提交发行及证据信息(非车型或车种与实际不符的无须做责任认定),由发行服务机构所在省份的省级稽核管理单位在 1 个工作日内完成审核。

(3)相关收费公路经营管理单位应在 3 个工作日内提交相关证据、核算补费金额并做责任认定;由省级稽核管理单位在 1 个工作日内审核所辖收费公路经营管理单位提交的证据材料、补费金额及责任认定等相关信息。

(4)认定为本省路段单位责任的,由路段单位自行承担通行费损失;认定为发行服务机构责任造成少交通行费的,省级发行服务机构负责补交各省通行费损失。

(5)认定为客户责任且证据充分的,系统同时生成补费信息,预生成追缴名单。发行服务机构自动下发状态名单,限制 ETC 通行,并通知客户 7 个工作日内补交通行费;认定为客户责任但证据不充分的,系统生成重点关注名单并进行共享,同时发行服务机构通知客户更改回正确信息。

(6)客户没有按时全额补费的,系统自动启用追缴名单,进行全网限制通行。

(7)系统自动将通行费补交车辆信息推送至其他通行关联省份省级稽核管理单位,其可依据情况开展重点核查,确认客户责任逃费的可补充证据合并追缴。

ETC 用户一般逃费稽核业务流程如图 3-7-3 所示。

3. 现金稽核协查业务流程

(1)收费公路经营管理单位在部级系统发起现金稽核工单,省级稽核管理单位在 1 个工作日内审核,审核通过后,系统下发工单至其他相关省份及收费公路经营管理单位。

(2)需要其他省份协助完善证据的,其他收费公路经营管理单位应在 3 个工作日内提交证据信息、核算补费金额并做责任认定,由所辖省级稽核管理单位在 1 个工作日内完成审核。

(3)省级稽核管理单位审核通过后,认定为本省服务方路段责任的,由服务方路段自行承担通行费损失。

(4)认定为客户责任的,系统同时生成补费信息与追缴名单,全网限制通行。

(5)系统自动将通行费补交车辆信息推送至其他通行关联省份省级稽核管理单位,其可依据情况开展重点核查,确认客户责任逃费的可补充证据合并追缴。

现金稽核协查业务流程如图 3-7-4 所示。

(三) 部级工单的发起

部级工单的发起分为内部稽核工单发起和外部稽核工单发起。

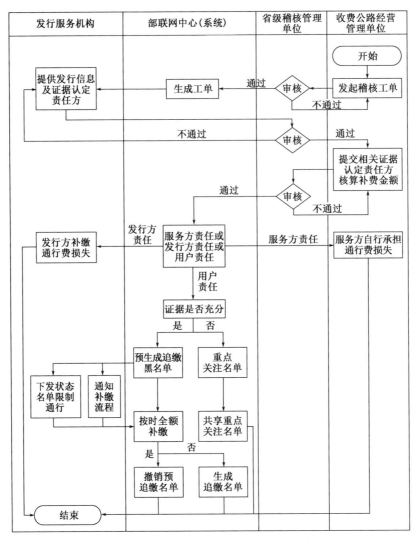

图 3-7-3　ETC 用户一般逃费稽核业务流程图

1. 内部稽核工单的发起

内部稽核发起工单有选择稽核数据创建稽核工单和手工创建工单两种途径。

（1）创建稽核工单

登录系统→【内部稽核】→【稽核数据查询】→输入相关条件→【查询】→勾选稽核数据→【发起工单】→进入创建工单页面→选择下发规则、处理单位→【提交】→完成发起工单操作。

①下发规则：

a）选择全量下发，将从发起工单时所选的稽核数据详情里的全部数据下发至路段。

b）选择随机下发（指定）数量，将从所选稽核数据的总量中，每个路段随机选择指定数量的数据。

c）选择随机下发（指定）百分比，将从所选稽核数据的总量中，每个路段随机选择指定百分比的数据。

d)选择(指定类型)(指定方式)(指定数量/百分比),每个路段将按该计算方式选择其对应的数据,如大车小标异常率>30%,且处理单位为路段,则从所选稽核数据中选择涉及路段且满足大车小标异常率>30%的数据。

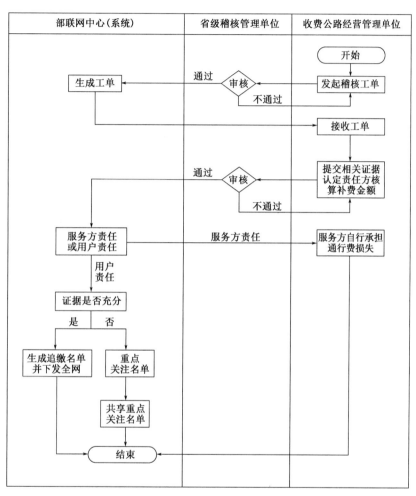

图3-7-4 现金稽核协查业务流程图

②处理单位:

点击【修改】→选择处理单位,该条件与下发规则进行组合判断后完成内部稽核工单的数据选择。

a)快捷筛选,当选择入口、途径、出口、MTC、ETC时,表示在匹配下发规则的数据中,选出对应类别的数据。

b)单位目录树,当选择指定单位时,表示在匹配下发规则的数据中,只选择与该指定单位有关的数据。

c)快捷筛选与单位目录树同时选中时,表示选择同时符合该两类的数据。

(2)手工创建工单

登录系统→【内部稽核】→【稽核数据查询】→【手工录入】→进入手工创建工单页面→上

传附件、修改处理单位→【提交】→完成发起工单操作。

①上传附件:对于手工发起的工单,附件为非必填项。若需要附件说明时,点击【添加文件】→进入附件上传页面→选择文件(支持图像、音频、视频、文档文件类型附件)→编辑相关信息→【提交】→完成附件上传。

②修改处理单位:点击【修改】按钮→进入处理单位选择页面→点击输入框→下拉框中选择处理方→点击输入框→【确定】→完成处理单位选择。

2. 外部稽核工单的发起

外部稽核发起工单有选择稽核数据创建稽核工单和手工创建工单两种途径。

(1)选择稽核数据创建稽核工单

登录系统→【外部稽核】→【稽核数据查询】→输入相关条件→【查询】→勾选稽核数据→【创建稽核工单】→进入工单创建页面→填写相关信息(疑似逃费类型、工单标题、车辆信息、发行信息、稽核数据列表、备注说明等)、上传附件证据→【提交】→完成外部稽核工单发起。

(2)手工创建工单

登录系统→【外部稽核】→【稽核数据查询】→【手工创建工单】→进入工单创建页面→填写相关信息(疑似逃费类型、工单标题、车辆信息、发行信息、稽核数据列表、备注说明等)、上传附件证据→【提交】→完成外部稽核工单发起。

(四)部级工单的处理

部级工单的处理分为内部稽核工单处理和外部稽核工单处理。

1. 内部稽核工单的处理

登录系统→【内部稽核】→【待处理工单】→查找待处理工单→点击【工单编号】→进入页面查看详情→【待处理】→进入工单处理页面→【进展填报】→【整改结果填报】→【提交】→完成内部稽核工单处理。

2. 外部稽核工单的处理

(1)进入待处理工单列表:登录系统→【外部稽核】→【工单处理】。

(2)进入工单处理页面:查找待处理工单→【处理】→进入工单处理页面(含工单概况、车辆信息、稽核数据列表、确定逃费类型等)。

(3)进入稽核处理页面:在工单处理页面→【稽核数据】→【处理】→【稽核处理】(该页面含数据概况、出入口数据、省内通行信息、门架数据、识别数据、稽核结论、结合结论状态、稽核处理等信息)。

(4)未通过本路段处理:经核实车辆未经过本路段的→【未通过本路段】→完成稽核处理(进行此操作后,用户填写稽核的结论将默认无效)。

(5)核对车辆信息:经核实车辆经过本路段的→核对车辆信息→如实际入口时间信息、实际出口信息、实际出口时间信息等与实际不符→【修改】→进行修正。

(6)编辑收费路径:

①增删收费单元:系统自动加载车辆已有的收费路径及通行时间。当认为系统加载的收

费路径有遗漏收费单元时,需要添加收费单元。

添加收费单元:点击【添加】→弹出"添加收费单元"对话框→选择目标收费单元→填写所选收费单元的通行时间→添加相关证据→【确认】→完成收费单元添加。

删除收费单元:查找需要移除的收费单元→【移除】→完成收费单元删除。

②计费信息确认:确认收费单元信息正确→【计费】→计算路径费用→核查计费结果与实际是否相符→相符→【确认】→完成收费路径修改。

(7)补充证据链:点击【添加】按钮→弹出"添加证据"对话框→选择文件→填写相关信息→【提交】→完成证据链上传。当稽核结论中"证据是否充足"为充足时,证据链必填。

(8)保存稽核结论:信息填写完毕→【保存】→完成稽核结论保存。系统此时保存该稽核结论,用户仍可以继续修改。

(9)提交稽核结论:点击【提交】→完成稽核结论提交→页面跳转至【结论查看】→查看到本路段以及其他协查路段已提交的稽核结论→确认无误→【继续提交】→完成稽核结论提交(提交后,将不可修改)。

二、处理异常通行数据分析

异常通行数据指针对已完成收费的通行数据,通过设立数据分析模型,筛选出的异常数据。包括车辆在 ETC 车道收费车型与 MTC 车道收费车型不一致、发行信息与车道通行图片不一致、车辆通行路径信息缺失次数较多等。

收费公路经营管理单位可通过以下七种方式开展异常通行数据分析工作。

1. 收费差额分析

收费公路经营管理单位可根据需要采取全量或抽样的方式,对各类交易数据统计结果与实际收费额进行比对,确定收费数据差额范围,并根据缺失原因展开分析,明确稽核工作方向和范围。

2. 特情流水复核

部级稽核系统把按业务规则系统自动生成或人工标记的特情流水推送给各收费公路经营管理单位,由生成特情数据的门架、入出口所属收费公路经营管理单位按要求完成对特情数据的复核,并筛选出疑似逃费车辆。

3. 异常通行数据分析

各参与方通过预先设定的数据分析模型筛选出异常通行流水,自动推送到相关责任单位,由筛选出异常通行数据或出口所在经营管理单位作为责任单位牵头,其他入、出口或途经路段配合的形式进行全量或重点分析,并随着业务的深入,逐渐优化数据筛选模型。

4. 特殊事件复核

收费公路经营管理单位对收费现场发生的特殊事件,进行人工登记,事后由登记人所在经营管理单位负责全量复核,相关单位配合。

5. 优免数据复核

收费公路经营管理单位对按规定采集的各种通行费减免车辆交易数据及其相关查验数据，与相应优惠免费政策、车辆实际通行情况进行比对分析，筛选出疑似逃费车辆，具体由发生优免通行所在出口收费站经营管理单位负责，其他涉及单位配合。

6. 专项数据分析

收费公路经营管理单位对高频出现的大量同类逃费行为，依据逃费线索或规律，通过对收费数据进行大数据分析，或现场集中查验，发现各种疑似逃费车辆，其他参与方配合进行协查，筛选出疑似逃费车辆。

7. 现场或举报稽核

客户或其他人员通过现场、电话、电子邮件、网络等方式向行业投诉或举报的逃费线索，由受理单位在稽核系统人工录入稽核工单发起联合协查。各收费公路经营管理单位通过现场明察暗访等方式收集逃费线索进行稽查，筛选出疑似逃费车辆。

三、兜底收费特情业务分析

为规范兜底计费使用，降低兜底计费使用率，保障收费站、车道运营有序，收费公路经营管理单位应通过以下步骤对本路段的兜底收费特情进行分析。

1. 筛选和收集兜底收费特情数据

通过部或省级稽核业务平台等系统或自建模型筛选实际计费方式为"按全网最小费额计费"的出口收费流水，即兜底收费特情流水。

2. 核查兜底收费原因

筛选出兜底收费特情流水后→登陆部级稽核业务平台→【部站－通行交易查询】→【出口通行查询】→查找兜底出口流水→打开流水详情→通过门架交易、牌识数据及结合 GIS 地图等分析是否存在门架反向误标计费，车辆 U 型、J 型行驶或屏蔽通行介质逃费等情况。兜底收费特情的产生原因有系统问题、在线计费调用、人员操作、逃费等，见表 3-7-1。

兜底收费特情原因分析　　　　　　　　　　　表 3-7-1

排查项目	使用兜底计费情况类型	兜底计费流水数量
一、系统问题排查情况	1. 设备和网络故障导致的兜底计费情况	
	2. 车道系统参数配置、车道软件逻辑导致的兜底计费情况	
二、在线计费调用排查情况	1. 关键参数错误导致在线计费失败情况	
	2. 调用请求等待超时导致在线计费失败情况	
	3. 网络问题导致在线计费失败情况	
	4. 车型、车牌信息错误导致在线计费失败情况	
	5. 省内交易调用部级在线计费情况	

续上表

排查项目	使用兜底计费情况类型	兜底计费流水数量
三、人员操作问题排查情况	1. 未请求在线计费使用兜底计费情况	
	2. 未经管理人员授权使用兜底计费情况	
四、逃费	车辆逃费导致兜底计费情况	

3. 兜底收费特情处理

查实系统原因造成的及时对系统进行优化升级,查实人员操作问题的加强培训和整改,查实客户逃费的按流程发起追缴工单。

四、计费参数使用方法

计费参数包含各个单元各车型计费标准。计费参数与路径参数相结合,可以与计费模块计费结果进行相互验证,用于特情业务复核、内外部稽核和异议处理。

(一)特情业务复核

1. 相关要求

(1)各省(区、市)应按照相关技术要求对存在特情的交易记录进行标注,并及时上传。

(2)各入出口收费站、收费门架生成的特情数据,应由生成路段所属的收费公路经营管理单位作为责任主体,对特情数据进行复核。

(3)特情数据复核结果为车辆欠费且证据充分的可发起外部稽核,开展通行费追缴;复核结果为车辆欠费但证据不充分的将被列入重点关注名单。

(4)收费公路经营管理单位应每日完成本单位生成特情数据的复核工作,并向部级系统反馈复核结果。

(5)收费公路经营管理单位应对本路段可能存在作弊行为造成通行费流失的特情数据做100%审验,省级稽核管理单位应做不少于10%的复核,发现问题及时发起内部或外部稽核。

2. 特情复核业务流程

收费公路经营管理单位按要求开展特情数据复核,发现问题及时发起内部或外部稽核,特情复核业务流程如图3-7-5所示。

(二)内外部稽核

内外部稽核包括内部稽核工单的发起和处理、外部稽核工单的发起和处理,详见本章第一节"一、部省级工单的发起和处理"。

(三)异议处理

异议处理主要指通行费补费异议处理。客户可在通行费补交前提出异议,对补交信息提交异议后未撤销异议前,将不得对此补交记录进行补费。补交后产生异议的,应通过投诉系统进行处理。

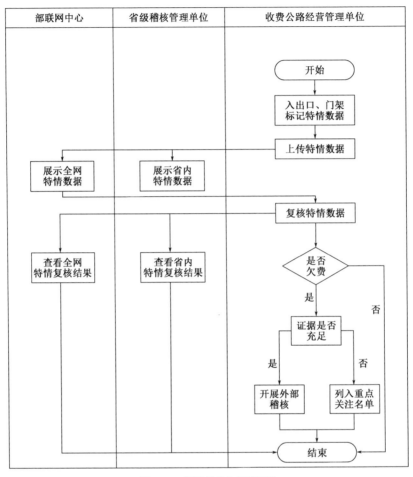

图 3-7-5　特情复核业务流程图

(1) 客户进行线上补费时,如对欠费信息存在异议,可在线上补费平台直接发起异议申诉,申诉工单提交至部级系统。部级系统将工单实时转发至发起方。

(2) 各参与方收到异议工单后,应在 3 个工作日内处理并反馈,若客户对所有逃费数据均存异议,并在 ETC 客户的 7 个工作日补交期内,系统自动延迟 4 个工作日的追缴名单启用时间,用于工单相关参与方校核或补充数据。

(3) 各参与方未在要求时限处理完毕的,系统做超时质量记录,并向相关参与方及上级机构推送超时提示。

(4) 各参与方在要求时限内处理完毕并回复,客户仍存异议的,由各省级稽核管理单位进行判定。

(5) 收费站限制通行追缴名单车辆时,若客户对欠费信息有异议,经现场处置人员核实证据确实不足的,可先补交无异议部分,放行当次客户车辆,异议部分按线上申诉进行处理。

五、稽核业务数据挖掘与分析

收费公路经营管理单位应做好异常通行数据的分析,可从数据收集、数据分析、数据挖掘三方面开展分析工作。

(一)数据收集

各省市为保障稽核业务正常开展,应广泛采集和提供各类数据,确保收费与稽核业务人员,正常开展收费数据复核与分析、逃费取证、行业改进等。涉及的数据包括但不限于入出口通行数据、门架计费数据、出口站交易数据、计费参数数据、车牌识别流水、车辆抓拍图片、特情数据、客户发行信息、优免通行数据、异常通行数据等。

(二)数据分析

稽核业务在开展事后稽核、数据稽核的过程中,主要针对以下类型数据进行分析和处理。

1. 正常数据

主要包括入出口通行数据、门架计费数据、出口站交易数据、计费参数数据、车牌识别流水、车辆抓拍图片、客户发行信息等。

2. 特情数据

指收费现场进行过特殊情况处理并通过系统或人工标记特情类型的入口、出口、门架的交易数据。包括当次收费调整、入出口车牌与车型不一致、无效入口站编码、无入口信息、无卡、损坏卡等类型。

3. 异常通行数据

指针对已完成收费的通行数据,通过设立数据分析模型,筛选出的异常数据。包括车辆在 ETC 车道收费车型与 MTC 车道收费车型不一致、发行信息与车道通行图片不一致、车辆通行路径信息缺失次数较多等。

4. 优免通行数据

根据各种政策、法规和行业规则,对享受各种优惠减免通行费的车辆,按有关规定程序采集相关信息,包括绿通车辆、联合收割机车辆交易记录与查验信息等。

5. 现场巡查或线索举报数据

各参与方通过现场巡查或接收其他人员通过书面、电话、邮件、微信、微博等渠道反馈并在部、省稽核系统登记的异常车辆或异常通行信息。

6. 其他行业数据

由政府相关部门或其他行业授权提供的与收费稽核业务相关的数据,如公安部门的车辆数据、运管部门车辆数据、互联网行业数据等。

7. 其他多媒体数据

包括收费现场、查验现场、道路主线与门架的监控视频,或其他来源的视频、图像分析数据等。

8.专项数据

部联网中心、省级稽核管理单位、收费公路经营管理单位根据各自路网实际,定期综合各种运营数据进行专项分析,获取的具备相似或关联属性的数据集合,或者高频特殊事件车辆信息,开展专项打击行动获取的异常车辆数据。

(三)数据挖掘

数据挖掘主要根据逃费车特征将《ETC门架车牌识别数据表》(gantryVehIdInfo)、《ETC门架计费扣费交易记录表》(gantryPassData)、《出口站其他交易数据表》(otherTrans)等数据表的相关字段通过一定关联条件建立稽核模型,对嫌疑逃费车进行筛查,提高稽核效率,见表3-7-2。

常见嫌疑逃费车数据挖掘方法　　　　　　　　　　　　表3-7-2

一级	二级	数据挖掘方法
改变车型(车种)逃费	货车改客车	以"交易车种为客车而抓拍识别车牌为黄牌"等作为筛选条件
	大车小标	以"货车入口轴数与交易车型不符"等作为筛选条件筛查货车大车小标;以"客车识别车牌为黄牌且交易车型为客一"等作为筛选条件筛查客车大车小标
	甩挂逃费	以"出入口重量差1吨以上、OBU车型为货三、计费车型为货三、出口30分钟内掉头重上高速且入口轴数大于3"等作为筛选条件
改变缴费路径逃费	屏蔽计费设备	以"出口最小费额收费、有门架牌识流水但前后10分钟内无门架计费成功流水"等作为筛选条件
	有入无出	以"有出口承载门架牌识流水但前后10分钟内无出口交易流水"等作为筛选条件
	闯关逃费	以"有出口承载门架牌识流水但前后10分钟内无出口交易流水"等作为筛选条件
	私开道口	以"A门架有牌识流水但后序门架(含承载门架)无牌识流水"等作为筛选条件
	倒换卡	以"出入口车型、车牌不符、轴数不符、超时"等作为筛选条件
	网内循环行驶(超时停留)	以"特情类型为计费金额小于入出口可达最短路径、ETC卡累计计费金额异常大、ETC卡累计计费金额异常大、路径不可通达、计费服务请求失败,实际计费方式为部省中心在线服务计费、开放式计费,超时,出口收费金额小于、等于最短路径交易金额"等作为筛选条件

续上表

一级	二级	数据挖掘方法
利用优免政策逃费	假冒鲜活农产品运输（绿色通道）车辆	以"车种为绿通车、出入口重量差绝对值大于1000公斤、通行省份大于1、出口30分钟内掉头重上高速、出口站附近服务区停留"等作为筛选条件
	假冒抢险救灾、进行跨区作业的领有号牌和行驶证的联合收割机（包括插秧机）及其专用的运输车辆	以"车种为联合收割机、出入口重量差绝对值大于1000公斤、通行省份大于1、车牌不符、出口30分钟内掉头重上高速"等作为筛选条件
其他逃费	U型行驶	以"出入口站相同"作为筛选条件
	J型行驶	以"特情类型为计费金额小于入出口可达最短路径、ETC卡累计计费金额异常大、ETC卡累计计费金额异常大、路径不可通达、计费服务请求失败、实际计费方式为部省中心在线服务计费、开放式计费、超时、出口收费金额小于、等于最短路径交易金额"等作为筛选条件
	车牌不符	以"入口车牌与出口车牌不一致"等作为筛选条件
	不可达（不合理）路径	以"特情类型为路径不可通达"等作为筛选条件
	一车多签（卡）	以"出口流水信息中仅有入出口承载门架信息，超时，出入口车牌不符，OBU内置车牌与实际车牌不符"等作为筛选条件

第二节 名单追缴

一、重点关注名单监控

1. 重点关注名单定义

重点关注名单是指从追缴名单中撤销、通行或交易数据异常、有逃费嫌疑但证据不足的车辆类型。

2. 重点关注名单类型

重点关注名单类型可分为通行或费用异常类、优先放行类、临界车型车种类、其他类等。

（1）通行或费用异常类主要有以下6种：

①有逃费嫌疑但证据不足的车辆。

②需要特殊提示相关信息辅助收费的车辆。

③路网通行时存在多次异常事件或异常行为的车辆。

④追缴名单车辆补交处理完毕一段时间观察期内的车辆。
⑤现场发现并简易处理完毕的逃费车辆。
⑥其他业务要求提示信息车辆。

(2)优先放行类包括绿通优免车辆、集装箱优免车辆、联合收割机优免车辆等。

(3)临界车型车种类包括各种介于车型、车种分界值的车辆等,也包括挂车、半挂车等每次通行需要临时写入车型、轴数的车辆等。

3. 重点关注车辆监控

重点关注名单仅作为收费现场业务处理辅助提示使用,省级稽核管理单位结合车辆通行轨迹,将异常通行车辆纳入重点关注名单。收费公路经营管理单位可通过部、省级稽核系统的门架牌识功能进行重点关注名单车辆的预警监控,也可以事后通过出入口流水、门架牌识流水、门架计费流水等方式核查重点关注车辆的监控情况。

二、重点关注名单车辆通行费缴纳情况稽核

1. 查询步骤

登录部级稽核平台→【稽核名单查询】→【重点关注名单查询】。

2. 查询条件

选定一项或多项条件查询重点关注名单的历史记录数据。系统可供输入或选择的查询条件有车牌号码及颜色、数据编码、重点关注名单进入原因类型、数据来源、名单状态、生成时间范围、录入省份。

3. 查看车辆档案

点击【车辆标识】→进入车辆档案详情页面(含稽核记录、补费信息和稽核名单页面)。

(1)稽核记录:该页面展示该车辆进入稽核名单的通行记录情况。一条稽核数据代表该车辆的一次通行行为。选择相应的查询条件(行经省份、行经路段、通行时间、通行介质、数据来源),可进一步筛选出满足条件的数据。

点击【数据编号】→查看该次通行行为的数据详情(含数据概况、出入口数据、省内通行信息、门架数据、GIS 地图和稽核结论等)。

(2)补费信息:该页面展示该车辆因外部稽核协查确认欠费后完成补费的情况。一条补费记录对应一次欠费通行行为,点击【通行数据编号】→查看该欠费通行行为的数据详情。

(3)稽核名单:该页面主要展示该车辆加入/移除追缴名单、预追缴名单、重点关注名单的历史记录情况。其中,录入省份显示"自动版本"表示由部级系统自行生成的版本记录。证据链仅在重点关注名单时有对应展示,追缴名单的证据链需查看该车辆关联的稽核记录。

(4)查看证据链:点击【查看】→查看各省上传的与该车辆相关的证据链文件。

第三节 通行费追缴

一、本省和跨省涉及通行费拆账追缴

1. 本省和跨省涉及通行费拆账规定

本省和跨省涉及通行费拆账业务主要通过交易对账实现,分为部级交易对账和省级交易对账。通过交易对账确认存在漏收通行费后可发起通行费追偿,经相关参与方确认后,责任方应承担相应的通行费损失;确认存在逃费的发起追缴工单。

稽核管理的交易对账业务主要针对出口交易记录未上传(含 ETC 通行交易和其他交易),部级交易对账是各通行省中心在每月第 10 个自然日前筛查完成上一个自然月通行本省且未收到出口交易记录的明细信息,通过部联网中心提供的部级交易对账查询接口服务获取最后通行门架所在省份,并在部级业务系统上传明细信息,通行省中心可向最终确定的通行门架所在省中心提出省际追偿协调。最后通行门架所在省份应及时提交车辆出省交易记录和相关资料作为无责证据,并在系统中进行"非出口省份"操作,流转至下一省份,后续被定责的省份可提出异议,并提交新证据,直到确认最终出口责任省份并进行处理。

省级交易对账由省中心负责牵头组织开展。省中心应向各收费公路经营管理单位提供 ETC 交易和其他交易的清分拆分统计结果,并同步向经营管理单位发布对应的交易明细信息。收费公路经营管理单位根据省中心提供的拆分明细信息与 ETC 门架、车道系统通行数据进行比对,确认存在漏收通行费后可发起通行费追偿,可向最终确定的通行门架所属收费公路经营管理单位提出省级追偿协调,最后通行门架所属收费公路经营管理单位应及时提交车辆交易记录和相关资料作为无责证据或流转至下一收费公路经营管理单位,后续被定责的收费公路经营管理单位可提出异议,并提交新证据,直到确认最终责任收费公路经营管理单位并进行处理。

2. 本省和跨省涉及通行费拆账稽核

对本省和跨省涉及通行费拆账稽核工作,收费公路经营管理单位除了在部级系统配合部省中心开展追偿业务外,还可以通过路段数据库的《拆分结算明细表》开展稽核,确认存在漏收通行费后,发起通行费追偿或追缴工单。该表包含本路段所有经省结算中心清分后返回至路段数据库的 OBU 交易、现金和移动支付三类拆分数据,即车辆缴纳的通行费经过通行路径或交易规则最终实际拆分至路段的通行费数据。稽核方法主要是通过将《拆分结算明细表》与《ETC 门架计费扣费交易记录表》(gantryPassdata)的数据进行匹配,筛查出嫌疑流水,再通过部级稽核系统进一步核查分析。步骤如下:

步骤一:通过《拆分结算明细表》(Cardsettleddata OBU 交易拆分、Cashsettleddata 现金拆分和 Ipaysettleddata 移动支付拆分)连接《ETC 门架计费扣费交易记录表》(gantryPassdata)进行数据筛查,一是匹配出有途经本路段但没有收到拆分通行费的流水记录作为嫌疑流水;二是匹配出有途经本路段但收到的拆分通行费小于 2 倍以上的流水记录作为嫌疑流水。

步骤二：通过筛查，得出的车辆 passID 在部级稽核系统进行门架数据查询，核查车辆行驶路径、车辆缴费情况等再确认是否发起通行费追偿或追缴工单。比如核实当次入出口时间内同车牌路径为跨省或网内循环行驶，且出口为最小费额的收费记录，即交费路径与实际路径不符，存在逃交、少交通行费的嫌疑。

二、逃费车辆的追缴方式

(一) 收费车道限制通行追缴

收费车道系统通过车牌识别等方式对追缴名单车辆自动实施限制通行，现场人员查询、核实车辆信息并告知用户，用户可通过部省两级补费平台查询自己的补费信息，客户完成全部通行费补费后，系统自动解除追缴名单。

1. 错误限制通行处理

各级稽核管理单位对黑名单车辆或套牌车辆错误限制通行时，应及时做好信息核对与沟通解释工作，避免发生客户投诉。事后应及时进行原因分析，根据情况作出整改处置。

2. 限制通行现场处置工作要求

(1) 各级稽核管理单位应根据本省实际制定预防拥堵和应急处置预案，建立与路政、交警、公安等部门的联动机制，预防突发情况。

(2) 各级稽核管理单位应组织各方密切配合，做好限制通行中的协调沟通等工作。

(3) 工作人员可根据现场逃费车辆行为的法律责任情况，决定是否向公安机关报案，由相关执法机构进一步处理。

(4) 相关单位及人员应严格依法依规开展追缴名单车辆限制通行追缴工作，坚决杜绝因违规违纪行为或处理不当引发的群体性事件。

(5) 相关单位及人员应维持现场工作秩序，合理引导车辆，设置相应安全引导设施，保障人员安全，避免造成现场拥堵。

(6) 如遇到当事车辆存在特殊危急、可能造成重大经济损失风险或危及人员生命财产安全的情况，可快速核实取证后先放行车辆，再做事后追缴。

(7) 当名单车辆被限制驶入或驶出收费站时，车道疏导人员应立即予以现场处置，引导车辆驶离车道补交通行费。

(8) 对名单车辆予以引导和补费时，工作人员宜佩戴和开启工作录像记录设备，全程进行工作记录，并留存工作录像不少于 3 个月。对于处理期间存在争议的车辆，其工作录像留存不得少于 12 个月。现场发生争执或行为过激的应永久留存。

(9) 相关现场处置工作录像应按要求统一存储至固定系统位置，可供本省相关系统远程调取审验与稽核。

(二) 律师函或告知书处理

针对证据确凿却拒不补费的车辆，可通过律师函或告知书等方式执行处理。

（三）移交相关部门处理

针对超限、违反《道路交通安全法》、逃费金额达到立案标准等行为的车辆,可联合相关部门对其进行相应处理。

（四）诉讼处理

发律师函或告知书追缴无效时,对符合起诉条件的可通过司法程序追缴,并追究相关违法人员的法律责任。

（五）专项行动处理

部联网中心及各省稽核管理单位针对追缴名单中相对集中、问题突出的区域或客户群体进行分析,牵头组织专项治理行动。

（六）追缴名单信息或证据查询处理

部联网中心、省级稽核管理单位、收费公路经营管理单位、发行服务机构均可通过车牌号查询全网追缴名单信息,查询时应严格做好操作记录;追缴主体需要补充相关证据时各相关参与单位应积极配合及时提供,并注意做好信息与证据的保密工作。

（七）拦截异议处理

现场限制名单车辆通行时,若客户提出异议,处理方应做好解释沟通,协助查询违规证据,做好文明服务。需要与其他参与方协调时,相应参与方应积极配合处理。

三、内部稽核

内部稽核是指通过数据分析、事后核查对行业内部参与单位、业务人员的操作规范性、执行合规性等进行稽核分析,排查是否存在因人为原因造成的通行费损失等问题。收费公路经营管理单位的内部稽核包括收费行为稽核和运营管理稽核。

1. 收费行为稽核

收费行为稽核是指对收费操作的准确性、规范性的稽核。收费公路经营管理单位应及时响应部、省两级的稽核工单,开展核查并反馈核查结果。每周定量抽检稽核收费行为,发现问题及时整改。

（1）收费操作准确性稽核应包括收费人员在车牌录入、车型录入、通行费收取、通行交易信息记录等业务操作的准确性。

（2）收费操作规范性的稽核应包括优免车辆处理、特情处理、追缴名单处理、通行费补费等业务操作流程的规范性。

2. 运营管理稽核

运营管理稽核包括对收费政策执行、高速设施封闭式管理等方面开展的稽核。收费公路经营管理单位应及时响应部、省两级的整改工单,开展核查并反馈核查结果;同时根据部省两级制定的相关规范开展运营管理稽核工作。

(1)收费政策执行稽核包括优惠减免政策执行及检查核验等业务的稽核。

(2)高速设施封闭式管理稽核包括高速公路封闭及服务区便道开放等情况的稽核。

第四节　费率管理

一、费率参数

1. 术语和定义

(1)全网费率基线:费率基线是指一个费率版本所对应的全部基础数据、过程数据、结果数据及相关的接口、方法、过程的总称。每个基线也是一个"快照",无论何时都能完整地反映当时费率对应的数据及方法。

(2)费率参数:由路径参数、计费参数、计费模块三部分组成,用于计算路网的计费路径及各车型的收费标准,是费率管理的重要基础数据。

(3)路径参数:包含节点信息及节点连通信息。节点信息中包含收费站及收费单元信息。节点连通信息包含站与单元、单元与单元、单元与站之间联通关系。其中,省界单元一定要填写与相邻外省的联通关系,这样才能使全网路径参数联通(省界单元连通关系可以在全网费率管理平台由各省互相填报、查阅)。

(4)计费参数:包含各个单元各车型计费标准。此计费参数与路径参数相结合,可以与计费模块计费结果进行相互验证。

(5)计费模块:参照 ETC 门架计费模块相关技术规范,实现省内各收费单元的费率计算及输出。此模块应全省统一版本,支持省内所有节点计费使用。通过此模块可以完成省内所有费率的计算及输出。如果收费站承担门架作用,应在计费参数(单元、门架)、路径参数上设定对应的参数信息,并通过全省统一计费模块进行识别与计费。

(6)全网入出口可达路径最小费额:根据全网可达路径信息,通过计费参数和路径参数生成各车型的入出口可达路径最小费额数据。部级费率平台根据出口收费站进行数据压缩和打包,提供给各省份下载,用于出口匝道进行兜底计费。

(7)费率发布周期:部级费率平台定期集成各省提交的费率参数,计算生成全网入出口可达路径最小费额数据。从全网参数集成至全网入出口可达路径最小费额计算完毕需要一定的时间,因此,全网费率发布需要按一定的时间周期进行费率发布流程。上述的时间周期就是费率发布周期,目前周期按每月2次(每月1日、16日生效)。

(8)费率提交日:各省费率参数上传全网费率管理平台的日期就是费率提交日,按规定费率提交日应早于费率生效前5个自然日。

(9)费率生效日:各省(匝道站、门架)费率参数正式生效日期。当该日期不符合部级全网费率管理平台的发布周期及全网入出口可达路径最小费率(以下简称"全网兜底费率")生效日时,将因生效日期不一致导致全网兜底费率的计算存在费额差错,由此导致的费率异常由该省承担。

（10）全网兜底费率生效日：全网入出口可达路径最小费率生效日是指全网兜底费率的生效时间。全网费率管理平台定期集成各省费率参数，计算发布全网入出口可达路径最小费额参数，全网兜底费率参数的生效日期目前是每月的1日、16日。

2. 一般规定

（1）各省费率是由省（区、市）路段经营单位在路段开通前按程序向相关主管部门提出申请，经批复后将结果报送到省（区、市）中心，由省（区、市）中心负责制作（或更新）省级计费参数。

（2）省中心在费率参数发生变化后，上传相关的费率参数、路径参数及计费模块；每次省级费率变更应保证上述三项内容全部完整提交至部联网中心。

（3）省内费率生效日应为每月1日或16日，省内费率参数应早于费率生效前5个自然日上传至部联网中心，并通过部级全网费率管理平台的检测，省中心于费率生效日前2天下载全网兜底费率。如果省级费率生效日不符合部联网中心的相关规定，造成的计费错误由该省负责。

（4）如省中心的费率参数提交日期或生效日期等属性不符合部联网中心的费率集成要求，或者没有通过部联网中心全网费率管理平台的验证，则无法正常参与部路网中心的全网费率版本集成，由此导致的费率异常由该省承担。

（5）部级全网费率管理平台每次发布全网兜底费率基线，包含全部省份的费率参数。对于未发生参数变更的省份，部级全网费率管理平台将使用该省最近一次生效的费率参数进行集成。

（6）如在周期内，无任何省份路径、计费参数、计费模块存在调整，或遇到特殊情况，则全网费率基线发布顺延至下个发布周期。

3. 管理流程

（1）当省界收费站、收费单元发生变化时，省中心用户需在部联网中心全网费率管理平台上进行"省界连通设置"填报，并通知相关省份用户进行相邻省的信息补充。同时，省界单元的联通关系还需在省级费率路径参数中体现。

（2）省中心用户在费率参数发生变化后，通过部省接口上传相关的费率参数、路径参数及计费模块；每次省级费率变更应保证上述三项内容全部完整提交至部联网中心。

（3）部级全网费率管理平台针对省中心上传的参数及模块进行验证。通过多种案例验证路径参数、计费参数及计费模块的可用性和可靠性，并检验计费模块的各类性能指标，确保其符合规范和技术要求。

（4）部级全网费率管理平台在省级费率参数校验通过后，会使用路径参数及计费模块生成本省最小费额文件，提供省级用户下载、核查并确认。确认无误后，全网费率管理平台将本次省级费率参数打包推送至ETC门架部级管理平台，在门架系统的拟真环境中进行校验，并将校验结果告知全网费率管理平台。

（5）省中心用户可以通过全网费率管理平台查看检验进度及结果，并对验证结果进行确认。如果验证结果不通过，则需要修正问题后重新上传；如果验证结果通过，则表示相关的费率模块、参数符合技术标准,达到可用性要求。具体费率参数、模块的计算准确度,需要省中心来保证。

(6)省中心用户在全网费率管理平台上,可以在省级版本集成成功后进行下载和核对,确认无误后,费率平台会将本次省级费率参数打包推送至部级门架运维平台,生成门架所需的镜像文件。省中心用户可以在运维平台上将该版本的计费模块镜像发布至省内各个门架。

(7)部级全网费率管理平台定期进行全网兜底费率版本集成。通过各省已验证通过的费率参数,计算生成全网入出口可达最小费额参数文件,供各个省中心下载。

(8)省中心用户应在内容生效前,通过部省接口下载全网兜底费率文件,并推送至省内各个收费站的车道系统里。

(9)差异化收费计算一般通过计费模块或车道收费软件前端系统实现。稽核业务在计算追缴通行费时,应考虑差异化收费政策,即计算差异化优惠前的应收通行费(MTC 车辆通行费金额四舍五入取整到元,确定应收金额;ETC 车辆在途经 ETC 门架通行费累加金额的基础上按照"四舍五不入"的原则,确定应收金额)后再乘以差异化优惠折扣得出实际应收通行费。差异化收费实际应收通行费 = 差异化优惠前的应收通行费 × 差异化优惠折扣。

二、ETC 门架系统交易分析

ETC 门架系统交易成功率是指 ETC 门架系统交易成功次数在通行总量中的比率[见式(3-7-1)],通过 ETC 门架系统交易成功率分析可以查验门架运行情况及筛查嫌疑逃费车辆。

$$门架交易成功率 = \frac{门架交易成功次数}{门架通行总量} \times 100\% \qquad (3\text{-}7\text{-}1)$$

嫌疑逃费车辆的筛查主要通过"门架交易成功率"稽核模型进行,模型原理是通过关联《ETC 门架车牌识别数据表》(gantryVehIdInfo)及《ETC 门架计费扣费交易记录表》(gantryPassData),筛查车辆有门架牌识但前后 10 分钟内计费失败的嫌疑流水。通过"门架交易成功率"稽核模型筛查出嫌疑流水后,再通过部省稽核系统核查出入口流水、计费路径、门架牌识等进一步确认车辆是否逃费。

第八章

设备使用与维护

本章主要介绍了收费和监控系统所涉及的通信网络的配置和状态检测,服务器和磁盘阵列设备的使用,各类机电设备的维护保养,仪器仪表的使用,绝缘和接地的检测。

第一节　设　备　使　用

一、配置网络摄像机参数

配置网络摄像机的步骤可能会因品牌和型号的不同而有所差异,但通常遵循以下基本流程:

(1)物理连接:将摄像机连接到网络。高速公路所用摄像机一般采用有线连接,确保摄像机连接到路由器或交换机。

(2)电源供电:连接摄像机的电源适配器,并打开电源开关。

(3)初始设置:如果摄像机支持,可以使用随机附带的 CD 或下载的软件进行初始设置。对于不支持自动设置的摄像机,需要手动设置 IP 地址。

(4)访问摄像机管理界面:打开网络浏览器,输入摄像机的 IP 地址,通常是类似于 http：//192.168.1.x 的格式。输入用户名和密码登录。输入设备厂商提供的默认的用户名和密码,建议在第一次登录后立即更改。

(5)网络设置:在管理界面中找到网络设置部分,配置 IP 地址、子网掩码、网关和 DNS 服务器。如果使用 DHCP,摄像机可能会自动获取这些信息。

(6)图像和视频设置:调整分辨率、帧率、质量和其他图像参数,以满足监控需求。

(7)时间设置:设置时区,并配置 NTP 服务器以自动同步时间。

(8)安全设置:更改默认的用户名和密码,启用加密(如 HTTPS)以增强安全性。

(9)保存和重启:保存所有设置,并根据提示重启摄像机。

(10)测试:观察实时视频流,测试图像质量和远程访问功能。

二、ETC 门架运行监测

ETC 门架运行状态监测是确保高速公路 ETC 系统顺畅运行的重要手段。通过实时监测 ETC 门架的数据传输、设备状态、供电系统和外部环境等方面的情况,可以及时发现并解决问题,提高 ETC 系统的稳定性和可靠性。同时,监测结果的处理也是保障 ETC 系统正常运行的关键环节,需要根据实际情况采取相应的措施进行处理。

(一) 监测内容

ETC 门架运行状态监测主要包括以下几个方面的内容:

数据传输监测:监测 ETC 门架与后台系统之间的数据传输是否正常,包括 ETC 门架上传的交易数据、车牌识别数据等。

设备状态监测:监测 ETC 门架上的关键设备,如 RSU(路侧单元)、车牌识别相机、补光灯等的工作状态,确保这些设备能够正常运行。

供电系统监测:监测 ETC 门架的供电系统,包括电源、UPS(不间断电源)等,确保 ETC 门架有足够的电力供应。

外部环境监测:监测 ETC 门架所处的外部环境,如温度、湿度、烟雾等,确保 ETC 门架在适宜的环境条件下运行。

(二) 监测方法

ETC 门架运行状态监测主要通过以下方法进行:

实时数据传输监测:通过 ETC 门架与后台系统之间的网络连接,实时传输数据并监测数据传输状态。

设备状态监测:在 ETC 门架上安装传感器和控制器,实时监测设备的运行状态,并通过网络将状态信息传输到后台系统。

供电系统监测:通过智能检测、UPS 等设备,实时监测供电系统的电压、电流、电量等参数,并通过网络将监测数据传输到后台系统。

外部环境监测:在 ETC 门架上安装温湿度传感器、烟雾传感器等设备,实时监测外部环境参数,并通过网络将监测数据传输到后台系统。

(三) 监测结果处理

根据 ETC 门架运行状态监测的结果,可以采取以下措施进行处理:

对于数据传输异常的情况,及时排查问题并修复网络连接或数据传输设备。

对于设备故障的情况,及时更换或维修故障设备,确保 ETC 门架能够正常运行。

对于供电系统问题,及时检查电源、UPS 等设备并采取措施解决电力供应问题。

对于外部环境异常的情况,及时调整 ETC 门架的工作环境或采取其他措施保障 ETC 门架的正常运行。

三、设备软重启和关机操作

现在设备一般都具备网络功能,日常维护也可以通过网络进行远程操作,在维护中有多款远程控制软件,使运维人员能够如同在现场一般操作设备,其中在局域网中运用较广泛的如 SecureCRT 和 VNC 等远程控制工具软件。

(一) SecureCRT 软件应用

SecureCRT 是一款支持 SSH、Telnet、串口等的终端仿真程序,工作中主要使用该软件与设备后台进行交互,读取后台打印、写入和查询配置信息、纪录日志。

1. SecureCRT 串口连接

在快速连接中的协议里选择 Serial,这是串口所使用的通信协议,选择正确的通信端口,配置波特率,RTS/CTS 不要勾选,取消默认的勾选,点击连接即可完成配置。

2. SecureCR 日志纪录

创建完连接后要开启日志纪录,将日志打印纪录保存在文件中。选择日志保存路径:选项—会话选项—记录文件,纪录日志:文件—会话日志。

3. SecureCRT Telnet 连接

Telnet 远程登录服务分为以下 4 个过程:
(1)本地与主机建立连接。
(2)将本地终端上输入的用户名和口令传送到远程主机。
(3)将远程主机输出的数据转化为本地所接受的格式送回本地终端。
(4)完成相应服务。

(二) VNC 远程工具

VNC 全称为 Virtual Network Computing,是虚拟网络控制台的缩写,是一个桌面共享系统,功能类似于 windows 中的远程桌面功能。VNC 使用了 RFB(Remote FrameBuffer,远程帧缓冲)协议来实现远程控制计算机,并把远程计算机屏幕显示的信息发回到本地。

VNC 工作流程
(1) VNC 客户端通过 VNC Viewer 连接至 VNC Server。
(2) VNC Server 传送一对话窗口至客户端,要求输入连接密码,以及存取的 VNC Server 显示装置。
(3)在客户端输入联机密码后,VNC Server 验证客户端是否具有存取权限。
(4)若是客户端通过 VNC Server 的验证,客户端即要求 VNC Server 显示桌面环境。
(5) VNC Server 利用 VNC 通信协议送至客户端,并且允许客户端控制 VNC Server 的桌面环境及输入装置。

四、服务器和磁盘阵列

(一)服务器

服务器是计算机的一种,它比普通计算机运行更快、负载更高、价格更贵。服务器在网络中为其他客户机提供计算或者应用服务。服务器具有高速的 CPU 运算能力、长时间的可靠运行、强大的 I/O 外部数据吞吐能力以及更好的扩展性。

根据服务器所提供的服务,一般来说服务器都具备承担响应服务请求、承担服务、保障服务的能力。服务器作为电子设备,其内部的结构十分的复杂,但与普通的计算机内部结构相差不大,如 CPU、硬盘、内存、系统、系统总线等。

(1)可扩展性。服务器必须具有一定的"可扩展性",为了保持可扩展性,通常需要在服务器上具备一定的可扩展空间和冗余件,如磁盘阵列架位、PCI 和内存条插槽位等。

可扩展性具体体现在硬盘是否可扩充,CPU 是否可升级或扩展,系统是否支持 Windows、Linux 或 UNIX 等多种可选主流操作系统等方面。

(2)易使用性。服务器的易使用性主要体现在服务器是否容易操作,用户导航系统是否完善,机箱设计是否人性化,是否有关键恢复功能,是否有操作系统备份,以及有没有足够的培训支持等方面。

(3)可靠性。可靠性即所选服务器能满足长期稳定工作的要求,因为服务器所面对的是整个网络的用户,在大中型企业中,通常要求服务器是永不中断的。一般来说专门的服务器都要 7×24 小时不间断地工作,为了确保服务器具有高可用性,除了要求各配件质量过关外,还可采取必要的技术和配置措施,如硬件冗余、在线诊断等。

(4)易管理性。在服务器的主要特性中,还有一个重要特性,那就是服务器的"易管理性"。服务器虽然在稳定性方面有足够保障,但也应有必要的避免出错的措施,以及时发现问题,而且出了故障也能及时得到维护。这不仅可减少服务器出错的机会,同时还可大大提高服务器维护的效率。

服务器的易管理性还体现在服务器有没有智能管理系统,有没有自动报警功能,是不是有独立于系统的管理系统,有没有液晶监视器等方面。只有具备这些才能轻松管理、高效工作。

(二)双机热备服务器

在高速公路各项业务中,尤其是在收费站收费、监控业务和 ETC 门架系统,服务器大部分都采用的双机热备服务器,其工作原理是主机和从机通过 TCP/IP 网络连接,正常情况下主机处于工作状态,从机处于监视状态,一旦从机发现主机异常,从机将会在很短的时间之内代替主机,完全实现主机的功能,确保收费或监控等重要业务的持续运行。

(1)双机热备服务器工作原理。双机热备主要是实时数据、报警信息和变量历史记录的热备。主从机都正常工作时,主机从设备采集数据,并产生报警和事件信息。从机通过网络从主机获取实时数据和报警信息,而不会从设备读取或自己产生报警信息,主从机都各自记录变量历史数据。同时,从机通过网络监听主机,从机与主机之间的监听采取请求与应答的方式,从机以一定的时间间隔(冗余机心跳检测时间)向主机发出请求,主机应答表示工作正常,主机如果没有作出应答,从机将切断与主机的网络数据传输,转入活动状态,改由下位设备获取数据,并产生报警和事件信息。此后,从机还会定时监听主机状态,一旦主机恢复,就切换到热备状态,通过这种方式实现了热备。

(2)双机热备服务器的切换。服务器在出现故障的时候,主、从设备间会有一个切换过程,这个切换过程可能是一分钟左右。在切换过程中,服务是有可能短时间中断的。当业务切换完成从机启动后,服务将正常恢复。因此双机热备不是无缝、不中断的,但它能够保证在出现系统故障时,能够很快恢复正常的服务,业务不致受到影响。而如果没有双机热备,一旦出现服务器故障,可能会出现几个小时的服务中断,对业务的影响会很严重。

(3)双机热备服务器存储方式。一般采用存储共享的实现方式是双机热备的最标准的方案,在主从模式工作中,两台服务器从应用服务的角度而言是一台服务器,以同样的方式和接口对外提供服务,服务请求则是由主服务器处理。同时,从服务器通过一定的失效检测技术检测主服务器的工作状况。一旦主服务器出现故障,从服务器在较短的时间内进行切换,接管主服务器上的所有资源,成为新的主服务器,切换可以人工切换也可自动切换。由于使用共享的存储设备,因此两台服务器使用的实际上是一样的数据,由双机软件对其进行管理

(三)磁盘阵列

磁盘阵列(Redundant Arrays of Independent Disks,RAID)是由多个独立磁盘组成的具有冗余能力的阵列系统。通过将多个独立磁盘组合成一个逻辑单元,利用数据分散排列的设计,提升数据安全性及存储系统性能的技术。磁盘阵列具有提高计算机读写数据的速度、实现对数据的冗余保护及保证数据存储可靠性的功能。通过数据分散存储和冗余备份,磁盘阵列能够有效提升存储系统的性能和安全性。

磁盘阵列根据不同的特性和功能可以分为多种分类,其中最常见的是 RAID 类。RAID 有多种不同级别,常见的有:

RAID 0:数据分散在多个硬盘上,提高数据读写速度和性能。没有数据冗余备份,一旦某个硬盘出现故障,所有数据将会丢失。适合存储高清电影等不需要备份的数据。

RAID 1:数据同时存储在两个硬盘上,实现数据冗余备份。当其中一个硬盘受损时,另一硬盘上的数据仍然可用,提供数据的高可靠性。硬盘利用率最高只能达到 50%,是所有 RAID 级别中最低的。适合存储重要资料,如数据库、个人资料等。

RAID 5:将数据和校验信息交错存储在多个磁盘上,提供数据的冗余保护和较高的读写性能。当其中一个磁盘故障时,可以通过校验信息重建丢失的数据。至少需要 3 个磁盘才能工作。适合需要高性能和一定冗余保护的应用场景。

RAID 10:是 RAID 1 和 RAID 0 的组合,通过将多对镜像磁盘组合成一个条带化的阵列,提供更高的数据读写性能和冗余保护。同时拥有 RAID 1 的高可靠性和 RAID 0 的高性能。至少需要 4 个磁盘才能工作,成本较高。适用于对性能和可靠性都有高要求的应用场景。

(四)服务器挂载磁盘阵列

现阶段高速公路各个业务系统中,对于数据存储量较大的业务,一般采用服务器加磁盘阵列的方式,服务器中安装和运行软件,数据存储到磁盘阵列。

根据服务器和磁盘阵列的品牌与型号、接口的特点进行相应的连接配置。

如果服务器有 ISCSI 接口,则服务器与磁盘阵列同时接到交换机上进行网络传输。如果磁盘阵列上是 SAS 和光纤 FC 接口,那么服务器就需要对应安装 SAS HBA 卡或者光纤 HBA 卡。

连通以后可以通过在系统上输入命令符或使用专业软件来映射到服务器上,映射成功以后服务器多个盘符。

如 3 个 1TB 的磁盘做 Raid5 阵列,操作系统里看到的就是一个 2TB 的磁盘。可以进行划分分区等操作。

五、监控系统设备测试保养

高速公路外场监控、信息发布和采集设备是确保高速公路安全、顺畅运营的重要组成部分。这些设备包括监控摄像头、信息发布显示屏、交通流量检测器、气象监测站等。为了确保这些设备的可靠性和有效性,定期的测试和保养是必要的。以下是一些常见的测试和保养方法:

(一) 监控摄像机

图像质量检查:定期检查摄像头拍摄的图像是否清晰,颜色是否正常,是否有干扰或模糊现象。

角度调整:确保摄像头的拍摄角度覆盖了所需的监控区域,没有盲区。

清洁:定期清洁摄像头的外壳和镜头,以保持图像清晰。

连接检查:检查摄像头的电源和信号连接是否稳固,没有损坏或老化迹象。

(二) 信息发布显示屏

显示测试:检查显示屏是否能够正常显示信息,没有坏点或色彩失真。

亮度调节:根据环境光线调整显示屏的亮度,确保信息可读。

内容更新:定期更新显示屏上的信息内容,确保信息的时效性。

结构检查:检查显示屏的支撑结构是否稳固,防风防震能力是否满足要求。

(三) 交通流量检测器

功能测试:使用标准测试车辆或设备检查交通流量检测器是否能够准确检测和计数通过的车辆。

校准:根据需要校准检测器的传感器,以确保准确性。

维护:定期检查检测器的电路和传感器,清理灰尘和杂物,确保其正常工作。

(四) 气象监测站

数据准确性检查:对比气象监测站的数据与实际天气情况,确保数据的准确性。

传感器清洁和校准:定期清洁温度、湿度、风速等传感器的滤网或感应部分,并根据需要进行校准。

供电和通信检查:确保气象站的动力供应稳定,通信线路畅通,数据能够及时上传到监控中心。

(五)其他保养

定期巡检:制定巡检计划,对设备进行定期检查和维护。
备件准备:准备关键备件,以便在设备出现故障时能够迅速替换。
软件更新:定期更新设备的软件和固件,以修复已知的漏洞和提升性能。
专业维护:对于复杂的设备,应由专业技术人员进行维护和修理。

第二节　设备维护

一、入口不停车称重检测设备维护

根据国务院印发《深化收费公路制度改革取消高速公路省界收费站实施方案》要求,2020年1月1日起统一按照车型收费,同步实施封闭式高速公路收费站入口不停车称重检测。

按照交通运输部办公厅下发的《关于进一步规范全国高速公路入口称重检测工作的通知》(交公路明电〔2019〕117号)文件要求,对合理误差控制标准规定考虑到称重检测设施在使用过程中可能出现一定的误差,对于货车称重检测结果不大于认定标准105%的(即超限部分未超过认定标准5%),暂按未超限超载治理。

1. 计重系统工作原理

汽车车轴依次压过铺设在车道路面中的称重设备,称重传感器内由电阻应变计构成的多组电桥失去平衡,从而产生瞬间的不平衡输出信号,利用一组高速A/D转换器将其转换成数字信号,再将数据传到数据采集处理器,经专门的程序处理,计算出其轴重、轴组重和速度,并依次累加出车辆总重。称重前端布置的轮轴判别器可检测出胎没。安装在路侧的红外线车辆分离器或安装在车道的线可准确判别车辆是否完全通过。同时通过独特的逻辑分车装置判断是否有不同形式的倒车、溜车等现象,当车辆完全通过后,将称重、车型、车速等完整的车辆称重信息传输到车道收费计算机。车道收费计算机依据计重收费费率对车辆实行计重收费。

2. 称重误差分析

称重误差争议是计重收费工作中较为常见的问题,在国家质量监督检验检疫总局下发的《中华人民共和国国家计量检定规程检测技术要求》中对称重设备的性能指标要求允许车货总质量误差首次检定上下不大于2.5%,使用中检定上下不大于2.5%。高速运营单位每年定期请省计量部门对设备进行检定,通过检测符合使用标准并下发称台检定证书,在车辆通行称台时需要注意如下事项:

(1)车辆是否正常通行且不要走S弯,车速不要过快,车辆通行轴组称台的时候,最佳行驶速度为5km/h,车辆在称台中间部位缓慢匀速通过称台台面,不要偏左或者偏右行驶,中间不要停留在称台上。

(2)是否丢轴,查看采集器上当前的过车信息,对比当前车辆是否一致。

(3)由于部分驾驶人恶意冲磅,故意紧急制动、跳磅,对地磅造成极大的冲击破坏,汇总的称重数据有较大误差。

(4)任何不经过计量检定部门同意的修正调试都是非法的。

3.治超系统故障

(1)故障现象:计重信息不上传。

解决方案:

①过车显示重量,但是车辆不收尾,查看计重仪表显示分车信号,检测光栅设备是否有遮挡物,如有遮挡物,清除遮挡恢复正常。

②检测光栅设备无遮挡物,查看光栅对光是否正常,光栅信号灯不亮时检测连接线和更换光栅,故障清除。

③计重仪表显示重量正常,治超软件没有数据,检查仪表到工控机的信号线是否脱落,安装信号线,恢复正常。

(2)故障现象:车辆通过地磅时重量过轻或过重。

解决方案:查看计重仪表是否显示故障代码 4A、4B、41 检查连接线接头或是检查板载接口,线接口与板载接口正常。更换相同方位的称台传感器。

(3)故障现象:治超软件有数据但是收费电脑无计重解决方案。

解决方案:两台工控机之间 ping 对方的 IP 地址,如果治超工控机可以正常 ping 通入口收费工控机,但是收费工控机无法 ping 通治超工控机,查看防火墙开启状态,关闭防火墙,一般情况下故障解决。

二、可变信息标志设备维护

(一)可变信息标志日常维护检修

(1)供电电源要稳定,接地保护良好,在雷电、暴雨等恶劣气候下,要切断电源。

(2)可变信息标志长时间暴露在户外,必然会受到风吹、日晒,灰尘也较多,内部可以使用毛刷、吸尘器进行除尘。

(3)使用时,要先开启控制计算机使其能正常运行后再开启 LED 显示屏;使用后,先关闭显示屏,再关闭计算机。

(4)显示屏内部严禁进水,严禁可燃性物和容易导电的金属物进入屏体,以免造成设备短路和火灾。如果进水,请立即切断电源并联系维修人员,直至屏体内显示板干燥后才可使用。

(5)不要随意强行切断,也不要频繁关闭和开启显示屏供电电源,以免电流过大,电源线发热过大,损坏电源及电子器件,影响显示屏使用寿命。切勿擅自随意拆卸、拼接屏体。

(6)可变信息标志需定期检查是否正常工作,线路损坏的要及时修补或者更换。主控计算机等相关设备,应放置在空调、微尘的房间,以保证计算机通风散热和稳定工作。

(7)电阻测试。使用 500V 绝缘电阻测试仪测量强电端子对机壳的绝缘电阻 $\geq 50M\Omega$;使用接地电阻仪测量保护接地电阻 $\leq 4\Omega$;防雷接地电阻 $\leq 10\Omega$;如设备的保护接地和防雷接地体未分开设置,则可以共用接地电阻,阻值≤1Ω。

(8)可变信息标志的静态视认距离应不小于250m;动态视认距离应不小于210m。

(二)设备检修方法

1. 可变信息标志黑屏

首先检查可变信息标志供电是否正常,在保证正常供电情况下,现场检查可变信息标志的主控板和发送板是否工作正常,重启一下主控板,如主控板能正常启动检查其他线路。

2. 可变信息标志显示缺失

首先根据现场显示缺失的情况,检查缺失部位附近的排线是否脱落或松动;其次仔细观察缺失部位的显示模组是否有漏水痕迹,显示模组上的插槽排针是否有生锈迹象等,最后考虑显示模组故障。

3. 可变信息标志不能发送发布内容

在保证可变信息标志本地正常的情况下,看能否ping通可变信息标志IP,不能ping通时,检查设备本地光纤收发器的跳纤及网络连接线,其次检查各站内机房光纤收发器的跳纤和网络连接线等,保证传输链路的正常。

三、车道设备维护

(一)票据打印机

各省(区、市)所用票据打印机品牌不同,但功能及原理大同小异。

1. 收费界面提示票据打印机通信故障

解决方法:通过替换(把别的车道的票据打印机拆下换上)的方法查看该打印机是否能在其他正常车道使用,如果不能则确定为打印机问题,值班班长应及时电话上报监控中心,由监控中心登记后及时报修,机电工程师应及时对打印机进行维修。

2. 打印机不走纸

解决方法:票据安装不正确,票据与打印机错位或机内纸屑过多造成。重新安装票据,清洁内部纸屑即可解决,将打印机顶盖打开,将齿轮处的碎纸屑取出。

3. 打印纸走偏

解决方法:退出票据纸,重新安装。

4. 打印机电源指示灯亮,但不打印

解决方法:

(1)检查联机指示灯是否为绿色,如果不是,按联机键就可解决。

(2)后台检查波特率是否正确,正确波特率应为9600。

特别注意:便携机上班后一定要按联机键。

5. 打印数据和发票位置对不上

解决方法：

(1)调整打印机出纸高度。

(2)后台调整打印位置、换行、间距。

(二)拾音器

无声音或出现声音延长

解决方法：

(1)检查软件音频输出是否打开，计算机是否设置为静音。

(2)检查设备供电是否正常，拾音器的输入电压是否过大或没有电压，如电压正常则用一无源音箱或耳机在本地测试有无声音，在保证本地有声音的情况下，检测音频传输过程中的线路、光端机是否正常。

(3)检查连接拾音器的音频缆线是否完好，如有磨损及损坏及时更换音频线缆。

(三)读卡器

1. 软件界面读写器打叉，连接不上

解决方法：

(1)检查读写器电源是否正常，指示灯是否点亮。

(2)检查读写器端和工控机端串口线是否松动。

(3)若以上均无问题，则读卡器本身故障，需更换。

2. 读写器显示连接，但无法使用

解决方法：

(1)检查网络是否连接正常。(读写器工作后第一次使用必须接入网络进行授权，故便携机必须在网络连接正常的情况下工作)

(2)打开背面秘钥卡卡槽，更换秘钥卡。

(3)后台查看读写器动态库路径或动态库文件是否改动。

(四)车牌识别抓拍处理单元

1. 无法抓拍车牌信息

可能原因：

(1)抓牌单元掉电。

(2)抓拍单元无法接收抓拍信号。

解决方法：

(1)检查交流12V电源是否松动，重新插紧即可恢复。

(2)检查网线水晶头是否断开、松动，若松动请重新连接即可恢复。通信及触发信号均正常后,再尝试用强制抓拍,如若强制抓拍也不能实现,则要考虑设备故障,更换设备。

2. 识别率过低

车牌识别设备识别率不小于95%,若识别率较低则大部分由不可抗的外界因素造成,如:车牌污损、模糊、遮挡,天气等。工作人员可以检查抓拍摄像机表面是否有污渍。

若排除不可抗力因素情况,则可能是由车牌识别器的一些参数设置上的问题造成,需要用笔记本和专业调试软件进行调试和检测。

3. 收费软件接收不到抓拍车牌

可能原因:车牌识别参数设置不准确,导致照片抓拍图片过大,因此不上传。
(1)在浏览器内输入车牌仪的 IP 地址,进入设置界面,调整抓拍图片大小。
(2)检查软件与硬件动态库是否匹配。

(五) 车辆检测器

车辆检测器主要功能为检测车道上是否有车辆存在,分辨车型等。

1. 车辆进入车道线圈,不能正常显示"有车"

原因:车检器故障。
解决方法:
(1)检查车检器是否正常上电。
(2)若电源正常接通则按下车检器复位键,尝试恢复。
(3)ETC 车道无车辆通过,旁边车道过车,会出现误闯关、误报警现象。

2. 不能分辨车型

故障原因:感应线圈灵敏度过高。
解决方法:
降低车辆检测器感应线圈的灵敏度,将灵敏度对应的五六处位置调整,直至故障排除。

(六) 自动栏杆机

1. 车辆缴费完后未通过,自动栏杆就落杆

可能原因:车辆检测器灵敏度偏高。
解决方法:
提高灵敏度,在入口刷卡成功或出口收费完成放行时,栏杆机不抬杆可首先看看收费软件上的栏杆机标识的状态:
(1)如若栏杆机标识的状态显示为栏杆状态,则可能是信号没有发送出去,此时要检查 I/O 控制卡上是否有动作(听集线器上的继电器是否有动作)。
(2)如若栏杆机标识的状态显示为抬杆状,则考虑栏杆机模块和车检器模块是否有死机,如死机需要重启该模块,或者将车辆检测器复位。

2.车辆通过后不落杆

可能原因:车辆检测器灵敏度调整不当或栏杆机断电。

解决方法:

(1)如检测指示灯常亮,则灵敏度太高,降低灵敏度。若检测指示灯过车不亮,则灵敏度太低,提高灵敏度。

(2)打开栏杆机机箱检查是否供电正常,对于不落杆则检查栏杆机模块后线圈是否检测到有车压。在后线圈检测到有车时,收费软件端是不能控制栏杆机落杆的,这是由栏杆机的防砸功能造成的;若此时后线圈无车辆,而模块指示灯显示有车辆信息,则可能是栏杆机模块死机造成的,此时只需复位栏杆机模块或是重启栏杆机即可。如若栏杆机模块检测的数据和指示灯均正常,则检查车检器上抬落杆接线处的线是否松动。若这些状态均正常,则考虑是车检器模块故障或者检查线圈线。

3.砸车现象

解决方法:

(1)检查车检器通过和存在线圈是否相互干扰。

(2)检查串口是否有干扰信号。

(3)检查IO板信号干扰,更换并口IO板(不满足条件)。

(七)费额显示器

1.屏体和通行灯无反应

一般情况下为供电问题,如指示灯不亮,用万用表检测保险是否导通,检测费额显示器内变压器输入电压是否为220V,输出电压是否正常。

2.车道其他设备正常,但费额没有显示或显示不变

解决方法:尝试断电后重启。

3.有个别字段不亮

解决方法:接触不良,检查此字段的连接线或插件是否连接牢固。

4.有个别字段常亮

解决方法:

(1)更换费额模组测试。

(2)控制部分出现故障,更换控制板。

四、服务器维护

1.服务器除尘

灰尘极易附着在服务器上,因此需要定期给服务器除尘。对于服务器来说,灰尘甚至是致命的。在主板、硬盘、散热器等处堆积,长时间易造成静电影响,除尘方法与普通PC除尘方法

相同,尤其要注意的是电源的除尘,维护时应戴上防静电手环。

2. 储存设备的扩充

当资源不断扩展的时候,服务器就需要更多的内存和硬盘容量来储存这些资源。所以,内存和硬盘的扩充是很常见的。增加内存前需要认定与服务器原有的内存的兼容性,最好是同一品牌的规格的内存。在增加硬盘以前,需要认定服务器是否有空余的硬盘支架、硬盘接口和电源接口,还有主板是否支持这种容量的硬盘。

3. 安全维护

服务器一般安装的系统为 Windows 或 Linux,往往会存在安全漏洞,通过检查数据库、系统日志,封闭网络端口等措施,防止黑客或病毒攻击,及时更新系统补丁,升级杀毒软件,提升系统安全性。

4. 数据备份

为确保服务器关键数据的安全,定期进行数据备份,保证出现突发情况能够及时恢复数据,确保业务的正常运行。

五、ETC 门架设备维护

(一) ETC 门架天线(RSU)

1. RSU 运行特点

(1)采用集中控制技术,实现交通断面信号全覆盖。RSU 天线采用宽信号覆盖设计,同一断面中多台 RSU 天线受控制器统一协调,实现交通断面信号完全覆盖,断面内无交易盲区。同时集中控制断面内任何一点同一时刻只有一台 RSU 进行信号覆盖,完全消除了重叠通信区域信号畸变带来的交易失败风险。解决了信号覆盖与信号质量相互矛盾的问题,为车辆各种自由行使状态下的成功交易提供了基础保障。

(2)多天线联合接收,提高信号接收成功率。路侧 RSU 天线采用宽信号接收设计,当行驶车辆在通讯区域内时,车载 OBU/CPC 被路侧单元唤醒后,多个路侧 RSU 可能接收到同一个 OBU/CPC 回复的信号,这样采用多天线联合接收的方式,提高信号接收成功率,选择最优 RSU 和该 OBU/CPC 完成交易。

(3)信号辅助分道逻辑,更好地与后台完成信息匹配。利用不同位置 RSU 不同的轮询策略,以及每个天线接收到 OBU 或 CPC 信号场强差别,来定位当前车辆所处车道,判断车道内的 OBU 或 CPC 车辆在车道内的相对位置和在该位置的绝对时间,以便与系统内其他设备(如抓拍摄像机、激光传感器)进行信息匹配,同时,结合路网下站点系统间的绝对时间校准,可以更有效地知道车辆的行驶车道和经过时间,可辅助车辆稽查。

2. RSU 常见故障

(1)软件显示 RSU 无连接,或收不到 RSU 数据。

排查方法:

①检查 RSU 控制器串/网口线连接情况,并重新插拔串/网口线缆,看问题是否解决。

②检查 RSU 控制器与 RSU 天线连接的专用线缆排线连接情况,并重新插拔排线,看问题是否解决。

③检查 RSU 控制器与 RSU 天线连接的专用线缆的内部接线情况,观察线序是否正确、连接是否可靠。

④如重新插拔串/网口线缆问题依然存在,请关闭车道软件,先重启 RSU,再打开车道软件,看问题是否解决。

(2)软件显示有连接,但无法识别 OBU,不能交易。

排查方法:

①观察控制器视窗面板是否提示"通信正常",若视窗面板提示"通信故障",请检查 RSU 控制器与 RSU 天线连接的专用线缆排线连接情况,并重新插拔排线,看问题是否解决。

②若为串口通信,观察串口公头是否存在针头断裂情况,若存在更换新串口线重试。

③检查 RSU 控制器与 RSU 天线连接的专用线缆排线的内部接线情况,观察线序是否正确、连接是否可靠。

④重新插拔串/网口线缆,关闭车道软件,先重启 RSU,再重新打开车道软件,再次连接后确认问题是否依然存在。

(3)控制器电源开关灯不亮。

排查方法:

①检查 RSU 控制器三相电源线,重新插拔或更换三相电源线。

②如重新插拔或更换三相电源线问题未解决,请检查 RSU 控制器 220V 电源插座处的保险管是否已烧,如果保险管已烧,请更换 250V/2.5A 保险管。

(4)控制器上电后指示灯点亮不正确。

排查方法:

①控制器正常工作时,232 指示灯规则闪烁。如果 232 指示灯或 422 指示灯不亮或者常亮说明主板没有正常工作,重新上电后再观察。

②如果开机后 PSAM 指示灯常亮,说明 PSAM 复位异常,需确认 PSAM 卡插接牢固并重启观察。

(5)交易成功率不达标。

排查方法:

①需要先确认一下设备是否异常,可以从日志分析。

②进行反向排除统计一下我们自己保存的流水成功率,看是否正常。

③门架出现大量漏标,需要查看交易上位机的日志,是否因为网络阻塞导致 B2(车载单元信息帧)长时间未能被接收,进而释放链路导致出现大量漏标。

(6)现场长时间无交易。

排查方法:

①天线不通电,可以拆开天线查看是否出现电源线焊接脱落等情况,可以重新焊接使用。

②控制器屏幕不亮,但是指示灯正常,拆开控制器查看排线是否脱落。

③与工控机是否保持正常连接;是否有数据传给工控机。

④车辆通过门架时不交易,交易上位机只收到心跳,检查 PSAM 是否插好,通过 PSAM 指示灯,PSAM 指示灯常亮代表故障。

(二) ETC 门架抓拍摄像机

门架抓拍摄像机利用车辆视频检测、车辆轨迹分析处理等先进技术,对经过 ETC 门架的车辆进行全天候实时监管并记录相关图像数据。采用高清卡口抓拍一体机备,通过内置 DSP 处理模块完成视频检测、抓拍、识别等全过程,动态获取路口的实时高清图像,同时可自动联动补光灯辅助补光,使其在夜间也可拍出高清晰图片。

1. 安装环境要求

(1)路段:选择距离安装设备的横杆 60m 以上的直线路段。

(2)现场应具备 220V/50Hz 交流电、交流线缆、网络线缆。交流线缆和网络线缆长度预留从设备柜布线到路面中间对应的龙门架位置即可。

(3)具备光纤收发器,以千兆光纤收发器为最佳选择。网络交换机采用千兆网络交换机。

(4)不要靠近其他大型的用电设备,避免强电磁场的干扰。

(5)安装的横杆应为直径 60mm 或者 80mm 的镀锌圆管。

2. 调整一体机视角

(1)通过浏览器登录抓拍摄像机,在浏览器地址栏中输入抓拍摄像机的 IP 地址,进入登录界面。

(2)输入默认登录用户名和密码,输入完毕后点击"登录"按钮,连接相应抓拍摄像机。

(3)连接抓拍单元后,点击界面左侧"相机设置"选项,将镜头光圈调至最大光圈。

(4)观察抓拍单元粗调镜头聚焦使得大致能看清图像,调整防护罩,使场景满足以下条件:

①车牌在画面中水平。

②场景覆盖单车道虚线时,画面中有 3~4 段虚线。

③场景覆盖单车道实线时,底端车道线间距 1100±100 像素。

④车牌小图大小约为 140~160 像素。

⑤画面底边距离相机 30m。

3. 抓拍摄像机常见故障

(1)设备连接不成功

排查方法:

①IP 配置错误。

②网络不通。检查网络是否通畅,网线是否正常,恢复网络。

③检查设备状态灯是否正常。

④结果链接数已满。通过 winnavi 连接设备接收到不到结果,或者 web、telnet 日志查看设备的结果连接数如果是 3/3 或者 5/5,表示结果连接数满了,需要断开不需要的连接再连即可。

(2)图片上传慢

排查方法：

①相机识别慢，调整识别场景，使之可以尽早输出结果。

②网络不稳定。通过工控机 ping 设备，如果延迟太大，需要排查线路及网卡。

③图片处理速度过慢。确认是否对图片有压缩、剪切或字符叠加的处理，以及工控机性能。如果对图片进行处理，先把这些处理开关关闭，确认是否能解决问题，如不能，则是工控机性能问题，建议升级电脑硬件，提高处理性能。

六、通信设备维护

高速公路的机电通信系统由光缆、线路、数字图像传输及其相关设备和配件组成，是一个包含光纤数字、监控和数据传输等多系统的复杂组合系统。监控系统则是通过图像对公路的运行和管理进行记录，把记录的画面传递至通信系统中心，让管理人员能够随时及时地了解公路的运行情况。

(一)通信设备故障定位及处理

引起 SDH 传输故障的原因主要有：工程质量、操作不当、设备问题等，因此在检查 SDH 设备时应遵循以下几点：

(1)先检查外部，后检查传输设备。在对 SDH 检查且一旦确定故障时，应首先排除受外界因素所造成的故障，再检查是否因其内部问题而出现故障。

(2)先检查单站再检查单板，在检查故障时应先确定故障出现于哪个站，其次再根据具体定位对故障站点进行排查，从而进一步精确到设备板卡。

(3)先检查线路后检查支路，在 SDH 设备中，引起支路板出现异常情况的最主要原因就是线路板故障。

(4)在处理警告时应遵从先高后低的原则，先处理高级警报，再处理低级警报，因为高级警报已经影响到了信息通信。

(二)通信设备故障分析

(1)环回法。环回法是 SDH 设备定位故障最常用且最有效的一种方法，可以不依赖于对大量告警和性能数据的深入分析。环回操作分为软件、硬件两种，这两种方式各有所长，硬件环回相对于软件环回而言环回更为彻底，但它需要到设备现场才能进行操作；另外，光接口在硬件环回时要避免接收光功率过载。软件环回虽然操作方便，但它定位故障的范围和位置不如硬件环回准确。比如，在单站测试时，若通过光口的软件内环回，业务测试正常，并不能确定该光板没有问题；但若通过尾纤将光口自环后，业务测试正常，则可确定该光板是好的。不过环回法环回操作可能会影响正常的业务，因此建议在业务量小的时候使用。

(2)信号指示信息分析方法。信号指示信息分析法就是在网络管理的总站取得有关设备的相关信息，包括性能参数、运行工况以及设备的网络运行状况等，根据相关信息对设备进行维护和故障排除工作。

(3)替换法。替换法就是在 SDH 传输设备在运行过程中出现问题时，采用一个工作正常的物体去替换怀疑工作不正常的物件,从而达到定位故障、排除故障的目的。如果替换后,设备工作重新恢复正常,那么问题就在此处。替换法适用于排除传输外部设备的问题,如光纤、法兰盘、接入SDH设备、供电设备等;或故障定位到单站后,用于排除单站内单板或模块的问题。

(4)仪表法。仪表测试法指采用各种仪表(如误码仪、万用表、光功率计、OTDR等)检查传输故障。如用误码仪测试业务通断、误码;用万用表测试供电电压,检查电压过高或过低的问题;用OTDR(光时域反射仪)测试、定位光纤故障点。仪表测试法分析定位故障准确,说服力较强,缺点是对仪表有需求,要求维护人员熟练掌握仪表的使用。

七、网络维护

(一)IP配置

1. Windows系统IP地址配置

在Windows系统中配置IP地址,可以按照以下步骤进行操作:

(1)打开控制面板。可以通过开始菜单或者运行对话框中输入"control"来打开控制面板。

(2)进入网络和Internet设置。在控制面板中,选择"网络和Internet"选项。

(3)打开网络和共享中心。在"网络和Internet"设置页面中,选择"网络和共享中心"。

(4)选择网络连接。在"网络和共享中心"页面中,点击左侧的"更改适配器设置"。

(5)配置网络适配器。右键点击要配置的网络适配器(通常为以太网或Wi-Fi适配器),选择"属性"。

(6)配置IPv4地址。在适配器属性窗口中,找到"Internet协议版本4(TCP/IPv4)"选项,双击打开。

(7)手动配置IP地址。在IPv4属性窗口中,选择"使用下面的IP地址"选项,然后输入想要配置的IP地址、子网掩码和默认网关。还可以输入首选DNS服务器和备用DNS服务器的IP地址。如果网络使用DHCP自动分配IP地址,请选择"自动获取IP地址"选项。

(8)应用并保存设置。完成IP地址的配置后,点击"确定"按钮保存更改。

2. Linux系统IP地址配置

Linux下配置IP地址主要有三种方法:图形化界面、ifconfig命令和修改网络配置文件

(1)图形化界面配置IP地址

图形化界面配置IP地址基本与Windows系统一致,打开网络配置界面,输入IP、子网掩码、网关后保存。

(2)ifconfig命令

使用ifconfig命令配置IP地址,通常用来临时测试用,重启后IP地址将自动失效。

ifconfig//查看所有网卡的配置信息

ifconfig eth0//查看某网卡的配置信息,如eth0

ifconfig eth0 172.16.129.108 netmask 255.255.255.0//配置网卡的临时生效的 IP 地址
route add default gw 172.16.129.254//配置网关

(3)修改网络配置文件

在 Linux 中网卡的默认位置在/etc/sysconfig/network-scripts/ifcfg-eth0 文件下,修改网络配置需对文件内容进行修改。以下是详细步骤,"//"符号后为命令行备注。

vi /etc/sysconfig/network-scripts/ifcfg-eth0   //打开 ifcfg-eth0 文件
DEVICE = eth0   //网卡设备名
BOOTPROTO = none   //是否自动获取 IP(none、static、dhcp),其中 none 和 static 都代表手动分配
HWADDR = 00:0c:29:17:c4:09   //MAC 地址
NM_CONTROLLED = yes   //是否可以由 Network Manager 图形管理工具托管
ONBOOT = yes   //是否随网络服务启动,eth0 生效,为 no 时 ifconfig 查看不到 eth0 网卡 IP 信息
TYPE = Ethernet   //类型为以太网
UUID = "xxxxxx-xxxx…"   //唯一识别码
IPADDR = 172.16.129.108   //IP 地址
NETMASK = 255.255.255.0   //子网掩码
GATEWAY = 172.16.129.254   //网关
DNS1 = 202.106.0.20   //DNS
IPV6INIT = no   //IPv6 没有启用
USERCTL = no   //不允许非 root 用户控制此网卡

(二)网络状态检测

网络测试是保障网络质量的重要手段,通过各种网络测试方式可以快速定位网络问题并解决它们,提高网络的可靠性和稳定性。

1. ipconfig 命令

ipconfig 实用程序可用于显示当前的 TCP/IP 配置的设置值。这些信息一般用来检验人工配置的 TCP/IP 设置是否正确。

如果计算机和所在的局域网使用了动态主机配置协议 DHCP,使用 ipconfig 命令可以了解到你的计算机是否成功地租用到了一个 IP 地址,如果已经租用到,则可以了解它目前得到的是什么地址,包括 IP 地址、子网掩码和缺省网关等网络配置信息。

(1)ipconfig

当使用不带任何参数选项 ipconfig 命令时,显示每个已经配置了的接口的 IP 地址、子网掩码和缺省网关值。

(2)ipconfig/all

当使用 all 选项时,ipconfig 能为 DNS 和 WINS 服务器显示它已配置且所有使用的附加信

息,并且能够显示内置于本地网卡中的物理地址(MAC)。如果 IP 地址是从 DHCP 服务器租用的,ipconfig 将显示 DHCP 服务器分配的 IP 地址和租用地址预计失效的日期。图为运行 ipconfig/all 命令的结果窗口。

2. ping 命令

ping 是个使用频率极高的实用程序,主要用于确定网络的连通性。这对确定网络是否正确连接,以及网络连接的状况十分有用。简单地说,ping 就是一个测试程序,如果 ping 运行正确,大体上就可以排除网络访问层、网卡、Modem 输入输出线路、电缆和路由器等存在的故障,从而缩小问题的范围。

ping 能够以毫秒为单位显示发送请求到返回应答之间的时间量。如果应答时间短,表示数据报不必通过太多的路由器或网络,连接速度比较快。ping 还能显示 TTL(Time To Live,生存时间)值。

(1) ping 命令的基本应用

一般情况下,用户可以通过使用一系列 ping 命令来查找问题出在什么地方,或检验网络运行的情况。下面就给出一个典型的检测次序及对应的可能故障:

①ping 127.0.0.1 如果测试成功,表明网卡、TCP/IP 协议的安装、IP 地址、子网掩码的设置正常。如果测试不成功,就表示 TCP/IP 的安装或设置存在有问题。

②ping 本机 IP 地址如果测试不成功,则表示本地配置或安装存在问题,应当对网络设备和通信介质进行测试、检查并排除。

③ping 局域网内其他 IP 如果测试成功,表明本地网络中的网卡和载体运行正确。但如果收到 0 个回送应答,那么表示子网掩码不正确或网卡配置错误或电缆系统有问题。

④ping 网关 IP 这个命令如果应答正确,表示局域网中的网关路由器正在运行并能够做出应答。

⑤ping 远程 IP 如果收到正确应答,表示成功地使用了缺省网关。对于拨号上网用户则表示能够成功地访问 Internet(但不排除 ISP 的 DNS 会有问题)。

⑥ping localhost local host 是系统的网络保留名,它是 127.0.0.1 的别名,每台计算机都应该能够将该名字转换成该地址。否则,则表示主机文件(/Windows/host)中存在问题。

⑦ping http://www.baidu.com(网站域名)对此域名执行 ping 命令,计算机必须先将域名转换成 IP 地址,通常是通过 DNS 服务器。如果这里出现故障,则表示本机 DNS 服务器的 IP 地址配置不正确,或它所访问的 DNS 服务器有故障。如果上面所列出的所有 ping 命令都能正常运行,那么计算机进行本地和远程通信基本上就没有问题。但是,这些命令的成功并不表示所有的网络配置都没有问题,例如,某些子网掩码错误就可能无法用这些方法检测到。

3. tracert 命令

tracert(Windows 系统下是 tracert)命令利用 ICMP 协议定位您的计算机和目标计算机之间的所有路由器。Tracert 命令就是个路由跟踪命令,是一个检测路由节点数的一个网络命令。TTL 值可以反映数据包经过的路由器或网关的数量,通过操纵独立 ICMP 呼叫报文的 TTL 值和观察该报文被抛弃的返回信息,tracert 命令能够遍历到数据包传输路径上的所有路由器。tracert 是一条缓慢的命令,因为每经过一台路由器都要花大约 10 到 15s。

tracert 是用来侦测主机到目的主机之间所经路由情况的重要工具,也是最便利的工具。尽管 ping 工具也可以进行侦测,但是,因为 IP 头的限制,ping 不能完全地记录下所经过的路由器,所以 tracert 正好就填补了这个功能。

tracert 的原理是它收到目的主机的 IP 后,首先给目的主机发送一个 TTL = 1 的 UDP 数据包,而经过的第一个路由器收到这个数据包以后,就自动把 TTL 减 1,而 TTL 变为 0 以后,路由器就把这个包给抛弃了,并同时产生一个主机不可达的 ICMP 数据报给主机。主机收到这个数据报以后再发一个 TTL = 2 的 UDP 数据报给目的主机,然后刺激第二个路由器给主机发 ICMP 数据报。如此往复直到到达目的主机。这样 tracert 就拿到了所有的路由器 IP。

4. Telnet 命令使用

Telnet 协议是 TCP/IP 协议家族中的一员,是 Internet 远程登录服务的标准协议和主要方式。它为用户提供了在本地计算机上完成远程主机工作的能力。在终端使用者的电脑上使用 telnet 程序,用它连接到服务器。终端使用者可以在 telnet 程序中输入命令,这些命令会在服务器上运行,就像直接在服务器的控制台上输入一样。可以在本地就能控制服务器。要开始一个 telnet 会话,必须输入用户名和密码来登录服务器。Telnet 是常用的远程控制 Web 服务器的方法。

成功地建立 Telnet 连接,除了要求掌握远程计算机上的账号和密码外,还需要远程计算机已经开启"Telnet 服务",并去除 NTLM 验证。

断开 Telnet 连接的命令:exit。

八、工具使用

(一) 网线测试仪

1. 准备工作

确认所使用的网线测试仪是否完好无损,电池是否充足。准备好需要测试的网线,并确保网线两端的水晶头已经正确制作。

2. 插入网线

将网线的一端插入网线测试仪的主测试端(通常为标有"MAIN"或"MASTER"的端口),确保水晶头与测试仪的 RJ-45 插口紧密连接。将网线的另一端插入网线测试仪的远程测试端(通常为标有"REMOTE"或"SLAVE"的端口),同样要确保水晶头与测试仪的 RJ-45 插口紧密连接。

3. 开启测试仪

按下网线测试仪的电源按钮或调整启动开关,打开测试仪的电源。

4. 选择测试模式

根据需要选择合适的测试模式。常见的模式包括线路测试、速率测试和故障诊断等。

5. 开始测试

按下测试按钮或相应的操作按钮,开始进行测试。测试仪会自动执行测试程序,检测网线连接、信号质量和传输速率等信息。

6. 观察指示灯

在测试过程中,观察主测试端和远程测试端的指示灯。对于直通连线的测试,主测试端和远程测试端的指示灯应该从 1 到 8 逐个顺序闪亮。

对于交错线连线的测试,主测试端的指示灯从 1 到 8 逐个顺序闪亮,而远程测试端的指示灯则按照 3、6、1、4、5、2、7、8 的顺序逐个闪亮。

7. 分析测试结果

如果指示灯按照正确的顺序闪亮,说明网线连接正常,水晶头接法无误。如果指示灯不亮或顺序不正确,可能表示网线连接有问题或水晶头接法错误,需要检查并重新制作网线。

8. 关闭测试仪

测试完成后,按下网线测试仪的电源按钮,关闭测试仪的电源。

(二) 工程宝

工程宝全名叫多功能监控视频测试仪,也叫监控工程宝,是一台集视频安防监控工程项目调试与故障检测的多功能监控工程调试工具。以下是关于工程宝使用的详细步骤和功能介绍:

1. 设备连接与激活

将摄像机与工程宝通过网线连接,确保连接稳定。进入工程宝的视频测试工具界面。在工具中找到未激活的设备,选中设备并点击激活。激活成功后,设备密码为默认激活密码。

2. 修改 IP 地址

在视频测试工具中,选中已激活的设备。点击"修改 IP"或"批量"选项,可对摄像头的 IP 地址进行修改。工程宝支持"修改"和"批量修改"两种方式,可修改摄像机 IP 地址、子网掩码等参数。

3. 预览画面

找到已激活的设备,点击"播放"按钮。弹出"私有协议"或"极速 ONVIF"两个选项,选择需要的协议。选择协议后,即可预览摄像机画面。

4. 其他功能

修改通道名称:勾选需要修改的通道名称,点击"修改通道名称",可对显示的位置以及字体的大小进行修改。

一键截图:工程宝支持一键截图功能,方便用户保存和分享监控画面。

网段测试:工程宝具备网段测试功能,可用于测试网络连通性和稳定性。

网线质量检测:通过工程宝的网线质量检测功能,可以判断网线是否损坏或存在质量问题。

5. 使用注意事项

在使用工程宝时,请确保电源稳定,避免在恶劣环境下使用。遵循正确的操作步骤,避免误操作导致设备损坏或数据丢失。定期对工程宝进行维护和保养,确保设备的正常运行和性能稳定。

(三) 网线寻线仪

一般寻线仪有发射部件和接收部件两个部分,一个类似长方形的形状,一个是细长的尖尖的寻线笔。

在使用寻线仪查找网线的时候,首先将网线插入寻线仪,然后将开关扳到巡线位置,将找线端的开关打开,到对端位置逐个测试,当找到对应的线头后,寻线仪会滴滴的响,确认找到相应的网线。

(四) 光功率计

光功率计(optical power meter)是用来测量光功率大小的仪器,既可用于光功率的直接测量,也可用于光衰减量的相对测量,是光纤通信系统中研究、开发和生产以及施工、维修等必备的基本测试仪器。

在光纤测量中,光功率计是重负荷常用表。通过测量发射端机或光网络的绝对功率,一台光功率计就能够评价光端设备的性能。用光功率计与稳定光源组合使用,则能够测量连接损耗、检验连续性,并帮助评估光纤链路传输质量。

光功率计校准方法是通过一个激光光源经过衰减调节器,通过光纤连接器的插拔先后与标准光功率计和被测光功率计连接进行测量。传统的校准方法会引入插拔误差和光源稳定性误差。

光功率计测试光纤的正常值取决于光纤的类型、长度、连接方式和应用场景等因素。一般来说,光纤的损耗值越小,传输性能越好。

测量光功率时,需要使用合适的光功率计设备,确保设备精度和校准准确。正常值可能会受到光源波长、连接器质量、环境光干扰等因素的影响,需进行综合考虑。

使用注意事项:

(1) 连接设备:将光纤连接到被测量的设备上,确保连接稳定。
(2) 校准光功率计:根据光功率计的使用说明,进行校准操作,以确保测量的准确性。
(3) 测量信号强度:将光功率计的接收端与光纤连接,记录测量结果。
(4) 分析结果:根据测量结果判断信号强度是否在正常范围内,根据实际情况决定是否需要进行调整或维护。

光功率计测试光纤的正常值取决于光纤类型、应用场景和设备规格。一般情况下,单模光纤的正常值范围为 -10dBm 至 -20dBm,多模光纤的正常值范围为 -20dBm 至 -30dBm。在使用光功率计测试光纤信号强度时,需注意校准、设备连接等步骤,确保测量结果准确可靠。

(五)光时域反射仪(OTDR)

光时域反射仪(OTDR)是一种用于测试光纤网络性能的重要仪器。它通过向光纤发送光脉冲并测量反射回来的光来检测光纤链路的完整性,包括长度、衰减以及连接点和熔接点的质量。

1. OTDR 的工作原理

OTDR 在测试过程中,从光缆的一端注入较高功率的激光或光脉冲,并通过同一侧接收反射信号。当光脉冲在光纤中传播时,会因为遇到连接器、熔接点、断裂或其他事件而产生散射和反射。OTDR 测量反射回来的光信号强度,并将其作为时间的函数记录下来,从而可以转换成光纤长度信息。

2. OTDR 的功能

测量光纤长度、测量传输性能和连接衰减、检测光缆链路的故障位置、通过分析后向散射光来获取衰减信息和间接测量光缆损耗与故障位置。

3. OTDR 的使用方法

(1)连接测试尾纤:确保测试侧尾纤清洁,并正确连接到 OTDR 的测试插孔。
(2)波长选择设置:根据测试需求选择合适的波长(如 1310nm 或 1550nm)。
(3)距离设置:使用自动模式进行初步测试,然后根据光纤长度设定测试距离。
(4)脉宽设置:选择合适的脉冲宽度,以获得精确的测试结果。
(5)取样时间设置:取样时间越长,曲线越平滑,测试结果越精确。
(6)折射率设置:根据光纤的折射率设置 OTDR 参数。
(7)事件阈值设置:设置衰耗阈值,以便 OTDR 能够自动分析定位接续点或损耗点。

4. 使用 OTDR 的注意事项

避免直接用眼睛查看 OTDR 的发射端口,以防高能量光信号伤害眼睛。保持 OTDR 测试端口和光缆端口的清洁,以确保测试准确性。小心操作 OTDR,避免损坏易碎的陶瓷芯。在测试过程中,避免外部信号干扰,影响测试结果。根据光缆长度和测试需求,合理选择测试距离和脉冲宽度。

5. 盲区解决方案

OTDR 的盲区主要分为事件盲区和衰减盲区。为了克服盲区问题,可以采用双向测试,即从光纤的两端进行测试,以确保准确测量整个链路的信号损耗。

(六)光纤熔接机

光纤熔接机是结合了光学、电子技术和精密机械的高科技仪器设备。主要用于光通信中光缆的施工和维护,所以又叫光缆熔接机。一般工作原理是利用高压电弧将两光纤断面熔化的同时用高精度运动机构平缓推进让两根光纤融合成一根,熔接后的光纤具备低损耗、高机械强度的特性,从而得以实现光纤模场的耦合,实现信号有效传输。以下是光纤熔接机的使用说明：

1. 准备工作

确保熔接机所在环境干燥、无尘，并保持适当通风。避免在可能产生可燃气体的地方或装置中使用，以防引起火灾或爆炸。

准备光纤热缩管、剥皮钳、光纤切割器、无尘纸、酒精等必要的工具和材料。

检查熔接机是否完好无损，电源连接是否稳定。

2. 开机与预热

将熔接机连接到电源，并确保电源稳定。打开熔接机的电源开关，等待熔接机启动并完成预热。

3. 光纤准备

使用剥皮钳剥除光纤涂覆层，长度为 30~40mm。用高浓度酒精清洁裸纤，确保光纤表面干净无杂质。打开压板，将剥好的光纤放置于 V 型槽内。根据需要确定切割长度，并按下压板固定光纤。关上盖子确保光纤端面在一直线上，按下按钮切割光纤。打开防风罩和光纤压板。将光纤放入熔接机的 V 型槽中，确保光纤没有弯曲且端面接触良好。轻轻关闭光纤压板以压住光纤。

4. 熔接操作

根据光纤的类型和直径，设置熔接机的熔接参数，如放电电流、放电时间等。按下熔接机的开始按钮，熔接机开始进行熔接过程。熔接机会先用电弧等方式将光纤端面烧净，并将两根光纤快速对准并熔接在一起。等待熔接完成，熔接机会自动进行熔接过程并在完成后提示。

5. 检查与保养

使用放大镜或显微镜检查熔接处的质量，确保熔接处无明显的损伤或断裂。清理熔接机内外的灰尘和污垢，保持熔接机的清洁。关闭熔接机的电源开关，断开电源连接。

6. 注意事项

请勿触摸正在放电的电极，避免烫伤或触电。不要在没有光纤的情况下直接焊接光纤熔接机。

7. 保养与维护

定期检查和维护熔接机的各个部件，如电热器、刀片、气缸等。使用专用充电器为熔接机充电，避免使用其他充电器导致过充电流异常。在灰尘严重的情况下，采取防尘措施以避免灰尘对熔接机内部电器部件的干扰和损坏。

九、线缆成端和测试

在高速业务运维中，通信系统主要由光缆和电缆进行信号的传输，其中电缆主要是网线，光缆主要分为单模光缆和多模光缆。

(一)网线制作

1. 准备材料与工具

网线:根据需要选择合适的网线类型,如6类UTP(非屏蔽)双绞线。
水晶头:根据网线类型选择合适的水晶头,如RJ-45水晶头。
网线钳:用于剥线、剪线和压线。
测线仪:用于测试网线连通性。

2. 制作步骤

剥线:使用网线钳的剥线口,将网线的一端插入,握住网线钳缓慢旋转一圈,去掉外部的套层,露出内部的8根芯线。通常剥去的长度约为3~5cm。

理线:将裸露的8根双绞线分开,按照标准的线序排列好。常用的线序有T568B(橙白、橙、绿白、蓝、白蓝、绿、白棕、棕)和T568A(绿白、绿、橙白、蓝、白蓝、橙、白棕、棕)。使用网线钳将末端剪齐,保留约1cm左右的长度。

插线:左手拿水晶头,确保水晶头铜芯的一面朝向自己。右手拿网线,按照之前确定的线序,将8根线依次插入水晶头的1~8针脚中,确保每根线都紧贴着插头底部。

压线:将接好线的水晶头放到网线钳的压线口内,确保网线捏紧并顶紧在压线口内。握住网线钳使劲压紧,确保水晶头的铜触片嵌入双绞线的芯线中,线与线头不能有松动。

制作另一端:按照相同的步骤,为网线的另一端也安装上水晶头。

测试:使用测线仪检查网线的连通性。将网线两端分别插入测试仪的RJ-45接口,打开测试仪的电源开关。观察指示灯的亮灯情况。如果测试仪的8个指示灯按顺序依次亮绿灯,说明连线制作正确;若某些指示灯不按照顺序亮起,说明线序可能存在问题;若某个指示灯不亮,说明对应的芯线未连接或接触不良。

3. 注意事项

在制作过程中,要确保两端线序相同,否则网线将无法正常使用。在插线和压线时,要确保每根线都插入到正确的针脚中,并且没有松动。在测试时,如果发现有问题,需要先确定问题所在,然后剪掉并重新压制水晶头,直到测试通过为止。

(二)光缆熔接步骤

(1)准备工具和材料:光缆熔接机、光缆剥线刀、光纤清洁纸、光缆固定工具(如光纤夹具)、光纤切割刀、光缆和光纤。

(2)剥除光缆外皮:使用光缆剥线刀小心地剥除光缆的外皮,露出光纤。

(3)清理光纤:使用光纤清洁纸清理光纤表面,确保没有灰尘和污渍。

(4)切割光纤:使用光纤切割刀将光纤切割成直边,以便于熔接。

(5)固定光纤:将清理干净并切割好的光纤放入光缆熔接机的光纤夹具中,确保光纤对齐。

(6)熔接光纤:启动光缆熔接机,熔接机会自动完成光纤的熔接过程。熔接过程中,熔接机会加热光纤,使其末端熔化并融合在一起。

(7)检查熔接质量:熔接完成后,熔接机会显示熔接损耗值,通常应小于0.2dB。使用光纤显微镜检查熔接点的外观,确保没有明显的缺陷。

(8)保护熔接点:将熔接好的光纤放入保护套管中,以保护熔接点不受外界环境的影响。

(9)固定和保护光缆:将熔接好的光缆固定在适当的位置,并确保光缆有足够的保护,防止被拉扯或损坏。

(10)测试熔接效果:使用光纤测试仪测试熔接后的光纤链路,确保信号传输正常。

十、线缆敷设和检测

线缆敷设和检测需要细致的规划和专业的技术,应遵循相关的行业标准和安全规范,以确保网络的可靠性和高效性。以下是线缆敷设和检测的基本步骤和方法。

(一)线缆敷设步骤

规划路径:确定线缆的起点和终点,规划最佳敷设路径以减少信号衰减和避免干扰。

准备工具:准备敷设所需的工具,如线缆牵引器、线缆盘、扎带、标签打印机等。

敷设线缆:按照规划的路径敷设线缆,注意避免线缆过度弯曲或拉伸。使用牵引绳或线缆敷设设备帮助引导线缆。

固定线缆:使用扎带、线夹或支架固定线缆,确保线缆布局整齐,便于维护。

避免干扰:避免线缆与强电设备、高磁场设备过近敷设,减少电磁干扰。

安全考虑:确保线缆敷设符合安全规范,避免在高温、易燃区域敷设。

标签管理:对敷设的线缆进行标签管理,便于识别和维护。

测试连接:敷设完成后,进行初步的连通性测试。

(二)线缆检测方法

连通性测试:使用网络测试仪或连通性测试工具检测线缆两端是否连通。

性能测试:使用专业线缆测试仪器(如时域反射仪 TDR、网络分析仪)测量线缆的性能参数,如衰减、延迟、串扰等。

故障定位:当发现线缆存在问题时,使用 OTDR 等设备定位故障点。

损耗测试:对光纤线缆进行损耗测试,确保信号传输质量。

安全性检查:定期检查线缆敷设区域的安全性,确保没有物理损伤或环境因素导致的潜在风险。

维护记录:记录线缆检测的结果和维护情况,便于未来的维护和升级。

环境监测:监测线缆敷设环境的温度、湿度等条件,防止环境因素对线缆性能产生影响。

定期维护:定期对线缆进行视觉检查和性能测试,确保线缆长期稳定运行。

十一、绝缘接地检测

绝缘和接地检测是电气维护中的重要环节,确保电气系统的安全性和可靠性。以下是更

详细的检测步骤和方法:

(一)绝缘电阻检测

(1)检测前的准备:确保待测设备已完全断电,以避免电击危险。准备一个校准过的绝缘电阻表(兆欧表)。

(2)选择测量范围:根据设备的电压等级选择合适的测量范围。

(3)清洁和干燥:清洁绝缘部件,去除灰尘和污垢。确保测量表面干燥,因为潮湿会降低绝缘性能。

(4)连接兆欧表:将兆欧表的"线路"(L)端连接到待测设备的带电部分。将"接地"(E)端连接到设备的接地端。

(5)进行测量:转动兆欧表的发电机手柄,速度约为120转/分钟。观察兆欧表的指针或数字显示,记录绝缘电阻值。

(6)结果分析:与规定的最小绝缘电阻值比较,或参照相关电气安全标准。

(7)安全措施:测量结束后,将设备放电,并将兆欧表恢复到初始状态。

(二)接地电阻检测

(1)检测前的准备:确保待测设备的电源已断开。准备接地电阻测试仪或专用的接地测试套件。

(2)选择测试点:确定接地测试点,通常包括设备的接地点和至少两个辅助接地点。

(3)连接测试线:将测试线连接到测试仪和接地点,通常需要三个测试线:电流线和两个电压线。

(4)进行测量:启动测试仪进行操作,可能需要人工或自动注入测试电流。

(5)记录和分析:记录测量得到的接地电阻值,确保接地电阻值符合标准或规范的要求。

(6)问题诊断:如果接地电阻超出规定范围,需要进一步检查接地系统,如接地极的腐蚀、松动或土壤条件。

(三)注意事项

在进行检测时,确保遵守所有相关的安全规程和操作指南。使用合适的个人防护装备,如绝缘手套、安全眼镜等。在潮湿或恶劣天气条件下,避免进行绝缘和接地检测。对于特殊设备或高压系统,可能需要特殊的检测技术和资质。定期记录检测结果,建立电气安全维护档案。如果检测结果不符合安全标准,应立即采取补救措施。

十二、交换机配置

交换机(Switch)是一种用于电(光)信号转发的网络设备。最常见的交换机是以太网交换机。交换机根据工作位置的不同,可以分为广域网交换机和局域网交换机。广域的交换机就是一种在通信系统中完成信息交换功能的设备,它应用在数据链路层。交换机有多个端口,每个端口都具有桥接功能,可以连接一个局域网或一台高性能服务器或工作站。

(一)交换机的工作原理

数据接收:当交换机从某个端口接收到数据包时,它首先会检查数据包的头部信息,如源地址和目的地址。

帧分析:交换机分析数据包的以太网帧格式,确定帧类型、源 MAC 地址和目的 MAC 地址。

MAC 地址表学习:交换机通过学习过程来构建和维护一个 MAC 地址表,该表记录了网络中每个设备的 MAC 地址以及它们连接到交换机的哪个端口。

转发/过滤决策:交换机利用 MAC 地址表来决定如何转发数据包。如果目的 MAC 地址在 MAC 地址表中,交换机会将数据包转发到相应的端口。如果没有找到对应的条目,交换机通常会广播到所有端口,除了数据包进入的端口。

帧转发:交换机将数据包转发到目的设备的端口。这个过程称为"转发"(Forwarding)。如果数据包是多播或广播帧,交换机会根据配置决定转发策略。

交换方式:交换机通常有两种交换方式:存储转发(Store-and-Forward)和直通转发(Cut-through)。存储转发方式下,交换机会先存储整个帧,检查帧的完整性,然后转发;直通转发方式下,交换机会在接收到帧的头部后立即开始转发,以减少延迟。

拥塞控制:当网络流量较大时,交换机需要执行拥塞控制策略,以防止网络拥塞和丢包。

端口安全:交换机还可以提供端口安全功能,限制连接到特定端口的设备数量,防止 MAC 地址泛滥。

虚拟局域网(VLAN):一些高级交换机支持 VLAN 功能,允许网络管理员将一个物理网络分割成多个虚拟网络,每个虚拟网络都有自己的广播域。

(二)交换机配置

(1)命令行:命令行接口是交换机与用户之间的交互界面。通过命令行接口,用户可以输入命令对交换机进行配置,并可以通过查看输出的信息确认配置结果。

(2)交换机常用命令行视图。

交换机设备提供丰富的功能,相应的也提供了多样的配置和查询的命令。当使用某个命令时,需要先进入这个命令所在的特定分类(即视图)。各命令行视图是针对不同的配置要求实现的,它们之间既有联系又有区别。首先介绍最为常用的两种视图:用户视图与系统视图。

用户视图:登录设备后,即进入用户视图,在用户视图下可以完成查看运行状态和统计信息等功能。

系统视图:在用户视图下键入 system-view,即进入系统视图,在系统视图下,可以键入不同的命令进入相应的功能视图。

(3)交换机配置准备。

根据不同交换机型号,可以通过以下几种方式登录交换机:通过 Console 口进行本地登录、通过以太网端口利用 Telnet 或 SSH 进行本地或远程登录、通过 Console 口利用 Modem 拨号进行远程登录、通过 WEB 网管登录、通过 NMS(Network Management Station,网管工作站)登录。对于全新的交换机设备,一般采用 Console 口进行本地登录。

Console 口进行本地登录方法:用 Console 口配置线将计算机与交换机连接,并打开配置软件,一般使用 ecureCRT、XShell 或其他软件。打开后选择对应串口,传输速率 9600bit/s,流控方式为不进行流控,校验方式为不进行校验,停止位为"1",数据位为"8"。

(4)交换机简单配置(本节"//"后内容为交换机界面或命令的注释)。

a. 配置登录用户

<H3C>   //用户直行模式提示符,用户视图
<H3C>system-view   //进入配置视图
[H3C]   //配置视图(配置密码后必须输入密码才可进入配置视图)
[H3C]sysname xxx   //设置主机名成为 xxx

b. 交换机保存设置和重置命令

<H3C>save   //保存配置信息
<H3C>reset saved-configuration   /重置交换机的配置
<H3C>reboot   //重新启动交换机后配置恢复到出厂设置。

十三、杀毒软件安装与升级

杀毒软件也称反病毒软件或防毒软件,是用于消除电脑病毒、特洛伊木马和恶意软件等计算机威胁的一类软件。杀毒软件通常集成监控识别、病毒扫描和清除、自动升级、主动防御等功能,有的杀毒软件还带有数据恢复、防范黑客入侵、网络流量控制等功能,是计算机防御系统(包含杀毒软件,防火墙,特洛伊木马和恶意软件的查杀程序,入侵预防系统等)的重要组成部分。

高速公路收费、监控系统所用企业级防病毒软件一般系统包含企业管理中心和客户端两部分,可以实现防病毒、主动防御和防火墙三大功能模块的深层整合。

企业管理中心:独立安装在服务器上,对部署的防病毒客户端进行集中管理、策略制定下发、全网健康状况监测、统一杀毒以及日志查询等。

客户端:部署在需要被保护的服务器或者终端,执行最终的杀毒扫描、漏洞修复等安全操作,并向管理中心发送相应的安全日志。

管理中心可以通过客户端心跳判断客户端的在线状态,并且可以随时保持策略的同步和更新,此外对客户端的日志进行了集中接收、解析和展示。部署如图 3-8-1 所示。

(一)杀毒软件安装

企业管理中心和客户端安装基本一致,将杀毒软件厂商的安装包拷贝到相应的服务器或终端设备上进行安装,在安装过程中注意参数设置或模式的选择。

(二)杀毒软件升级

当前网络中入侵手段、病毒类型和应用类型复杂多变。

高速公路收费、监控系统不能直接连接互联网,无法直接获取升级包进行升级,一般是由人工将安装包拷贝到管理中心或者终端设备上进行升级。

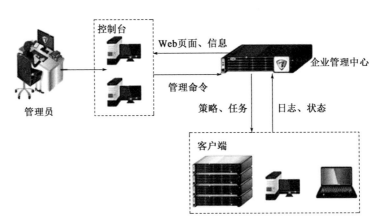

图 3-8-1　杀毒软件部署结构图

1. 管理中心远程升级

通过管理中心中的远程升级功能对客户端进行远程升级,上传最新的病毒库等资料至管理中心软件中,选择所管辖的客户端进行统一升级。

2. 客户端本地升级

管理中心无法连接到的终端设备,可以直接拷贝最新病毒库至终端设备上,通过客户端软件上的升级按钮上传病毒库资源包进行升级。

第九章 安全畅通保障

本章介绍了超限车辆纠纷处理的原则,消防安全应急预案编写,潮汐车道和复式车道,以及安全生产风险辨识、评估及管控等内容。

第一节　超限车辆管控

一、公路货运车辆超限认定

公路货运车辆超限超载的认定标准具体内容见初级相关章节。

二、超限车辆纠纷处理

对超限车辆不听劝阻、故意干扰收费正常秩序的,应迅速上报监控中心、收费站管理人员,监控中心落实视频监控,并通知交警、路政人员处理。同时应做好以下工作:

1. 做好文明服务

全程开启移动视频记录仪,使用文明用语劝阻劝返。

2. 劝返政策解释

准备好相关法律法规文件,必要时向当事人出示相关文件。

3. 避免舆情舆论

确保现场人员自身安全,做好文明服务,控制事态,待相关部门到场处理,杜绝与当事人发生语言和肢体冲突。

4. 应急处置

配合交警、路政等部门妥善处理。

三、超限车辆劝返案例

(一)事件

××年×月×日,一辆搭载商品车的轻型货车,行驶到××收费站入口车道。收费现场人员观察到载货长度明显超过了车身长度,并且固定不牢靠,存在行车安全隐患,遂进行劝返。驾驶人出示一张盖有"××省公安厅交通警察总队通行证专用章"的《三超通行证》,说"我是从××高速公路过来的,为什么别的省份可以,你是不是故意刁难我们?"收费员查看通行证,发现在"通行路线"一栏写着"全国通行,国内三级以上(含三级、高速)公路、危桥/水毁路段除外"。收费员解释该车不符合条件需要劝返,驾驶人拒绝返回,并恶意堵塞车道。收费班长通过相关文件耐心跟驾驶人解释,最终驾驶人驶离收费站,整个事件处理用时30min。

(二)原因

(1)驾驶人法律和安全意识淡薄,存在侥幸心理,未按"通行证"通行路线行驶,故意堵塞收费道口。

(2)个别收费站对超限运输车辆治理部分具体政策落实不到位,未按要求进行劝返,导致驾驶人对入口拒超工作提出质疑。

(3)部分收费站入口只有一条称重检测车道,因特殊情况难以及时疏导车流。

(三)处置方法

(1)增开车道。开启入口1车道,将ETC车道转为人工发卡车道,同时利用手持机处理ETC车辆。

(2)保障安全。关闭入口2车道顶棚指示灯,在来车方向摆放反光锥,等待车辆倒车。

(3)专人引导。安排专人引导其他车辆进入1车道,并佩戴执法记录仪,做好全程监督工作。

(4)做好解释。严格按照文件要求向驾驶人讲解超限超载劝返治理工作相关法规政策,并对其他货车驾驶人做好解释工作,引导车辆绕行其他收费站。

(5)及时上报。上报监控中心及值班人员,通知交通综合执法、交警、路政等执法部门。

(四)改进措施

(1)提高入口治超工作人员的业务水平。

(2)做好文明服务。处理车道特情及争议事件时,按照"三美三心"(语言美、着装美、姿态美,便民服务更贴心、业务操作要专心、解释工作要耐心)的要求,服务态度做到有礼有节、有理有据,做好全程的语音、视频取证。

(3)发挥多方联动协作。交通拥堵时,与路政、高速交警、执法机构等部门联合开展交通疏导。

(4)加强入口治超政策宣传。利用可变信息标志、标语横幅、发放宣传单或公众号等方式,大力宣传相关政策,营造良好的社会舆论氛围。

第二节　消防安全文案编写

生产经营单位应根据人员集中、火灾危险性和重点部位的实际情况,制订有针对性的灭火和应急疏散预案,由消防安全责任人或消防安全管理人担负消防人员到达火灾现场之前的指挥职责,组织开展灭火和应急疏散等工作。

一、消防安全应急预案编制

编制消防安全应急预案,应包括以下主要内容:

(一) 职能小组(成员)职责

各职能小组的主要职责如下:
(1)通信联络:负责与消防安全责任人和消防部门之间的通讯联络。
(2)灭火组:利用消防器材、设施就地进行火灾扑救。
(3)疏散组:负责引导人员正确疏散、逃生。
(4)救护组:协助抢救、护送受伤人员。
(5)保卫组:阻止与场所无关人员进入现场,保护火灾现场,并协助进行火灾调查。
(6)后勤组:负责抢险物资、器材器具的供应及后勤保障。

(二) 火警处置程序

对火警信号确认后,应立即报警并向消防主管人员报告,启动灭火和应急疏散预案。

(三) 应急疏散的程序和措施

火灾发生后,疏散组应由本楼层(场地)、本部位的工作人员负责;明确引导人员、疏散路线、疏散地点。比如使用逃生手电、扩音器进行引导,指导人员使用湿手巾、防烟面具进行自我保护等。

(四) 扑救初起火灾的程序和措施

明确消火栓、灭火器的使用人员。

(五) 通信联络、救护组织和保障措施

明确以下内容:专人接应消防车辆到达火灾现场;专人向消防人员介绍火灾发展、人员被困、消防设施、消防水源、场地建筑结构等情况;指挥组与职能小组的联络方式;维护现场秩序等。

二、火灾处置报告撰写

工作场所发生火灾后,撰写的火灾处置报告,应包括以下主要内容:

1. 事故概况

包括时间、地点、经过、过火面积，人员伤亡情况，财产损失等。

2. 事故的应急处置

发现及应急处置的详细情况。

3. 事故调查与分析

全面调查事故发生的直接原因及间接原因。

4. 事故处理

按照"四不放过"的原则进行处理的建议（结果）。

5. 整改措施

总结事故教训及防范措施。

第三节　畅通保障

一、潮汐车道

潮汐车道是一种在交通高峰期间实现车辆流量优化的交通管理措施。将一条车道在不同时段分别用于不同方向的车流，提高道路的通行能力，见图 3-9-1。示例为合宁高速公路潮汐车道、杭甬高速公路潮汐车道机器人。

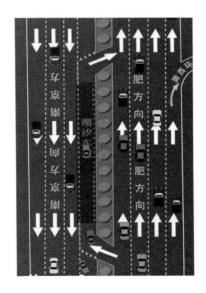

图 3-9-1　潮汐车道

（一）潮汐车道设置条件

1. 车道数量在 3 条以上

车道数量需要 3 条以上，其中一条车道用于潮汐车道。

2. 车流量大

设置在交通高峰期、车流量较大的路段(收费站)。

3. 双向交通流量差异明显

针对双向交通流量分布不均匀，可优化交通流向、流量，提高通行能力。

（二）潮汐车道切换

交通管理人员可根据交通高峰期保畅通行应急预案，切换潮汐车道的通行方向。在潮汐车道使用期间，应使得交通标志、标线、信号灯，以及相关交通安全设施保持一致。

二、复式车道

复式车道是指在一条车道上设置两台以上收费(或发卡)设备，使得一条车道能够同时满足多部车辆同时缴费(或取卡)的车道，见图 3-9-2。

图 3-9-2　复式车道

利用 ETC 设备、移动收费终端机(或发卡机)在车道上完成操作，可以大幅度缩减车辆过站的处理时间，有效提高通行效率。

1. 复式车道开启

遇到车流增大、收费广场拥堵时，可根据防堵应急预案启用复式车道收费方式。

2. 移动收费终端机使用

移动收费设备可实现对 CPC、ETC 设备的读写功能，并支持 ETC 交易、CPC 交易、纸券交易、无通行介质交易、移动支付等功能。

使用手持式在线车道收费终端，采用"终端＋后台"的模式，保留对实体车道的控制，辅助 ETC 专用道及混合车道完成交易处理。

第四节　风险辨识评估管控

《公路水路行业安全生产风险辨识评估管控基本规范(试行)》(交办安监〔2018〕135号)规定,安全生产风险管理工作应坚持"安全第一、预防为主、综合治理"的方针,强化和落实从事生产经营活动单位的主体责任,建立生产经营单位负责、职工参与、政府监管、行业自律和社会监督相结合的机制。

风险是指不确定性对目标的影响。影响是偏离预期,通常指负面的;目标可以是不同方面(如生命财产安全、环境保护、社会影响等)和层面(如战略、组织范围、项目、产品和过程)的目标。

危险源是指可能导致伤害和健康损害的来源,与"危害因素""危害来源"同义。危险源可包括可能导致伤害或危险状态的来源,或可能因暴露而导致伤害和健康损害的环境。具体见《职业健康安全管理体系要求及使用指南》(GB/T 45001—2020/ISO 45001:2018)。

一、风险辨识

风险辨识是指发现、确认和描述风险的过程。

1. 确定辨识范围

公路水路交通运输行业生产经营单位,应根据业务经营范围,综合考虑不同业务范围风险事件发生的独立性,以及历史风险事件发生情况,研究确定一个或以上风险辨识范围。

2. 划分作业单元

生产经营单位应按照风险管理需求"独立性"原则,根据业务范围、生产区域、管理单元、作业环节、流程工艺等进行作业单元划分,并建立作业单元清单。

3. 确定风险事件

针对不同作业单元,结合日常安全生产管理实际,综合考虑历史风险事件发生情况,研究确定各作业单元可能发生的风险事件。风险事件分析表见表3-9-1。

风险事件分析表　　　　表3-9-1

风险辨识范围(业务名称)	作业单元	典型风险事件

4. 分析致险因素

针对不同作业单元,按照人、设施设备(含货物或物料)、环境、管理四要素进行主要致险因素分析。致险因素分析表见表3-9-2。

致险因素分析表　　　　　　　　　　　　　　　　　表 3-9-2

风险辨识范围（业务名称）	作业单元	典型风险事件	致险因素			
			人	设施设备	环境	管理

5. 编制风险辨识手册

通过编制风险辨识手册,明确风险辨识范围、划分作业单元、确定风险事件、分析致险因素。

二、风险评估

风险评估是指将风险辨识的结果按照风险评估标准进行评估,以确定风险和(或)其量的大小、级别,以及是否可接受或可容许。

风险等级主要由风险事件发生的可能性(L)、后果严重程度(C)决定。

1. 风险评估指标体系分级标准

(1) 可能性指标分级标准

可能性划分为五个级别,分别是:极高、高、中等、低、极低。可能性判断标准表见表 3-9-3。

针对不同作业单元,搜集生产经营单位近年来突发事件发生情况频次数据,并根据最新辨识到的主要致险因素,结合行业实践经验,进行风险事件发生可能性评价,并通过可能性判断标准,进行突发事件发生可能性评分。

可能性判断标准　　　　　　　　　　　　　　　　　表 3-9-3

序号	可能性级别(L)	发生的可能性	取值区间
1	极高	极易	(9,10]
2	高	易	(6,9]
3	中等	可能	(3,6]
4	低	不大可能	(1,3]
5	极低	极不可能	(0,1]

注:1. 可能性指标取值为区间内的整数或最多一位小数。
　　2. 区间符号"[ ]"包括等于,"( )"不包括等于,如:(0,1]表示 0＜取值≤1。

(2) 后果严重程度分级标准

后果严重程度划分为四个级别,特别严重、严重、较严重、不严重。后果严重程度从人员伤亡数量、经济损失、环境污染及社会影响等方面进行综合判断,后果严重程度等级取值表见表 3-9-4。

后果严重程度等级取值表 表3-9-4

后果严重程度等级(C)	取值
特别严重	10
严重	5
较严重	2
不严重	1

2. 风险等级评估标准

安全生产风险等级(D)由高到低统一划分为四级：重大、较大、一般、较小。风险等级大小由风险事件发生的可能性(L)、后果严重程度(C)两个指标决定，$D = L * C$。风险等级取值区间表见表3-9-5。

收费场所的风险辨识与评估示例，如表3-9-6、表3-9-7所示。

风险等级取值区间表 表3-9-5

风险等级($D = L * C$)	取值区间
重大风险	(55,100]
较大风险	(20,55]
一般风险	(5,20]
较小风险	(0,5]

注：区间符号"[ ]"包括等于，"( )"不包括等于，如：区间(0,5]表示0＜取值≤5。

三、风险管控

风险管控是指应对风险的措施。管控包括应对风险的流程、策略、设施设备、操作或其他行动。

生产经营单位应根据不同作业单元的风险等级，明确风险管控责任、制定相关制度、实施风险管控，将安全生产风险控制在可接受范围之内，防范安全生产事故发生。

1. 管控责任

生产经营单位应严格落实风险管控主体责任，结合生产经营业务风险管控需求，以及机构设置情况，按照"分级管理"原则，明确不同等级风险管控责任分工，并细化岗位责任。

2. 管控制度

风险管控制度包括：风险监控预警、风险警示告知、风险降低、教育培训、档案管理、风险控制等工作制度。

场所类风险辨识与评估

表 3-9-6

风险点			致险因素（人、设施设备、环境、管理）	风险评估			风险等级	管控措施					管控层级	责任单位	责任人
编号	类别	设施设备	典型风险事件（可能发生的事故类型）		可能性 L	严重程度 C	风险值 D		工程技术	管理措施	培训教育	个体防护	应急处置			
1	场所	收费站	坍塌事故	钢筋混凝土结构出现病害，未能及时发现和整治，导致梁柱承重载力下降；周边存在加油（气）站	2	2	4	较小		每天安排人员巡查，加强收费广场的检查和整改	每天每班次岗前教育、岗后强调培训。不定期召开安全会议和安全教育	配备安全防护设备	专项和现场应急预案			
			交通事故	交通安全设施齐备、断面专用车道较少、车辆平均通过时间≤20s	3	1	3	较小		每天安排人员巡查，加强收费广场的检查和整改	每天每班次岗前教育、岗后强调培训。不定期召开安全会议和安全教育	配备安全防护设备	专项和现场应急预案			
2	……	……	……													

收费作业类风险辨识与评估

表 3-9-7

风险点			致险因素（人、设施设备、环境、管理）	风险评估			风险等级	管控措施					管控层级	责任单位	责任人
编号	类别	作业	作业工序	典型风险事件（可能发生的事故类型）		可能性 L	严重程度 C	风险值 D	风险等级	工程技术	管理措施	培训教育	个体防护	应急处置			
1	作业活动	收费车道	员工横过车道	人员伤亡	横过车道时，未遵循"一停二看三通过"的原则，可能造成人员伤亡	4	2	8	一般	部分ETC车辆设置人车协调系统	加强员工安全教育，划定员工行走安全通道标线，横过车道时走规定的安全通道，并严格遵循"一停二看三通过"原则	每天每班次岗前教育、岗后强调培训，不定期开展实操技能培训	配备反光衣	立即报告，封闭现场，防止二次事故，拨打120、122请求救援，视情况对受伤人员进行抢救			

续上表

风险点			典型风险事件(可能发生的事故类型)	致险因素(人、设施设备、环境、管理)	风险评估			风险等级	管控措施				管控层级	责任单位	责任人
编号	类别	作业			可能性 L	严重程度 C	风险值 D		工程技术	管理措施	培训教育	个体防护	应急处置			
2	作业活动	收费站场	车辆伤害	超载超限车辆入口强行冲卡、碰撞收费亭,可能造成人员伤亡、收费设施设备损坏或货物掉落,造成人员伤亡	3	1	3	较小		加强员工安全教育,增强安全意识,超宽车进站时可先让收费员出亭,待车辆停稳,确认安全后再收费作业	每天每班次岗前教育、岗后强调培训,不定期开展实操技能培训	配备反光衣	立即报告,封闭现场,防止二次事故,拨打120、122请求救援,视情况对受伤人员进行抢救			
3	……		……													

第十章 新技术应用

本章拓展介绍了大数据、物联网、人工智能、机器人和云计算等新技术的基本概念、相关政策、公路收费监控等领域创新应用以及发展趋势。希望读者们积极探索新技术与交通行业深度融合,持续推动行业高质量发展。

第一节 大数据技术

一、大数据技术概述

大数据是指在一定时间内无法用常规软件工具对其内容进行抓取、处理、分析和管理的数据集合。大数据一般会涉及两种以上的数据形式,数据量通常是100TB以上的高速、实时数据流。大数据可以概括为四个特征:Volume(规模性)、Variety(多样性)、Velocity(高速性)、Value(价值性)。四种特性如表3-10-1所示。

大数据特征 表3-10-1

序号	特性	概述
1	Volume(规模性)	大数据的特征首先表现为数据量大。随着网络及信息技术的高速发展,数据量开始呈现指数型增长,存储单位也从过去的GB到TB,直至PB、EB等
2	Variety(多样性)	大数据大体可分为三类:一是结构化数据,如财务系统数据、信息管理系统数据、医疗系统数据等,其特点是数据间因果关系强;二是非结构化的数据,如视频、图片、音频等,其特点是数据间没有因果关系;三是半结构化数据,如网页等,其特点是数据间的因果关系弱
3	Velocity(高速性)	数据被创建和移动的速度快。当前,通过计算机和服务器创建实时数据流已成为趋势。企业不仅需要了解如何快速创建数据,还必须知道如何快速处理分析并返回给用户,以更好满足用户需求
4	Value(价值性)	大数据最大的价值在于通过从大量不相关的各种类型的数据中,挖掘出有价值的数据,并通过机器学习、人工智能或数据挖掘等方法进行深度分析,发现新规律和新知识

伴随着大数据的采集存储、分析和结果呈现的相关技术就是大数据技术。大数据技术是使用非传统工具来对大量的结构化、半结构化和非结构化数据进行处理,从而获得分析和预测结果的一系列数据处理和分析的技术。

大数据技术的优势体现为:提供了一种人类认识复杂系统的新思维和新手段。在拥有充足的计算能力和高效的数据分析方法的前提下,对现实世界的数字虚拟映像进行深度分析,将有可能理解和发现现实复杂系统的运行行为、状态和规律。大数据技术为人类提供了全新的思维方式和探索客观规律、改造自然和社会的新手段。大数据技术的优势具体体现在以下四个方面:

(1)大数据技术通过全局的数据让人类了解事物背后的真相。(2)大数据技术有助于了解事物发展的客观规律,利于科学决策。通过数据分析出人类社会和自然界的发展规律,人们通过掌握规律来进行科学决策。(3)大数据技术改变过去的经验思维,帮助人们建立数据思维。(4)大数据技术计算提高数据处理效率,增加人类认知盈余。大数据技术像其他的技术革命一样,是从效率提升入手的,可以将人从繁重的工作中解脱出来,节省更多的时间,使人类生活更加智能化。

当前,各行各业都深受大数据的影响,涌现了诸如交通大数据、金融大数据、环境大数据、医疗健康大数据、教育大数据等。人们开始结合各行业的特点和优势,利用大数据技术进行行业的改进和升级。在实践中,人们也逐渐对大数据的概念、价值和范围有了更清醒的认识,满足各种需求的大数据技术也逐渐走向成熟,大数据技术体系也越来越完备。

二、相关政策

2019年12月,交通运输部印发了《推进综合交通运输大数据发展行动纲要(2020—2025年)》。该文件明确以数据资源赋能交通发展为切入点,按照统筹协调、应用驱动、安全可控、多方参与的原则,聚焦基础支撑、共享开放、创新应用、安全保障、管理改革等重点环节,实施综合交通运输大数据发展"五大行动",推动大数据与综合交通运输深度融合,有效构建综合交通大数据中心体系,为加快建设交通强国提供有力支撑。

2022年4月,交通运输部、科技部联合印发《"十四五"交通领域科技创新规划》(交科技发〔2022〕31号)。该文件明确大力发展智慧交通,推动云计算、大数据、物联网、移动互联网、区块链、人工智能等新一代信息技术与交通运输融合,加快北斗导航技术应用,开展智能交通先导应用试点;建立基础设施长期服役性能观测研究能力体系,依托道路、桥梁、隧道、港口、航道、通航建筑物及轨道交通等基础设施布设长期性能科学观测网,通过长周期科学观测和大数据分析,构建具有我国气候、环境、水文、地质特点的基础设施性能评估与设计基础理论体系,研发交通基础设施长期服役性能智能传感监测设备,为工程结构安全、设计等技术标准完善、养护科学决策等提供基础数据和研发支撑。

2023年9月,交通运输部印发《关于推进公路数字化转型加快智慧公路建设发展的意见》(交公路发〔2023〕131号)。该文件明确构建智慧路网监测调度体系。探索路网运行大数据、人工智能、机器视觉及区块链、北斗、5G等技术深度融合应用,建立实时交通流数字模型和重点区域路网信息智能处理系统,为出行规划和路网调度提供精准服务。在优化完善部省站三级监测调度体系的基础上,构建现代公路交通物流保障网络,实现会商调度、快速协同,人享其行、物畅其流,为公众安全出行提供有力支撑;夯实智慧公路高质量发展基础,加快构建行业大数据应用和网络数据安全保障体系与生态;全面推广公路大数据技术应用。强化公路大数据共建共享、深度融合应用,加快构建与完善相关应用模型和专业算法,发挥数据潜能,强化数据分析、信息提炼、智能深度学习、智慧交互等功能,有力支撑公路数字化转型和产业化升级,壮大公路数字经济。

三、大数据技术在公路收费监控领域的应用

在技术不断发展的背景下,大数据技术为公路收费监控管理提供了新方法。

1. 在收费稽核中的应用

随着省界收费站的取消、全国实现收费一张网之后,部分驾驶人为追求经济利益最大化,利用各种非法手段达到逃缴、少缴通行费的目的,这对收费稽核工作提出了新的挑战。传统的通行费稽核手段已无法满足新型高速公路运营发展的需要,主要表现为:一方面是稽核手段单一,能力偏低。传统稽核手段主要依靠人工识别、准确性不高、效率低下,且数据分散,提取难度大,缺乏追缴证据链。另一方面是偷逃费行为难以遏制,经济损失较大。行驶路径作弊、套牌换卡逃费等传统偷逃费行为难以有效控制。此外,当前还出现了许多新型的偷逃费行为,致使通行费损失较大。

大数据技术为收费稽核提供了新方法。大数据技术通过对海量的交易流水、车牌识别流水等通行数据进行处理、智能分析和深度挖掘,快速发现异常车辆,进行嫌疑筛选,从而提高收费稽核的效率和准确率。大数据技术在收费稽核中的应用可以概括为大数据采集、大数据处理、大数据存储、大数据分析四个步骤。

应用实例:某省高速集团结合路网实际情况,利用大数据、人工智能等技术,建设了高速联网收费稽核系统,打造了"全网覆盖、信息精准采集、路径精确识别"的省级稽核业务系统,大幅提升了稽核效率,有效遏制了车辆逃漏费行为,减少了通行费损失,保障了高速公路运营秩序平稳、有序,推动高速公路运营管理高质量发展。

此外,为了避免追缴车辆金额出现误差,该系统还通过部省、站省端口对接采集交易流水、路径流水、扣费流水、拆分流水等信息,以大数据平台为底座,精准计算每一笔逃费车辆应补费金额,让驾驶人清楚直观地了解所需缴纳的各项费用,做到收费稽核工作合理发起、精准追逃。

2. 在设施设备监控中的应用

大数据技术可为公路设施设备历史监控数据比对分析、设备异常趋势跟踪及不良数据检测等提供支持。

在高速公路运营管理期间,随着使用年限的增加,受到自身老化、环境侵蚀、上部行车荷载、车辆撞击等因素影响,公路设施设备状态会发生一定程度的改变,偶尔出现路面开裂、路基沉陷、桥梁病害等问题,存在交通安全隐患。与此同时,在传统运营管理模式中,采取人工巡视检查、定期预防性维护的方法来评估和维护公路设施设备,容易错过最佳修复时机,造成拥堵,甚至发生安全事故。

在公路监控领域应用大数据技术,比如在公路沿线布置若干摄像头和传感器,持续采集风速、风力、路面高程温度、边坡含水量和侧向位移等数据,对比现场监控数值和预先设定的额定值,如果监控值超出额定限值范围,系统会自动发送报警信号。相关部门就可及时组织对公路设施和设备进行维护保养,及时发布路况信息、拦截路段等,及早恢复高速公路结构状态,避免出现车辆拥堵问题和安全事故。

应用实例:某省交投集团在全国首批探索数字养护,研发了高速公路养护管理系统,建立了科学决策体系。该集团通过自动汇总分析道路路况、病害、交通流量等大数据,精准匹配养护方案,避免无效、过度和重复养护,有效统筹了养护品质和成本管控,实现单公里养护成本保持在 22 万元左右,占通行费收入稳定在 7% 左右,处于行业先进水平。近年来,该集团相继推动实施了路网"数字大脑"、拥堵监测预警平台、道路自动化巡检、收费站智能化改造等一批智慧工程,显著提升了运营管理精细化水平。

3. 在运营调度管理中的应用

大数据技术应用于高速公路运营管理中,可以整合高速公路各个路段、服务区、路政等多方路况信息,有助于整合资源调度利用,协助相关人员作出科学判断。

高速公路交通数据的采集,主要是利用移动网络基站、固定摄像头、监控摄像机等设备,实现对交通数据的动态采集、深度分析、视觉计算,确保数据采集的精准性。如采集高速公路车流量信息时,可在关键路段设置监控摄像机,实现 24h 不间断采集,确保获得完整的车流量数据、车道占用率等信息。同时,借助大数据技术搭建高速公路交通信息模型,在该模型记录、分析道路、天气状况,并及时发布路况信息,为车辆行驶提供依据。如利用路面气象站及相关设备采集气象环境信息,掌握温湿度、风向、降雨量等,然后及时发布有关信息,提醒车主做好防范工作,规避事故发生,保障行车安全。

此外,监控人员还可以通过大数据平台实现部门间的协调联动指挥管理,具备多项功能,如突发事件预警、监测、应急指挥协调等,有助于集中化高效化处理突发事件,提高路网管理、协调、指挥能力,确保高速公路网安全畅通,满足大众出行需求。

应用实例一:某省交投集团充分利用"互联网+大数据",整合交通流量监测、沿线视频监控、应急指挥调度以及隧道电力远程控制等多个板块,建立路网信息化平台;以路网监控中心(图 3-10-1)为"圆点",通过沿线监控探头和各类机电智能设备实现全域"扫描",将客户服务热线、后台调度等线上服务与微信公众号、微博等自媒体相结合,及时提供实时路况、收费站通行情况、路网分流绕行提示、施工阻断、应急救援等全方位的信息服务,切实打造集"咨询、救援、投诉、调度"于一体的信息服务窗口,让"千里眼"和"顺风耳"的作用发挥得更加明显,真正让车主用户上了高速公路就一路无忧。

应用实例二:某省高速集团各收费站以大数据为依托,科学分析研判车流变化,精准实施"一站一策"保畅预案,持续抓好备勤备岗、疏导前移、客货分驶等措施,提升道路通行能力;同时,安全、机电、养护等部门充分结合岗位特点和分管领域,分别制定完善恶劣天气、设备故障、客流激增等突发事件的应急预案,采取"三级网格化"安全生产隐患排查整治机制,全方位筑牢安全防线。

图 3-10-1　基于"互联网+大数据"的路网监控中心

应用实例三:某高速公路路网运行监测指挥中心依托"大数据"平台,科学预测春运流量高峰时段和路段。大数据分析表明:预计2024年春运该省高速公路出入口通行车辆总数为14063万辆,较2023年春运同比增长10%,日均流量351.5万辆,为平日(220万辆)的1.6倍,预测峰值出现在正月初八,峰值流量为650万辆,约为平日流量的3倍,峰值突出。省内车流仍呈现较大幅度的增长,省会城市和各市州主要城市节前出城、节后返程的潮汐特征明显,两纵两横、环城市周边高速公路路网运行压力较大。省内中短途自驾车辆占比高,出行时段较为集中,多种车流叠加,客流呈阶段性变化,路网车流量保持高位运行。同时,通过大数据技术,该平台还分析出假期省内大流量路段,并及时发布信息,提醒公众出行前了解假期交通拥堵情况,合理安排出行,避开流量高峰及拥堵路段,错峰出行或选择绕行路径。此外,针对大数据分析出的流量较大的40个收费站,有关部门还加强了与路政、交警联勤联动,及时启动复式收费模式,强化车辆疏导管控,最大程度提升重点道口安全畅通效率。

四、发展趋势

大数据与高速公路收费监控管理结合已经逐渐成为提高高速公路管理服务水平和用户出行服务体验的重要手段。

随着大数据技术和相关设备的普及应用,大数据技术将在收费稽核、设施设备运维监控、运营调度管理等领域持续发力,为构建智慧交通运输管理系统,提高交通效率、优化出行服务、减少交通拥堵、保障出行安全,推动现代交通事业智慧化发展提供助力。

第二节　物联网技术

一、物联网技术概述

物联网(Internet of Things)是通过射频识别、红外感应器、全球定位系统、激光扫描器等信息传感设备,按约定的协议将物品与互联网相连进行信息交换和通信,以实现智能化识别、定位、跟踪、监控和管理的一种网络。

物联网的发展与互联网是分不开的,主要有两个层面的含义:第一,物联网的核心和基础仍然是互联网,它是在互联网基础上的延伸和扩展;第二,物联网是比互联网更庞大的网络,其网络连接延伸到任何的物品与物品之间,这些物品可以通过各种信息传感设备与互联网络连接在一起,进行更为复杂的信息交换和通信。

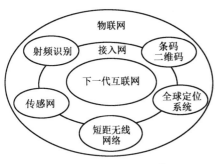

图 3-10-2　物联网概念模型

物联网是各类传感器与现有的互联网相互衔接的一种新技术,它不仅与网络信息技术有关,还涉及现代控制领域的相关技术。物联网的构成融合了网络技术、信息技术、传感器技术、控制技术等各个方面的知识和应用。物联网的概念模型如图 3-10-2 所示。物联网技术特征如表 3-10-2 所示。

物联网技术已被广泛应用于智能交通、环境保护、政府工作、公共安全、平安家居、智能消防、工业监测、机械制造等多个领域。

具体到实际工程中来看,物联网技术就是将感应器嵌入和装备到铁路工程、公路工程、水运工程、建筑工程、水利工程、管道工程等各种工程构件中,并将物与现有的互联网整合起来,实现人类社会与物理系统的整合。在这个整合网络中,利用能力超强的中心计算机群,对人员、机器、设备和基础设施实施实时的管理和控制。使得人们以更加精细和动态的方式进行生产和生活,达到智慧化的状态,有效提高资源利用率和生产力水平。

物联网技术特征　　　　　　　　　　　　　　　表 3-10-2

序号	特征	概述
1	全面感知	感知是物联网的核心。感知是对客观事物的信息直接获取并进行认知和理解的过程。人们对于信息获取的需求促使其不断研发新的技术和设备来获取感知信息,如传感器、射频识别技术、定位技术等
2	信息传递	利用有线或无线传感技术,对现场监测数据进行分析与传输。数据传递的稳定性和可靠性是保证物与物、物与网等相连的关键
3	智能处理	利用各种算法,对监测数据进行处理与分析,对监测数据进行可视化展示,实现数据与人的良好交互

二、相关政策

2020 年 4 月,国家发展改革委、中央网信办联合印发《关于推进"上云用数赋智"行动培育新经济发展实施方案》。该文件明确加快数字化转型共性技术、关键技术研发应用。支持在具备条件的行业领域和企业范围探索大数据、人工智能、云计算、数字孪生、5G、物联网和区块链等新一代数字技术应用和集成创新。

2022 年 4 月,交通运输部、科技部联合印发《"十四五"交通领域科技创新规划》(交科技发〔2022〕31 号)。该文件明确大力发展智慧交通,推动云计算、大数据、物联网、移动互联网、区块链、人工智能等新一代信息技术与交通运输融合,加快北斗导航技术应用,开展智能交通先导应用试点。

2023年9月,交通运输部印发《关于推进公路数字化转型加快智慧公路建设发展的意见》(交公路发〔2023〕131号)。该文件明确实施重大工程数字化监管。深化卫星遥感、视频监控、实时监测、环境监控、数字三维呈现等工程应用,注重体系建设,结合重点公路建设管理系统,通过"BIM+项目管理+影像系统"、区块链、人工智能、物联网等应用,提升工程信息采集与监管效率,提高工程质量安全水平;研制基于人工智能、物联网的自动化巡查、无人机巡查、长期性能跟踪、养护质量管理等软硬件系统装备,提升路况检测及养护施工自动化智能化水平。

三、物联网技术在公路收费监控领域的应用

随着新技术的不断发展,物联网技术为公路收费监控管理提供了新方法。

1. 在全国联网收费中的应用

电子不停车收费系统(ETC)充分利用物联网信息技术,通过路测天线与车载电子标签之间的专用短程通信,实现驾驶人无须停车即可实现收费。物联网技术在该系统中的具体应用过程为:通过安装在车辆上的电子标签以及各种外场设备,对车辆的各种信息进行有效记录,并将记录的信息进行实时传递,最终将其传输到收费站管理系统中。收费站管理系统获得相应的数据信息后,根据相应的标准进行交易和结算,进而完成系统中各项数据、图像的采集和处理等工作。

应用实例一:某高速智慧收费站基于公路物联网的站级云控管理平台,覆盖了收费支撑、工况保障、业务效能、驾驶舱、告警中心五大业务板块。该平台不仅实现了设备、系统、网络、安全、运营的一图总览、一人统管,更是达成了车道收费集中支撑、全站设施集中保障、业务效能集中管控和站务工作集中开展这四大核心能力的建设目标,在提升收费站综合管理能力和营运水平的同时,满足了站务管理"一岗多能"的发展需要。

应用实例二:某绕城高速智慧收费站依托物联网技术,实现收费设施规范管理。该收费站通过标准网络协议实现外场收费设施的归集和汇聚,完成与云支撑平台的统一连接,为设施实时监测、运行保障、远程控制奠定重要的底座基础。如车道需要维护时,工作人员可以通过云平台一键关停车道,系统会对车道顶棚灯、智能关道机下发指令,同步完成顶棚灯状态变更和关道机栏杆降杆操作,无须工作人员手动关道。

应用实例三:某省高速集团依托智慧物流平台,结合数字孪生仓储,通过标准仓储接口协议,引入仓储物流数据和视频流,从源头确认本次运单产品是否符合绿通免费条件。通过智能匹配机制,选取信誉良好的优质承运方进行货物运输,出具货物证明及装车过程记录,使用电子标签密封车厢,提交鲜活农产品车辆通行预约,作为收费站绿通查验依据。

2. 在公路环境及设备监控中的应用

物联网技术可助力公路收费部门建立路况智能监控系统。比如在公路上安装物联网相关设备,可以实现实时监测路况信息、基础设施信息以及公路气象信息等,从而调整运营或实施

应急措施,保障高速公路运营平稳有序。具体物联网监控设备及功能如表 3-10-3 所示。

以公路基础设施监控为例。依托物联网技术可以实现基础设施信息采集、处理、存储,并且可对公路使用过程中存在的病害问题进行实时监控,从而在较短时间内快速锁定病害问题的具体位置、具体内容,及时对其进行养护、加固处理,从而提升公路的使用寿命,保障行车安全。此外,还可对机电设备进行监控,提高维护效率。

常见物联网监控设备及功能　　　　表 3-10-3

序号	监控设备	设备类型	具体功能
1	车辆检测器	公路环境安全监控设备	获取车速、流量、车间距等信息
2	天气检测器		获取公路风速、风向、降雨、降雪、降雾等信息
3	路基检测器	公路结构安全监控设备	获取公路路基信息
4	路面检测器		获取公路路面信息
5	边坡检测器		获取公路边坡信息
6	桥梁检测器		获取公路桥梁位移、沉降和水文等有关信息
7	隧道检测器		获取公路隧道温度、湿度和烟雾等有关信息
8	摄像机	视频监控设备	获取监控视频信息

应用实例一:某省交投集团管理中心的智能收费站,在原有设备的基础上增加了云收费系统、车道远程值守系统、匝道预交易系统、抛卡式自助设备、行人(非机动车)上高速预警辅助系统、车辆超高检测装置、应急收费亭建设、ETC 交易预警系统等。

"车辆超高检测装置"(图 3-10-3)能对高度超过限值的"绿通"车辆,系统将自动发出报警声提示收费现场人员,能够让收费员快速识别"绿通"车辆外廓尺寸,使查验工作更加省时省力。该装置具有稳定性强、功率低和效率高的优点,不受外界环境变化的干扰,即便遇到雨雪等恶劣天气,设备也能正常运行并准确提供信号。

应用实例二:高边坡的汛期巡查、监测工作一直处于依赖人工巡视的方法去监测判断,排查周期长,问题难以及时发现。某省交投集团创新应用公路边坡监测设备(图 3-10-4)。该设备在边坡含水率达到警戒值(根据边坡土质情况确定)或恒张力位移传感器监测边坡发生 5cm 以上的位移变化或摄像头显示整体画面发生 10% 左右的变动时会进行报警。该设备的应用,解决了边坡塌方隐患人工判定难的问题。改变以往"眼瞧手摸凭经验"的传统方式,公路运营养护工作更加智能化、精细化、规范化。

图 3-10-3　车辆超高检测装置

图 3-10-4　公路边坡监测设备

应用实例三:智慧锥桶(图 3-10-5)是通过对传统的交通安全设施(如反光交通锥筒等)进行物联网化改造,并与地图 App 数据平台无缝对接,实现道路施工、事故和封闭管制信息的实时精准采集和发布。当高速公路开展事故救援或道路施工时,作业人员在作业区内可一键开启"智慧锥筒"设备上报道路时间信息。相关信息可通过物联网模块迅速传输至手机导航,广大驾车用户就可以提前、及时、准确获取路况信息并合理减速避让。

图 3-10-5　智慧锥筒

"智慧锥筒"是"道路安全物联网解决方案"的落地形式,已经在部分省份率先投入使用。与传统的路况信息发布相比,"智慧锥筒"的发布速度和效率显著提高,从一键发布到导航语音播报,时间不超过 30s。这一"黑科技"的应用,将使作业区域防护由"被动防护"为"主动防护",有效提升了道路通行能力以及出行公众和救援人员的安全保障水平。

四、发展趋势

随着硬件和互联网技术的进步、大数据和云计算技术的兴起,以及应用需求的增长,多方面促进了物联网技术的快速发展,并为未来物联网技术的创新应用提供了广阔空间。

在智慧高速运营领域,物联网技术将提供更加优质的技术支撑,使得车路互联、车车协同的愿景能够尽早实现。物联网技术凭借对路况、车况的全面信息采集和数据分析决策能力,将在智慧高速公路运营中得到更为广泛的应用。

第三节　人工智能技术

一、人工智能技术概述

人工智能(Artificial intelligence,AI)是指研究如何用计算机去模拟、延伸和扩展人的智能,如何使计算机变得更聪明、更能干,如何设计和制造具有更高智能水平的计算机的理论、方法、技术及应用系统的一门新兴的科学技术。它是涉及认知科学、神经生物学、心理学、计算机科学、数学、信息与控制科学等诸多学科的交叉性、前沿性学科。

人工智能具有以下五个特点：一是从人工知识表达到大数据驱动的知识学习技术。二是从分类型处理的多媒体（这里说的"媒体"是界面或者环境）数据转向跨媒体的认知、学习、推理。三是从追求智能机器到高水平的人机、脑机相互协同和融合。四是从聚焦个体智能到基于互联网和大数据的群体智能，它可以把很多人的智能集聚和融合起来变成群体智能。五是从拟人化的机器人转向更加广阔的智能自主系统，比如智能工厂、智能无人机系统等。

目前，随着人工智能技术的迅猛发展，几乎各个行业领域的发展都涉及人工智能技术，可以说人工智能已经广泛应用到许多实际领域中。其典型应用主要包括：专家系统、数据挖掘、智能机器人、模式识别等，具体如表 3-10-4 所示。

部分人工智能应用 表 3-10-4

序号	应用	概述
1	专家系统	专家系统是一类具有专门知识和经验的计算机智能程序系统，通过对人类专家的问题求解能力的建模，采用人工智能中的知识表示和知识推理技术来模拟通常由专家才能解决的复杂问题，达到与专家同等的能力水平
2	数据挖掘	数据挖掘能从大量数据中挖掘出隐含的、未知的、有潜在价值的信息和知识。目前，数据挖掘在市场营销、银行、制造业、保险业、交通和电信等领域已广泛应用
3	智能机器人	智能机器人是一种自动化的机器。随着人们对机器人技术智能化本质认识的加深，机器人技术开始在各个领域广泛应用。如物流配送机器人、水下机器人、医疗机器人、娱乐机器人等
4	模式识别	模式识别是指对表征事物或现象的各种形式的信息进行处理和分析，以便对事物或现象进行描述、辨认、分类和解释的过程

二、相关政策

2019 年 3 月，国家发展改革委等部门联合发布《关于促进人工智能和实体经济深度融合的指导意见》。该文件明确要把握新一代人工智能的发展特点，结合不同行业、不同区域特点，探索创新成果应用转化的路径和方法，构建数据驱动、人机协同、跨界融合、共创分享的智能经济形态。

2022 年 3 月，交通运输部和科学技术部联合印发《交通领域科技创新中长期发展规划纲要（2021—2035 年）》（交科技发〔2022〕11 号）。该文件明确，加快移动互联网、人工智能、区块链、云计算、大数据等新一代信息技术及空天信息技术与交通运输融合创新应用，推动交通运输领域商用密码创新应用，加快发展交通运输新型基础设施。

2022 年 4 月，交通运输部、科技部联合印发《"十四五"交通领域科技创新规划》（交科技发〔2022〕31 号）。该文件明确大力发展智慧交通，推动云计算、大数据、物联网、移动互联网、区块链、人工智能等新一代信息技术与交通运输融合，加快北斗导航技术应用，开展智能交通先导应用试点；加强新能源、人工智能、公共安全等领域重点科技创新平台布局，支持高校、科研院所与交通运输企业整合优势资源，联合组建全国重点实验室、国家技术创新中心、国家工程研究中心等,解决关键共性技术瓶颈制约,促进科技成果转化应用。

2022年7月,科技部、教育部、工信部等六部门联合发布《关于加快场景创新以人工智能高水平应用促进经济高质量发展的指导意见》。该文件鼓励在制造、农业、物流、金融、商务、家居等重点行业深入挖掘人工智能技术应用场景,促进智能经济高端高效发展。制造领域优先探索工业大脑、机器人协助制造、机器视觉工业检测、设备互联管理等智能场景;交通治理领域探索交通大脑、智慧道路、智慧停车、自动驾驶出行、智慧港口、智慧航道等场景。

2023年9月,交通运输部印发《关于推进公路数字化转型加快智慧公路建设发展的意见》(交公路发〔2023〕131号)。该文件明确构建智慧路网监测调度体系。探索路网运行大数据、人工智能、机器视觉及区块链、北斗、5G等技术深度融合应用,建立实时交通流数字模型和重点区域路网信息智能处理系统,为出行规划和路网调度提供精准服务。在优化完善部省站三级监测调度体系的基础上,构建现代公路交通物流保障网络,实现会商调度、快速协同,人享其行、物畅其流,为公众安全出行提供有力支撑。

三、人工智能技术在公路收费监控领域的应用

(一)在车流量监测和车辆识别中的应用

视频监控与识别技术的核心是通过图像分析技术实时获取数字化图像,并对图像的特征进行识别和分析,从而捕捉到关键信息。

应用实例:

(1)车流量信息监测和分析。人工智能技术可对公路车流量等信息进行科学监测和分析。以车道占有率为例,采用基于人工智能技术的视频监控和识别技术,能够根据车道占有率以及占有率变化等特征数据,得到某条道路发生拥挤的预测曲线,建立一种新的交通拥堵判断模型,从而缓解交通拥堵,让人们出行更舒心。

(2)车辆信息识别。车辆AI识别是从车辆抓拍图片提取信息特征,结合交易流水信息及相关数据,综合车牌、车型、车轴、载重、颜色、车辆行为等特征,形成车辆特征数据,提供车辆画像服务。

①车辆信息结构化。通过分析卡口图片,工作人员可以得到车辆的结构化数据,包括车牌号码、车牌颜色、车辆类型、车辆颜色、收费车型、车辆图像特征等,如图3-10-6所示。

②收费车型识别。收费车型识别是指对卡口图片分析得到收费车型,利用车辆侧面图像区分客货车收费类型(轴数)。

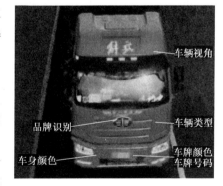

图3-10-6 车辆信息识别

通过车辆AI识别,可以准确识别车辆基础参数,形成结构化数据,一方面辅助稽核模型进行疑似逃费车辆筛选,另一方面用于形成逃费证据链进行逃费佐证,全方位进行精准打击逃费。

(二) 在收费稽核中的应用

相比人工稽核,AI 收费稽核大大提高了稽核效率和准确率,将过去以人工为主的稽核工作变得精准化、智能化、简单化。在数以百万计的车辆中准确筛选出可疑偷逃车辆,还原车辆真实行驶路径,为打击违法车辆提供完整的证据链。同时还可以准确计算车辆途经各路段的费用明细、精准对账拆账等等,将原本复杂的稽核工作化繁为简。在人工智能等先进技术加持下,AI 稽核系统所具备的更多样的应用价值不止于此,还存在着巨大的挖掘空间。

应用实例一:为了加深全省各路段工作人员对 AI 稽核的应用程度,提升稽核效果,在某省高速公路联网收费(中心)公司的统筹指导下,某省高速集团对各个分子公司、收费站点,积极开展课程教授、实操示范和研讨交流等多种形式的稽核系统培训,围绕 AI 稽核系统功能、逃费类型分析、稽核思路、稽核追缴流程等内容展开,以实操演练提升参培人员对 AI 稽核系统的使用能力,达到了预期效果。

应用实例二:某省高速集团结合智慧高速物联网设施,通过入口治超设备,在上路收费站以人工智能算法对车辆承载货物进行预估判断,对车辆自身及载货物信息进行复核,发放通行卡或进行电子不停车收费系统标注,进行鲜活农产品车辆通行预约复核。

此外,该集团结合物流平台与智慧高速的物联网设施,探索了通过大数据分析及 AI 算法,打造新型鲜活农产品流通绿色通道,让货运单位体验无感检查、快速通行,降低一线收费员绿通核查压力、提高工作效率,通过探索实现交通运输、现代物流、智慧仓储与供应链融合发展。切实促成鲜活农产品的快速流通,让农民增收,让市民菜篮子丰富起来,让试图钻政策漏洞、偷逃通行费的不法分子无所遁形,做到通行费用应收尽收,确保颗粒归仓。

(三) 在安全隐患预警中的应用

人工智能技术可以实时监控和检测路况、气象、环境等因素,为安全预警工作提供数据支持,提升公路运营、维护和服务水平,保证人员和交通运输安全。此外,通过 AI 技术,还可以实时识别危险物品,从而有效预防和避免安全事故和各种风险的发生。

应用实例一:气象环境预警。

以能见度预警为例。通过数据接口实时获取视频综合网的沿线监控视频,并利用 AI 识别和大数据等智能技术,对截取的图片进行 AI 识别,结合能见度识别和等级判别模型,识别能见度等级,一方面可在路网图上,通过不同的颜色标注各路段的能见度信息(对未识别的等级及其他特殊情况将由人工作出判别处理),实现能见度的可视化监测,以便捷、直观地掌握各路段的能见度情况。另一方面还可以通过 AI 技术对能见度低于一定数值的路段设置预警,以便能够及时、准确地对低能见度路段采取相应的处置措施,减少交通安全事故。监控与预警流程如图 3-10-7 所示。

应用实例二:车辆事故预警。

某高速上,一车辆因雪天路滑掉进了路侧边沟。几乎同时,路网管理智慧大脑 AI 智能监测系统就锁定了事故车辆(图 3-10-8),发出预警,并将信息自动分发到离事故现场最近的某路管中心。不到 8min,救援人员就赶到了现场。依靠强大的算力和算法,AI 智能监测系统对接入摄像头采集到的所有信息,在毫秒间就可以实现智能分析,同步完成异常事件自动报警,应急救援资源自动调配。数据表明,自智慧大脑上线以来,该高速公路异常事件自动发现时间缩短 7min 以上,事故处置时长缩短了约 18%。

图 3-10-7　实时监控与预警流程

图 3-10-8　AI 智能监测车辆事故

应用实例三：基础设施损坏预警。

某省交投集团通过运用 AI 交通状况监测平台,进行实时智能巡查,大大提高了巡查工作效率,道路边坡一出情况就能第一时间发现;通过运用智能巡检车,对所辖路段路面积水状况进行快速排查。经过一段时间统计发现,技术人员采用科技手段,先后发现 14 处边坡水毁塌方隐患点,为防汛提供了及时、准确的抢险依据,提升了工作效率,为高速公路防汛保畅插上智慧"翅膀"。

应用实例四：异常闯入预警。

某省交投集团管理中心的智能收费站,在原有设备的基础上增加了基于 AI 技术的行人(非机动车)上高速预警辅助系统(图 3-10-9)。该系统通过人工智能对收费站广场区域进行监控视频分析,一旦有行人或摩托车进入车道,则自动启动报警并发出语音劝阻提醒。这项装置初步解决了发现行人、摩托车上高速或拦截不及时的一大难题,此外也可对其他异常闯入事件进行精准识别并发布预警。

应用实例五：基于 AI 技术的无人机。

某省交通集团工作人员向无人机植入自主研发的 AI 系统和智能算法,并尝试用基于 AI 技术的无人机(图 3-10-10)投入路面巡查工作。结果表明,相比人工判断,基于 AI 技术的无人机可以逐个识别像素监测图像,几乎不会遗漏任何信息,即使在夜晚,利用自身适配的红外夜视、热成像等技术,该设备也能实时出勤,并且精确识别。基于 AI 技术的无人机不仅具有自主飞行的功能,还能对获取的路面影像即时感应分析,精准"诊断"车流缓行、路面裂缝、交通事故等异常事件,能大幅提升巡查的效率和质量。

图 3-10-9　行人、非机动车预警辅助

图 3-10-10　基于 AI 技术的无人机

四、发展趋势

预计未来,人工智能技术在我国公路收费监控领域的应用将继续向着以下几个方向发展:

(1) AI 辅助收费。通过车辆 AI 自动识别、不停车收费等功能,可以实现更为快速、准确和智能的收费模式,提高公路收费的效率。

(2) AI 辅助监控。AI 能够进行公路的实时监控、预警。实时交通信息会在监控中心集中展示,为快速处理突发事件提供支持,从而提高公路运营的效率和质量。

(3) AI 辅助数据分析。AI 技术将更好地助力公路交通状况分析、流量趋势分析和预测等。

第四节　机器人技术

一、机器人技术概述

随着计算机技术、通信技术、传感器技术、控制技术、微电子技术、新材料等迅速发展和社会的进步,现代机器人不仅广泛应用于工业生产和制造业,而且在航天、海洋探测、危险或恶劣环境,以及日常生活和教育娱乐等领域获得了大量应用。

各种各样的机器人不但已经成为现代高科技的应用载体,而且自身也迅速发展成为一个相对独立的研究领域与交叉技术,形成了特有的理论研究和学术发展方向。

机器人按开发与应用领域,可分为具有一般人体或肢体结构特点、用于工业领域的工业机器人;具有操纵性特点、用于非工业领域的操纵型机器人;具有高水平的模仿某些生物特点工作、用于工业与操纵型机器人之外的仿生机器人三大类。具体如表 3-10-5 所示。

机器人分类　　　　　　　　　　　　　表 3-10-5

序号	分类	概述
1	工业机器人	工业机器人是在工业生产中使用的机器人的总称,主要用于完成工业生产中的某些作业。工业机器人依据具体应用目的不同,又常常以其主要用途命名。如焊接机器人,主要用于实现自动化焊接作业等
2	操作型机器人	操作型机器人主要用于非工业生产的各种作业,又可分为服务机器人与特种作业机器人等。服务机器人包括清洁机器人、护理机器人、娱乐机器人等,广泛应用于日常生活、医疗护理、娱乐休闲等领域。特种作业机器人包括水下机器人等,能帮助人类完成一些高强度、高危险或无法完成的工作
3	仿生机器人	仿生机器人是仿生学与机器人领域应用需求高水平结合的产物。近年来,伴随着计算机、自动化、智能化等现代技术水平的不断提升,仿生机器人在视、听、触、力、滑、嗅等多觉、多感知方面的发展。当前,采用仿生学原理研发新型的仿生机器人,已成为现代科技快速发展的前沿领域

二、相关政策

2022年4月,交通运输部、科技部联合印发《"十四五"交通领域科技创新规划》(交科技发〔2022〕31号)。该文件明确开展专用作业装备研究,研发智慧工地、深海工程作业、自动化港作机械等装备,强化桥隧工程、整跨吊运安装设备等工程机械装备研发应用,推动多功能高性能智能检测养护机器人研发应用。开展专用保障装备研发,推动自然灾害交通快速抢通保通装备、交通事故救援机器人、深远海航行安全保障和应急搜救装备、救助航空器、适应特种环境的油品及危化品回收装备等研发应用。

2023年1月,工业和信息化部、教育部、公安部、交通运输部等十七部门印发《"机器人+"应用行动实施方案》。该文件提出到2025年,制造业机器人密度较2020年实现翻番,服务机器人、特种机器人行业应用深度和广度显著提升,机器人促进经济社会高质量发展的能力明显增强。聚焦10大应用重点领域,突破100种以上机器人创新应用技术及解决方案,推广200个以上具有较高技术水平、创新应用模式和显著应用成效的机器人典型应用场景,打造一批"机器人+"应用标杆企业,建设一批应用体验中心和试验验证中心。推动各行业、各地方结合行业发展阶段和区域发展特色,开展"机器人+"应用创新实践。搭建国际国内交流平台,形成全面推进机器人应用的浓厚氛围。同时该文件明确要深化重点领域"机器人+"应用面向社会民生改善和经济发展需求,遴选有一定基础应用覆盖面广、辐射带动作用强的重点领域,聚焦典型应用场景和用户使用需求,开展从机器人产品研制、技术创新场景应用到模式推广的系统推进工作。支持一些新兴领域探索开展机器人应用。

三、机器人技术在公路收费监控领域的应用

(一)在智慧收费中的应用

视频监控与识别技术的核心是通过图像分析技术实时获取数字化图像,并对图像的特征进行识别和分析,从而捕捉到环境的关键信息。

应用实例一:智慧收费机器人。

某公路运营企业首批"智慧收费机器人"在某高速收费站投入使用。此次投入使用的"智慧收费机器人"是一种具有高度自动化 CPC 卡管理水平的机电设备,包含前端车辆识别(车牌、车型、轴型、图片短视频)设备,人性化的自动发卡机以及收费机车道设备,可通过一系列智能输出为全车型车辆提供自助服务。

智慧发卡机器人(图 3-10-11)配有上下两台机芯及显示屏,驾乘人员驶入收费车道进入感应区域,显示屏上显示出车辆识别信息后,按下"取卡"按钮,拿到 CPC 卡,栏杆机便自动抬杆放行。

智慧收费机器人(图 3-10-12)可以精准识别车型、车牌、轮轴数据、扫描车辆全景、多角度监控、智能补光等,司机只需将通行卡置于回收卡槽中,再通过移动支付扫码、领取发票后,车辆即可驶出收费站。该设备支持 ETC 卡、第三方支付、数字人民币等多种支付方式,可以实现 5s 发卡,20s 缴费通行,全程无人值守,大大提高了通行效率。

图 3-10-11　智慧发卡机器人

图 3-10-12　智慧收费机器人

应用实例二:智慧收费机器人。

某公路运营企业首批"智慧收费机器人"在某高速收费站正式投入使用。这是某省高速公路第一个规模化启用车道智能"收费机器人"的试点收费站。车辆出现通行卡异常、无车牌号、车牌不符等特情时,集成系统会实时通知现场疏导人员,迅速利用手持终端提供处理服务,大大提高通行效率,特情事件处置率高达 95%。

相较于传统的人工车道,智能"收费机器人"发卡效率提高近 10%,收费时长减少 2~3s。缩减驾乘人员的等待间隔,便于收费站向称重检测疏导、ETC 特情处置、绿通车查验等倾斜。此次规模化启用车道智能收费机器人,为公路收费实现"无人化、非现金、快速通行"提供高效解决方案,有利于推进收费站拥堵治理,为公众出行提供更加安全、温馨、便捷的通行环境。

(二) 在智慧稽核中的应用

应用实例:智能稽核机器人。

2023 年,某省高速集团推出首个"智能稽核机器人",有效解决了该地区全国"一张网"模式运行后,部分稽核工单数量激增,相关数据采集量大、分析难度系数高和稽核人员工作压力大的难题。

智能稽核机器人是为路段运营单位提供稽核工单全流程自动化处理的新型软硬一体化产

品。智能稽核机器人安全可靠,可在不影响现有平台和系统运行的前提下,通过配置自动化流程,准确高效地自动完成稽核工单判断、取证、计费、提交等全过程的操作。也就是说,机器人可以模拟人工,全天候24小时不间断地自动处理稽核工单。过去那些重复、枯燥、烦琐的操作流程,都可以交给机器人来完成。

这种一站式、全流程智能化工单处理模式,显著提高了工单处理的成功率与准确率,减轻了稽核人员的工作负担,进而提升了运营效率并提高了管控精度。智能稽核机器人的应用,开启了逃费稽核"数智化"探索的新实践,展现了先进科技加持下极致的效率优势,实现了"降本、提质、增效"的目标。

(三)在智慧监控和智慧服务中的应用

应用实例一:智能巡逻机器人。

智能巡逻机器人(图3-10-13)可以在不同型号的护栏上进行平顺移动;同时,该机器人还配备了更为灵敏的星光级摄像机,黑夜、白天均能清晰回传现场监控图像;此外还升级了LED信息屏,实现了LED信息屏360°旋转及升降功能,能让驾驶人更好地接收各类路况事件信息。智能巡逻机器人投入使用后,在遇到各类突发事件时,无须人员到场,即可进行无人化的现场事件处置,通过其自带的语音对讲和声光报警设备,完成对现场事件的初步处理、人员引导以及现场预警等工作,显著提高了事件处置的及时性和安全性。

应用实例二:高速公路隧道巡检机器人。

某省交投集团积极探索新技术在高速公路建设、运营、养护全生命周期中的应用,在全国率先研发高速公路隧道巡检机器人(图3-10-14),获得2021年中国高速公路信息化"最佳产品奖"。高速公路隧道巡检机器人依托固定轨道,能以最快30km/h的速度在隧道进行巡检作业,实现高速公路隧道环境监测、交通事件监测、基础设施监测、机电设备运行状态监测等功能,能有效提高隧道管理应急处置能力,提升隧道通行质量,降低运营管理成本,推动高速公路隧道巡检的智能化、信息化、数字化建设发展。

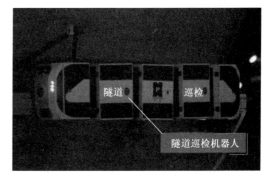

图3-10-13 智能巡逻机器人 图3-10-14 高速公路隧道巡检机器人

应用实例三:智能安全锥机器人。

智能安全锥机器人(图3-10-15)锥体顶部安装有顶灯,下方安装了4个驱动轮,可实现垂直路面方向平缓移动,这便是它的"腿"。同时,它们能够根据实际道路状况组成不同的阵列,以更好地适应现场环境。这些安全锥像是长了眼睛和腿一般,通过事件检测系统发现路面突发状况,云控平台自动下达任务完成车道封闭,事后又能自动回场充电,等待下一次"出场"。在高速上日夜"值班","守护"往来车辆。

与传统事故处置方式相比,这些分布在道路两侧的智能安全锥机器人可随时出发,做到在突发状况下"秒"到事故现场,能减少从报警、确认事故地点、封道到派出救援力量的30min时间,可快速实现路段管控、车流引导,这就大大提升了高速路面上的应急处置效率。

图3-10-15　智能安全锥机器人

应用实例四:智能客服机器人。

某省交通投资集团某收费站的智能客服机器人,是全省所有收费站中首个智能客服机器人,也是该省运营服务品牌提升的举措之一。该智能客服机器人可根据社会公众服务需求,为过往驾乘人员、游客提供咨询引导、天气查询、路线导航、聊天互动等多种服务,为社会公众出行提供更加智能化的体验。

四、发展趋势

机器人已经深入到人类生活、工作和生产的各个方面,如养老助残、娱乐服务、勘探、维修、焊接、搬运、危险环境作业等。机器人也已由单纯完成机械动作的工业机器人,逐步拓展到具有高智能的工业机器人、非工业作业及高难度的操纵型机器人,再到如今可模仿各类生物特性或行为、具有感知、思维特征的仿生机器人,对人类生产生活方式产生了深远影响。

随着硬件技术的进步、互联网技术的发展、大数据和云计算等技术兴起,以及应用需求的增长,多方面促进了机器人技术的快速发展,并为未来的技术应用和创新提供了广阔的发展空间。

智能收费机器人还将聚焦工作实际,继续进行数据库的扩容,继续提高车辆识别准确性和对特情处理的能力。

(一)提高车辆识别的准确性

当前,我国大部分高速公路收费站试点所使用的智慧收费机器人都是通过车辆图片、车轴数量等实现智能识别货车和客车。然而,由于高速公路收费场景的复杂性,为了确保车辆识别的准确性,我们需要不断扩充车辆识别数据库并提高识别系统的精确度。

(二)对特殊车辆的通行问题进行处理

有些特殊车辆在高速公路收费站仍需要人工确认。此外,在收费站出口处,对于能够享受减免费用的车辆,有些也需要人工检查。后续随着智能收费机器人的车辆采集数据库不断扩容和识别准确性不断提高,更多类型的车辆有望便捷地享受智能收费服务。

第五节　云计算技术

一、云计算技术概述

云计算(Cloud Computing)是基于互联网的相关服务的增加、使用和交付模式,通常涉及通过互联网来提供动态易扩展且经常是虚拟化的资源。它大量使用分布式计算机,而非本地计算机或远程服务器,企业数据中心的运行将与互联网更相似。这使得企业能够将资源切换到需要的应用上,根据需求访问计算机和存储系统。

云计算具有规模大、虚拟化程度高、可靠性高、通用性强、经济性强等特点。云计算的基本原理如图 3-10-16 所示。

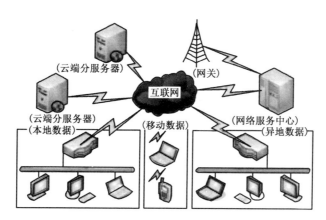

图 3-10-16　云计算的基本原理

二、相关政策

2020 年 4 月,国家发展改革委、中央网信办联合印发《关于推进"上云用数赋智"行动培育新经济发展实施方案》。该文件明确加快数字化转型共性技术、关键技术研发应用。支持在具备条件的行业领域和企业范围探索大数据、人工智能、云计算、数字孪生、5G、物联网和区块链等新一代数字技术应用和集成创新。

2022 年 3 月,交通运输部和科学技术部联合印发《交通领域科技创新中长期发展规划纲要(2021—2035 年)》(交科技发〔2022〕11 号)。该文件明确,加快移动互联网、人工智能、区块链、云计算、大数据等新一代信息技术及空天信息技术与交通运输融合创新应用,推动交通运输领域商用密码创新应用,加快发展交通运输新型基础设施。

三、云计算技术在公路收费监控领域的应用

(一) 在收费稽核中的应用

我国高速公路从早期的"一路一公司"模式,过渡到以"省"为单位的全国联网模式,最后进入到全国一张网模式,"联网收费、分路计价、一次通行、出口收费"的收费制式在高速公路网的应用基本成型。基于云计算技术的高速公路计费系统,为提升高速公路收费整体服务效率和水平提供了支撑。举例如下:

应用实例一:某省高速公路管理系统,利用云计算技术和先进的信息技术管理和监控道路收费过程。"云收费"系统采用"云—边—端"新的技术架构,将车道业务统一部署在收费站级平台,实现收费站内的所有车道统一接入、管理和运维,提高了道路收费的快捷性、准确性和便利性。

应用实例二:某省级稽核系统基于大数据、云计算等技术,以出入口收费站、门架海量交易数据为基础,建设稽核模型、稽核工具、外部稽核、追缴名单、大屏页面、系统管理等六大应用,为省内实现精准化收费稽核、精细化数据运营提供服务支持。

(二) 在智能监控中的应用

传统的监控系统可能受限于带宽和存储容量等问题,无法实现对大规模路段的实时监控。而云视频监控系统则可以通过云计算的支持,将监控数据实时传输和存储,无论是监控范围还是监控精度都有了显著的提升。

当前,基于云计算的云监控已经成为高速公路的安全管理的重要助力。通过利用监控摄像头,监控人员可以及时发现交通事故、道路拥堵、恶劣天气等情况,快速作出反应,避免事态扩大和交通事故的发生,同时,云视频监控系统还具备远程查看和操作的功能,交通管理人员能够通过云平台随时查看实时视频,快速了解路况,并作出相应的调度和处置。

除了为监控中心提供支持外,云计算技术还可以处理并反馈建议给驾驶者的终端设备,帮助他们预测未来的路况,从而更好地规划行程。例如,系统可以根据历史数据分析出某个时间段、某个路段的拥堵情况,并为驾驶者提供合理的出行建议。

应用实例一:某公路运营有限公司运用GIS、云计算、物联网、大数据等先进适用的信息技术打造了"公路运营指挥中心"暨"公路智慧运营管理平台"(图3-10-17),与高速运营管理业务深度融合,推动公路运营板块管控一体化、基础设施数字化、服务智慧化、决策科学化,深入推进高速数字经济创新发展,为数字化转型发展打下坚实基础。

应用实例二:某省高速公路的云视频监控系统采用了最新的云计算技术,通过网络连接高速公路的摄像头,实时传输路况信息。这种监控方式可以实现对高速公路的全方位监控,从而及时发现道路拥堵、交通事故等情况,并能够及时采取措施,确保道路畅通和交通安全。此外,该系统还可以智能分析路面情况,对交通拥堵和事故进行预警和处理,从而显著提高高速公路

的管理效率和安全性。此外,该系统还具有自动识别车辆和车牌的功能,可以为交通管理提供更加详细的信息。

图 3-10-17　高速公路运营指挥中心

四、发展展望

云计算技术未来将会更加普及,成为各行各业数字化发展的重要助力。同时,云计算也将会更加注重数据隐私和安全,提供更完善的安全措施,确保用户数据的安全。云计算也将会更加智能化,通过人工智能技术的应用,提供更加智能化的服务。针对我国公路收费及监控领域,预计云计算技术的应用将朝着以下几个方向发展:

（一）更高效的数据分析与处理

随着云计算与5G及其他信息技术的融合发展,公路收费和监控领域的数据处理能力将得到极大提升。这不仅将优化数据采集、存储和分析的效率,还将为公路运营管理带来前所未有的便捷性和效率提升。

（二）更加安全的运营与管理

随着云计算技术与物联网等新技术的集成应用,云计算技术将会极大地提升公路运营管理的安全性。

（三）更加智能的服务与决策

云计算技术结合人工智能等新技术,将使得公路收费和监控系统具备更强的实时路况监控和交通流量预测能力。这将有助于有关部门做出更为精准和及时的决策。

综上所述,随着云计算及相关技术的不断发展,公路收费和监控领域的应用模式将迎来信息化和智能化的新时代。一个更加完善、高效和可持续的交通运营服务平台,必将推动公路运营管理水平达到新的高度。

参 考 文 献

[1] 交通专业人员资格评价中心(交通部职业技能鉴定指导中心).公路收费及监控员[M].北京:人民交通出版社,2008.
[2] 中华人民共和国国家标准.安全标志及其使用导则:GB 2894—2008[S].北京:中国标准出版社,2009.
[3] 中华人民共和国国家标准.建筑灭火器配置验收及检查规范:GB 50444—2008[S].北京:中国标准出版社,2008.
[4] 薛志东,等.大数据技术基础[M].北京:人民邮电出版社,2018,8.
[5] 程显毅.大数据技术导论[M].北京:机械工业出版社,2022.
[6] 杜修力,刘占省,赵研.智能建造概论[M].北京:中国建筑工业出版社,2021.
[7] 李联宁.物联网技术基础教程[M].3版.北京:清华大学出版社,2020.
[8] 李娟,李苏晓.基于AI融合与北斗轨迹监测的大数据稽核技术探究[J].中国交通信息化,2022(2):4.
[9] 李子腾,施绍武,张康.大数据+AI收费稽核系统[J].中国交通信息化,2022(5):95-96.